沈忱　李青松　著

跨国并购后的品牌战略研究
——中国企业案例分析

Research on Brand Strategy
after Cross-border Mergers and Acquisitions
——Case Analysis of Chinese Enterprises

中国财经出版传媒集团

经济科学出版社
Economic Science Press

图书在版编目（CIP）数据

跨国并购后的品牌战略研究：中国企业案例分析／沈忱，
李青松著. —北京：经济科学出版社，2019.5
ISBN 978 - 7 - 5141 - 8278 - 1

Ⅰ.①跨… Ⅱ.①沈… ②李… Ⅲ.①企业 - 跨国兼并 -
品牌战略 - 研究 - 中国 Ⅳ.①F279.247

中国版本图书馆 CIP 数据核字（2017）第 168458 号

责任编辑：杜 鹏 刘 悦
责任校对：王肖楠
责任印制：邱 天

跨国并购后的品牌战略研究——中国企业案例分析
沈 忱 李青松 著
经济科学出版社出版、发行 新华书店经销
社址：北京市海淀区阜成路甲 28 号 邮编：100142
编辑部电话：010 - 88191441 发行部电话：010 - 88191522
网址：www. esp. com. cn
电子邮件：esp_bj@ 163. com
天猫网店：经济科学出版社旗舰店
网址：http：//jjkxcbs. tmall. com
固安华明印业有限公司印装
710 × 1000 16 开 17 印张 250000 字
2019 年 5 月第 1 版 2019 年 5 月第 1 次印刷
ISBN 978 - 7 - 5141 - 8278 - 1 定价：68.00 元
（图书出现印装问题，本社负责调换. 电话：010 - 88191510）
（版权所有 侵权必究 打击盗版 举报热线：010 - 88191661
QQ：2242791300 营销中心电话：010 - 88191537
电子邮箱：dbts@ esp. com. cn）

序

沈忱是南开大学的管理学博士，进入北京交通大学博士后流动站的两年时间里由我指导进行科研工作。本书是基于当前经济全球化和信息一体化不断深入的大背景下，对中国企业跨国并购后的品牌选择及其对企业绩效的影响等经济管理领域热点问题进行研究。中国企业跨国并购案例必然引发企业间战略整合、文化整合、组织整合、人员整合、财务整合、研发技术整合和品牌整合，其中企业跨国并购后品牌选择及其对企业绩效的影响成为企业并购后的首要关注点，这也是本书研究的切入点。

中国企业跨国并购涉及能源业、制造业、金融业等多个行业和领域，并购案例数量与日俱增。并购重组后品牌发展战略的选择更为复杂，企业选择新增产能、扩大原产品线规模，还是放弃某些产品或服务，或是对原产品进行技改升级，都是摆在企业并购之路的关键节点，而品牌类型的选择对跨国并购能否成功实现具有重要影响。并购双方认同品牌资产的价值对于企业持续稳定发展至关重要，所以企业并购重组后的品牌策略应该是企业在战略层面需要重视的，如何有效地整合和规划是管理层所面临的重大课题。中国的市场经济是具有中国特色的社会主义市场经济，需要结合中国国情及实际情况来解决中国企业跨国并购后的相关问题。

目前关于企业并购重组的研究，主要从资本市场、战略管理、组织行为和过程并购等四个角度展开，研究内容主要围绕企业跨国并购动因和并购绩效的影响因素两方面来进行。对我国企业跨国并购后品牌选择类型的管理理论和方法研究尚未成熟，关于企业跨国并购后品牌选择类型及其对企业绩效影响的作用机制还有待深入挖掘。

本书按照现状描述、理论分析、实证检验的研究思路，运用因子分析和聚类分析方法探索影响中国企业跨国并购后品牌选择及其对企业绩效影响的相关因素，依据相关性分析、NK 模型和 Hotelling 模型等对相关因素进行分析，并进行实证检验。在此基础上引入品牌契合度和产品制造来源国效应两个调节变量，采用 DEA 模型实证检验两个调节变量分别在前述两阶段的调节作用，最终阐述中国企业跨国并购后的品牌选择及其对企业绩效的影响。

通过对中国企业跨国并购后品牌选择及其对企业绩效影响的研究，使中国企业进行跨国并购后可以根据企业内在因素、外部市场因素和文化价值因素来选择最合理的品牌发展战略以达到企业绩效最优。同时，企业要重视品牌契合度和产品制造来源国效应，才能更好地选择品牌发展战略。本书对中国企业跨国并购后的品牌发展战略及对企业绩效的提升具有现实指导意义。

作为导师，我自己的感触是用长远的眼光看问题做选择，"风物长宜放眼量"，就是让我们从远处、大处着眼，看未来，看全局，不仅要具有广博的视野和科学思辨的能力，还要心中长存人文精神的火种。要用舍我其谁的魄力去勇敢拥抱变化；用第一性原理去不断探究世界的价值原点；用人文精神去点亮心中的灯塔。

人生道路经常会面临重大的选择，你带着什么样的心情上路，决定了最终看到什么样的风景。在"过去未去，未来已来"之际，诚实面对自己的内心，保持乐观和激情，用人文情怀去雕琢自己，不负韶光，砥砺前行！

愿你出走半生，归来仍是少年！

2018 年 12 月

前　言

随着经济全球化和信息一体化的不断深入，企业跨国并购以及并购后的品牌选择已经成为经济管理领域的热点问题。从 20 世纪 80 年代以来，随着经济体制改革的深化和资本经济的迅速崛起，企业间的要素流动及资源整合越来越成为政府和企业关注的核心经济问题之一。全球范围内的企业跨国并购方兴未艾，涉及领域和行业甚广，同行业以及行业上下游的并购重组已由最初的个体行为逐渐发展为一种普遍的经济现象。企业跨国并购案例的发生就必然引发企业间的战略整合、文化整合、组织整合、人员整合、财务整合、研发技术整合和品牌整合，其中企业跨国并购后企业品牌选择及其对企业绩效的提升成为企业并购后的首要任务。

本书按照现状描述—理论分析—实证检验的研究思路，运用因子分析和聚类分析方法探索影响中国企业跨国并购后品牌选择及其对企业绩效影响的相关因素；依据相关性分析和 NK 模型分析中国企业跨国并购后品牌选择与影响因素之间的关系，采用多分类变量逻辑回归的方法对其进行实证检验；依据 Hotelling 模型分析并购后品牌选择与企业绩效之间的关系，采用虚拟变量多元回归的方法对其进行实证检验；在此基础上引入品牌契合度和产品制造来源国效应两个调节变量，分别对前述两阶段进行调节，采用 DEA 模型实证检验两个调节变量分别在前述两阶段的调节作用，最终阐述中国企业跨国并购后的品牌选择及其对企业绩效的影响。

研究结果表明，依据因子分析和聚类分析得到影响中国企业跨国并购后的品牌选择及其对企业绩效影响的相关因素可以分为三类：企业内在因素方面（企业制度因素、企业生产和经营资源因素、企业产品因素、企业核心竞争力因素)、外部市场因素方面(产品品牌的市场营销环境、产品品牌的市场需求状况、产品市场品牌的竞争程度)、文化价值因素方面(民族主义、文化差异、价值多元化因素),三者相互影响、相互作用。中国企业跨国并购后的品牌选择类型分为三类:选择1,并购方品牌;选择2,被并购方品牌;选择3,新创建品牌。企业根据其内在因素方面、外部市场因素方面和文化价值因素方面的不同情况来进行品牌选择,以达到企业绩效最优的效果。此外,引入品牌契合度和产品制造来源国效应两个调节变量,分别研究从三类因素到品牌选择类型以及从品牌选择类型到企业绩效的调节作用。

通过对中国企业跨国并购后品牌选择及其对企业绩效影响的研究,使中国企业进行跨国并购后可根据企业内在因素、外部市场因素和文化价值因素来选择最合理的品牌发展战略以达到企业绩效最优的效果。与此同时,企业需要重视品牌契合度和产品制造来源国效应这两个调节变量,才能更好地选择品牌发展战略并对企业绩效的提升产生积极影响。这对中国企业跨国并购后的品牌发展战略及对企业绩效具有重要的现实指导意义。

作者
2019 年 2 月

目　　录

第1章　引　　论 ·· （1）

　1.1　研究背景 ·· （1）

　1.2　研究目的及意义 ··· （4）

　1.3　研究内容 ·· （6）

　1.4　研究方法 ·· （8）

　1.5　本书创新点 ··· （10）

第2章　文献回顾与评述 ······································ （13）

　2.1　企业品牌及特点 ··· （13）

　2.2　品牌形象理论 ··· （19）

　2.3　品牌资产理论 ··· （38）

　2.4　品牌绩效理论 ··· （58）

　2.5　企业跨国并购相关理论 ··································· （62）

　2.6　品牌国际化及其战略选择相关理论 ······················· （69）

　2.7　企业并购影响因素对品牌选择类型的影响作用相关理论 ······ （73）

　2.8　品牌选择类型对企业绩效的影响作用相关理论 ·············· （76）

　2.9　品牌延伸契合度和制造来源国效应相关理论 ················ （77）

第3章　中国企业跨国并购的现状与问题 ···················· （81）

　3.1　中国企业跨国并购后品牌国际化发展的必要性与可行性 ······ （81）

　3.2　中国企业跨国并购后的品牌国际化发展现状分析 ············ （87）

3.3 中国企业跨国并购后问题分析 ……………………………………………（95）

第4章 中国企业跨国并购后品牌选择的影响因素分析 ………（97）

4.1 中国企业跨国并购后品牌选择影响因素综述 …………………（97）

4.2 中国企业跨国并购后品牌选择影响因素的分析 ………………（98）

4.3 中国企业跨国并购后品牌选择影响因素的因子
分析和聚类分析 ……………………………………………………（106）

第5章 研究假设与理论模型 ………………………………………（114）

5.1 中国企业跨国并购后的品牌选择类型分析 …………………（115）

5.2 中国企业跨国并购后影响因素与品牌选择类型的
关系及其假设 …………………………………………………………（122）

5.3 中国企业跨国并购后品牌选择类型与企业绩效的
关系及其假设 …………………………………………………………（130）

5.4 本章总结与理论模型 ……………………………………………（139）

**第6章 影响因素、品牌选择类型和企业绩效互动
机制的实证研究** ……………………………………………（142）

6.1 企业跨国并购影响因素对品牌选择类型作用的实证分析……（142）

6.2 品牌选择类型对企业绩效作用的实证分析 …………………（153）

第7章 品牌契合度和制造来源国效应的调节作用分析 ………（162）

7.1 品牌契合度对影响因素、品牌选择类型和企业绩效三者
之间的调节作用分析 …………………………………………………（162）

7.2 制造来源国效应对影响因素、品牌选择类型和企业绩效三者
之间的调节作用分析 …………………………………………………（163）

7.3 理论模型与研究假设 ……………………………………………（165）

7.4 品牌契合度的调节作用的实证分析 …………………………（166）

7.5　制造来源国效应的调节作用实证分析 ……………………（175）

7.6　模型估计的结果讨论 ……………………………………（180）

第8章　中国企业跨国并购后品牌选择及其对企业

绩效影响案例分析 ……………………………………（182）

8.1　联想集团并购 IBM PC 业务案例 ……………………（182）

8.2　吉恩镍业并购案探究 ……………………………………（190）

8.3　荣威汽车案例 ……………………………………………（196）

第9章　结论及政策建议 ……………………………………（200）

9.1　结　论 ……………………………………………………（200）

9.2　管理启示 …………………………………………………（203）

9.3　政策建议 …………………………………………………（211）

9.4　研究不足与展望 …………………………………………（216）

附件　调查问卷 ……………………………………………（218）

参考文献 ………………………………………………………（223）

后记 ……………………………………………………………（259）

第1章 引 论

1.1 研究背景

在国际经济全球化、中国综合国力和市场竞争力逐渐增强的大背景下，中国企业跨国并购涉及能源业、制造业、金融业等多个行业和领域，并购案例的数量也与日俱增。随着国际经济全球化的不断深化，品牌以及中国企业跨国并购后品牌选择类型及其对绩效影响问题已逐渐成为企业管理领域的热点问题。华盛顿邮报刊文"中国企业竞相创国际品牌"指出，中国企业能否创造出被全球消费者喜爱并认可的品牌是其能否在日趋白热化的全球竞争中脱颖而出的重要影响因素。20世纪80年代以来，在经历了国际市场日益一体化和世界经济区域集团化的浪潮后，全球市场下的各竞争主体亦发生显著变化。随着全球经济的迅猛发展和中国经济体制改革的深化发展，企业间的资源整合及要素流动愈发备受关注。世界范围内企业并购涉及领域甚广，行业间及行业内的并购重组案例层出不穷，这些行业涉及石油石化、航空航天、汽车制造、医疗健康、计算机、广告传媒、电信通信、供电输电、金融服务等领域。20世纪末以来，我国政府陆续出台相关政策、指导性文件以及相关法律法规，支持并鼓励我国企业积极建设民族品牌，从而为中国自主品牌的品牌国际化发展趋势奠定良好的基础。从输出商品到输出资本再到输出品牌以至输出文化，这样的联合类别是我国实施"走出去"战略的必然选择。目前我国已经从输出资本进入输出品牌阶段。现阶段，大力

1

发展民族品牌、组建跨国公司有助于推动中国本土企业国际化发展进程。世界金融危机后，更多的中国企业开始全球布局进行海外并购。通过并购重组已经深陷危机的国际知名品牌和公司，中国企业借助国际知名品牌、先进的科学技术和研发实力、覆盖全球的客户沉淀量、庞大的资产规模推动企业发展为具有国际影响力的商业巨鳄，发展自主品牌国际化之路。这样的案例并不少见，如吉利收购沃尔沃、中海油服要约收购挪威 AWO 公司、中国铝业联合美铝收购力拓股份、腾中悍马并购案等。在全球经济环境的视角下，中国企业国际竞争力和中国综合国力的大大提升以及世界金融危机后欧美经济的低迷不振构成了大量中国企业跨国并购的两大主因。与其他品牌国际化选择类型相比，海外并购具有投资相对较少、被并购品牌资源和渠道充分利用、短期内迅速提升品牌国际知名度、风险相对较低等特点，被大量的企业跨国并购运用。

中国企业跨国并购必然会引起战略和品牌整合、组织和文化整合、人员和财务整合等，从而提高企业综合竞争力并充分实现企业跨国并购价值。企业跨国并购后，企业必须对品牌发展战略和产品发展策略做出最适当的决策，并购重组后要么开拓新产品或增设新产品线，要么扩展原有产品或扩大原产品线规模，是保留或放弃某些服务或产品，还是改良和优化现有服务或产品，以获得新发展和新突破。因此，并购重组后品牌发展战略的选择更具有复杂性和挑战性。

中国企业跨国并购品牌类型的选择对跨国并购能否成功具有关键影响。对于企业并购重组，品牌既是一种通过并购重组进行战略扩张的途径，也为企业提供了获取稳定现金流量和丰厚利润的来源。对于并购双方而言，品牌资产是企业持续经营和稳定发展的重点，品牌整合和品牌优化是必不可少的战略发展路径，决定着通过品牌整合带来协同效应的效果，所以企业并购重组后的品牌策略和优化应该提升到一定的战略高度，及时进行有效的整合和规划。此外，中国企业并购整合，既要遵循市场经济一般规律，又要结合中国国情及实际情况解决特殊问题。

在全球经济缓慢复苏和全球化不断深入的复杂环境下，发展速度和扩张规模、提升利润、规避风险是跨国并购和品牌选择类型的驱动因素。品牌国际化为企业带来的生产及营销成本降低、企业综合竞争力提升、规模效益等在很大程度上有利于企业跨国并购战略的实施和推广。

通过跨国并购的方式实施国际化品牌发展战略，企业可轻松获取的资源有品牌、技术、人才等。其中，品牌是跨国并购方式最终想获取的无形资产；技术是被并购企业的研发水平和技术创新能力，也是品牌的核心竞争力和核心推动力；人才，保留被并购公司的高素质管理人才和技术人才，这些人才经历多年磨炼和培养，正是我国跨国并购后企业所需的。此外，解决被并购公司所在国的就业问题，可获得当地政府的政策扶持，并购后品牌也会因此提高在当地市场的影响力。

中国企业通过跨国并购掌握了产业链上主要环节，使企业拥有市场竞争力和控制力。并购后企业从国际分工中的从属地位得以转变，并购后企业具有充足的资本和资源，良好的市场声誉和产业地位，完备的运营体系和人才梯队，品牌国际化更容易取得成功。借助海外并购，企业推行品牌国际化战略，占领包括高附加值在内的全产业链。并购重组后品牌选择类型也推动企业跨国并购水平和能力的提升，从而增强企业参与跨国并购的信心。

尽管中国跨国并购案例不断涌现，但并购后在科技研发、人才培养、管理模式、企业绩效方面均表现优秀的成功案例并不多。近几年虽有大量中国企业跨国并购案例发生，但并购后企业的综合表现并非令人满意。相关统计资料表明，企业跨国并购的成功率并不高，影响企业跨国并购的成功率以及企业绩效的关键因素值得实业界和理论界深思，主要原因是，我国企业跨国并购后对并购企业战略和品牌发展策略的重视程度还不够，没有准确评估品牌渠道和品牌资产的真正价值。另外，有些企业虽然并购交易成功，但对于跨国并购后品牌发展方向没有一个完整可行的策略，导致跨国并购后品牌和市场的磨合期拉长，甚至直接导致品牌影响力的衰落。

因此，研究我国品牌跨国并购后的品牌选择类型及其对企业绩效的作用，具有鲜明的现实意义。很多企业已经通过跨国并购的方式将品牌输出国门，跨国并购中企业品牌策略才是决定品牌选择类型成败的关键。

1.2　研究目的及意义

伴随着企业跨国并购案例逐年增加，必然会引发从发展战略到内部管控、从人力资源到企业文化、从财务规范到组织运营以及从产品到营销和品牌等多方面的整合。其中最重要的就是企业并购后的品牌联合能否成功，这直接关系到能否实现企业并购重组目标、能否实现并购后的协同效应、能否取得价值增值。第一，在当代，品牌作为无形资产能够为企业创造价值，可以帮助企业塑造良好形象，帮助企业赢得客户的忠诚和更高的信任度，提高企业知名度。作为能够帮助企业赢得综合竞争力的有力武器，对品牌加以研究非常有现实意义。无论是对于收购方还是被收购方来讲，品牌都能够成为企业战略扩张的资本和工具，品牌资产是企业经营和发展的重中之重。第二，企业并购后的品牌选择类型及其对企业绩效作用机制是在复杂多变的市场环境中进行的。学界对企业并购整合内容的研究已经相当广泛，但品牌并购后联合类别的研究较为笼统，并未清晰分析企业并购后的品牌选择类型及其对企业绩效作用机制，本书则是有针对性地对企业并购后的品牌选择类型及其对企业绩效作用机制进行透彻的分析。第三，本书选取了联想集团、吉恩镍业收购和荣威汽车作为研究案例，可以更好地说明企业跨国并购后品牌选择类型及其对企业绩效作用机制，为现实的企业并购提供一定的实践指导意义。

1.2.1　理论意义

本书研究的理论意义如下：

第一，本书提升了对中国企业跨国并购后品牌嵌入问题的理论研究。目前，如何更加系统、全面研究并购后品牌的联合类别还不多，研究的重点大都放在并购后品牌具体策略方面，对于企业并购后品牌选择类型及其对企业绩效作用机制的研究不多。本书不论是研究方法、研究思路还是研究内容都具备一定的新颖性和创新性，提升了这一领域的研究理论。

第二，本书的研究有助于品牌管理理论的完善。本书结合系统学和管理学的有关理念，在并购后品牌选择类型及其对企业绩效作用机制进行分析研究，实证分析企业并购后品牌选择类型及其对企业绩效作用的影响程度，对传统品牌理论进行了补充。

第三，本书的研究丰富和发展了复杂系统理论和品牌建设理论。本书将组织系统的 NK 理论和结构方程理论引入到并购后品牌选择类型的研究中，对并购后品牌选择类型及其对企业绩效作用机制进行了诠释，探讨了并购后品牌选择类型及其对企业绩效作用机制的过程和作用效果，并结合组织理论探讨了并购后品牌选择类型。可以说这是一次很有意义的尝试，极大丰富和发展了复杂系统理论和品牌建设理论。

1.2.2　研究的现实目的和实践意义

本书研究的现实目的和实践意义如下：

第一，本书的研究是经济发展的需要。21 世纪的国际市场竞争日益显著地表现为品牌的竞争，通过并购可以实现竞争优势在并购双方间的转移。本书的研究从解决实际问题出发，引进了一系列新的思想和方法，最后又应用到实践中去，适应了并购浪潮下品牌经济时代的需求。

第二，本书的研究为并购后企业的管理者提供了理论指导。由于企业并购后品牌选择类型管理理论和方法的研究相对匮乏，缺乏深层次挖掘并购后品牌选择类型及其对企业绩效的作用机制。本书的研究，通过构建并购后品牌选择类型及其对企业绩效作用机制框架将直接指导企业并购后品牌整合战略的规划和实施。

第三，本书的研究为我国企业如何在跨国并购中保护品牌提供了有力工具。在企业并购后品牌选择类型部分,本书构建了并购后品牌选择类型的 NK 模型,加之相关性分析,分析品牌选择类型,共同促进企业并购后品牌演进。

1.3   研究内容

本书的研究内容主要有九章:第 1 章,引论;第 2 章,文献回顾与述评;第 3 章,中国企业跨国并购的现状与问题;第 4 章,中国企业跨国并购后品牌选择的影响因素分析;第 5 章和第 6 章,中国企业跨国并购后的品牌选择类型及其对企业绩效的作用机制分析和实证分析;第 7 章,分析调节变量品牌契合度和制造来源国效应的作用机制和实证分析;第 8 章,案例研究(联想收购案例、吉恩镍业案例和荣威汽车案例);第 9 章,结论及政策建议。本书主要分成五个层次,解决三个主要问题。五个层次分别为:第一层,提出研究主题以及该主题的发展现状和研究现状;第二层,分析影响本主题的影响因素;第三层,分析影响因素和品牌类别的关系,品牌类别和企业绩效的关系;第四层,分析加入调节变量之后的影响因素和品牌类别的关系、品牌类别和企业绩效的关系;第五层,本书结论总结、政策建议以及研究启示。主要解决三个问题:一是分析中国企业跨国并购后,影响企业品牌选择类型的主要因素,以及各个因素之间的相互关系及其对企业绩效的影响;二是中国企业跨国并购后不同的品牌选择类型对企业绩效的影响;三是加入调节变量之后,分析调节变量是否对品牌选择类型的选择产生影响,并分析中国企业跨国并购之后不同的品牌选择类型对企业绩效的影响。本书研究框架如图1.1 所示。

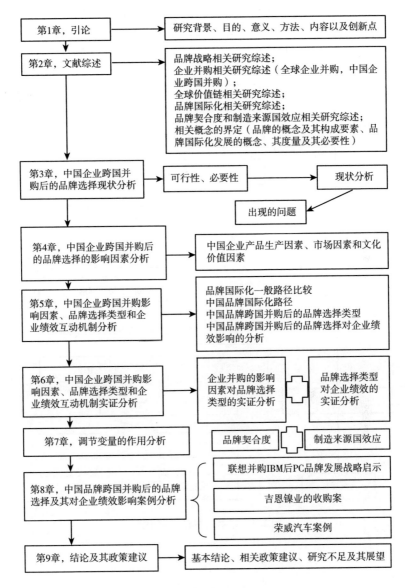

图 1.1 研究框架

本书沿着"说明现象—解释原因—论证影响—提出政策建议"的研究逻辑思路进行的逻辑研究，逻辑研究框架如图 1.2 所示。

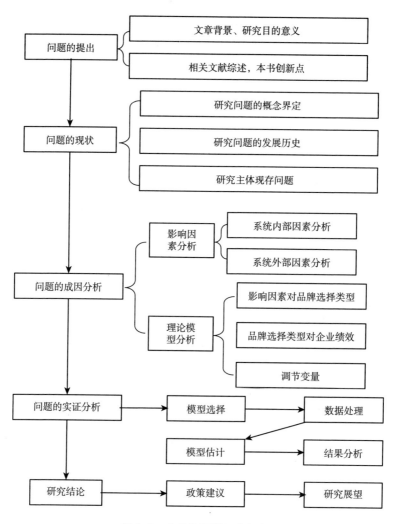

图 1.2　本书的逻辑研究框架

1.4　研究方法

本书研究的主题是中国企业跨国并购后品牌选择类型及其对企业绩效的影响，既要说明内部作用机制，还要进行实证的分析，因此，本书选取以下四种研究方法进行研究。

　　第一，文献综述研究方法。首先，通过上网、访问和问卷调查采集国内外对品牌战略相关研究综述、企业并购相关研究综述（全球企业并购，中国企业跨国并购）、品牌选择类型理论相关研究综述、全球价值链相关研究综述、品牌价值相关研究综述和相关概念的界定（品牌的概念及其构成要素、品牌国际化的概念、其度量及其必要性、品牌国际化的实施模式）等方面的研究成果的相关信息，为自己的研究奠定基础；其次，根据国内外跨国公司品牌并购的路径进行比较，并且结合中国的实际提出中国品牌跨国并购后的品牌选择类型及其作用机制。中国品牌跨国并购后的品牌选择类型及其对企业绩效作用机制效果的实证分析中可以定量分析的变量查找相关的数据统计报表，不能定量测度的我们需要进行调研分析，进行问卷调查，取得其相应的定量描述。

　　第二，系统分析的方法。企业主体可以作为一个系统，并且本书研究的是中国企业跨国并购后的品牌选择及其对企业绩效的影响因素分析，企业本身是一个较为复杂的系统，且各个子系统（企业设计系统、营销系统和生产系统）之间又存在错综复杂的制约关系。因此，对我国现阶段企业跨国并购后的品牌选择的影响因素分析的研究必须以系统理论为指导，综合地进行分析和研究。在研究中国品牌跨国并购后的品牌选择的影响因素分析时，将其分为各个不同的子系统，分析系统内部和系统外部的影响因素，也分析各个子系统之间因素的影响。

　　第三，定性研究方法。研读大量国内外对品牌战略相关研究综述、企业并购相关研究综述（全球企业并购、中国企业跨国并购）、嵌入性理论相关研究综述、全球价值链相关研究综述、品牌价值相关研究综述和相关概念的界定（品牌的概念及其构成要素、品牌国际化的概念以及其度量和必要性、品牌国际化的实施模式）等方面的研究成果，总结其研究的内在的规律性。结合我国现阶段的基本国情，利用相关性分析和 NK 模型建立理论模型，从理论上分析了中国企业跨国并购后的品牌选择。从企业系统自身的特点出发，分析中国企业跨国并购后的品牌选择的影响因素，为更好地促进中国企业跨国并购后的企业品牌建设提出自己的建议。

第四，定量研究方法。定量分析主要采取图、表和模型（NK 模型和多分类逻辑回归模型、加入虚拟变量的多元线性回归模型和数据包络分析（DEA））等方式分析影响中国企业跨国并购后品牌选择类型选取的因素、品牌选择类型对企业绩效的作用以及调节变量（品牌契合度和制造来源国效应）对二者的调节作用，利用 Spss、Eviews、Matlab、SEM（结构方程）等软件分析中国企业跨国并购后的品牌选择类型及其对企业绩效作用机制实际情况，充分应用统计软件以对中国企业跨国并购后的品牌选择类型及其对企业绩效作用机制的效果进行了实证测度分析。

1.5 本书创新点

本书主要的创新点有以下三个方面。

1.5.1 研究视角创新

首先，本书选择的研究主题是中国企业跨国并购后的品牌选择类型及其对企业绩效作用机制问题。对于企业跨国并购问题，大多数学者将研究方向放在了其影响因素和预测其发展趋势上，在研究品牌时也更加关注品牌的销售和营销，对于中国企业跨国并购后的品牌选择类型及其对企业绩效作用机制研究较少，而且一些关于品牌国际化联合类别及其作用机制的研究也是针对一个特定行业的研究，譬如服装产业、石油行业等，对于整体中国企业跨国并购后的品牌选择类型及其对企业绩效作用机制研究较少。因此，本书将研究主题定为中国企业跨国并购后的品牌选择类型及其对企业绩效作用机制，弥补现阶段研究中对中国企业跨国并购后的品牌选择类型及其对企业绩效的作用机制问题的研究空白。

1.5.2　研究方法创新

首先，在对影响中国企业跨国并购后的品牌选择类型及其对企业绩效作用机制的因素分析时，按照系统分析的理论方法，运用因子分析和聚类分析，将影响中国企业跨国并购后的品牌选择类型及其对企业绩效作用机制的因素分为产品生产因素、市场因素和文化价值因素，并且充分考虑各个子系统相互之间的影响。本书运用 NK 模型和相关性分析模型，分析了中国企业跨国并购后的品牌选择类型，从理论模型角度论证中国企业跨国并购后的品牌选择类型及企业如何根据自身的资源选择何种品牌选择类型，为更好地解释中国企业跨国并购后的品牌国际化做出理论分析范式，并且根据本书的理论分析结果相应的提出切实可行的政策建议。

1.5.3　研究理论创新

本书在研究中国企业品牌跨国并购问题时，没有直接研究影响企业跨国并购的因素对企业绩效的作用关系，而是在分析二者关系时引入品牌选择类型进行分析，这样，既能丰富企业跨国并购企业绩效理论，也能进一步说明品牌选择类型也是影响企业跨国并购之后企业绩效的主要影响因素之一。

（1）对于影响中国企业跨国并购后的品牌选择类型的因素的研究，多数研究者都是针对单一因素或者研究因素之间的线性关系。本书不但研究因素众多，而且研究多个因素之间的相关关系，当研究其对企业绩效的关系时，为了避免多重共线性的问题并且避免类别变量无法带入问题，本书选取多分类逻辑回归模型对其估计。

（2）对于调节变量对品牌选择类型及企业绩效调节作用的研究。一方面在分析中国企业并购之后影响品牌选择类型的因素中加入调节变量，另一方面在分析品牌选择类型对企业绩效的影响关系时加入调节变量，而且对于调节变量的回归分析，本书摒弃以前的 0-1 假设和联立方程模型，选取数据包络分析，将其作为输入变量，根据其总效率的变化值判断调节变量是否起作用。这样既可避免了变量的标准化而造成的误差，而且还可避免联立方程模型造成的虚假回归，使得对调节变量的估计更加准确。

第 2 章　文献回顾与评述

本章旨在通过搜集并购企业品牌、品牌形象、品牌资产、品牌绩效等方面的相关文献，理顺各种理论和方法的优点、缺陷、理论贡献、适用条件以及它们之间的差异，提出在相关情境下需补充和改进的内容。

2.1　企业品牌及特点

2.1.1　企业品牌化的必要性

在企业营销的现有文献中，最初的争论是品牌在企业间购买过程中能否起到重要作用，换句话说，企业营销有必要搞品牌吗？学者在早期研究中也经历了一个"摸索过程"，如表2.1所示。

表 2.1　　　　　　　　营销学者早期对于企业品牌化的研究

研究者	研究对象	研究焦点	研究发现
桑德斯和瓦特（Saunders & Watt，1979）	人造纤维产品	消费者的品牌感知	在B2B市场中使用品牌命名战略会让人迷惑（mixed）（针对终端消费者所作的研究）
辛克莱和苏厄德（Sinclair & Seward，1988）	木材产品	产品命名战略及其对产品差异化的影响	在B2B市场中使用品牌命名战略会让人迷惑（mixed）

续表

研究者	研究对象	研究焦点	研究发现
维亚斯和伍德赛德（Vyas & Woodside, 1984）	纺织纤维、铁路设备、电气工具、化学品	获取材料的决策过程	企业顾客愿意为优于竞争对手的供给物支付溢价
戈登，卡兰滕和本提特（Gordon, Calantone & di Bendedetto, 1993）	电力产品	组织购买	品牌对于组织购买决策及供应商品牌忠诚非常重要
穆德姆宾（Mudambi et al., 1997）	精密轴承	产业品牌的价值源及其对购买决策的影响	品牌让企业供给物得以区分开来；品牌包括有形及无形属性
赫顿（Hutton, 1997）	电脑、复印机、传真设备、软盘	组织购买	品牌化影响买家的溢价支付、推荐同一品牌下其他产品的意向
米歇尔，金和瑞斯特（Michell, King & Reast, 2001）	工业产品	在产业市场中品牌价值与公司声誉及信用的关系	品牌价值与感知质量、形象及市场领导地位有关
穆德姆宾（Mudambi, 2002）	精密轴承	品牌化的重要性及公司声誉对于不同类型顾客的重要性	公司声誉对于忠诚和非忠诚市场的影响有差别
迪克森（Bendixen et al., 2004）	中压电力设备	理解品牌与配送、价格、技术以及备用件的可用性等要素的相对重要性	品牌会起作用，但价格及配送更重要

资料来源：克雷楚，A.E.，R.J.，布罗迪，品牌形象和公司声誉的厂商市场对小公司的影响：顾客价值视角［J］. 工业营销管理，2007，（36）：230 – 240.

　　品牌可以被视为供应商向企业顾客传递的有关某种特性、利益或服务承诺的必要载体（Keller，2003；Kotler，2000）。随着理论和实践的发展，品牌在企业营销中会越来越重要，优势品牌及其暗含的质量承诺或信用保证可以为企业提供权力去获取溢价，甚至可能成为唯一持续的优势源泉。

　　品牌化的消费品可以实现品牌在实体产品、服务、渠道、人员、组织等不同领域间的延伸，而差异化是将一种产品与其他产品区分开来的主要成分，也是品牌化的基础①。这种差异通常与产品的属性或绩效相关，但也与无形的形象感知相关（Keller，2003）。在顾客的头脑中，一个品牌与其实际功效之间的联想越奇怪，产生的态度越有可能指导顾客对产品的感知及其购买行为（Farquhar，1989）。品牌化的目的是在顾客头脑中建立一定水平的品牌认知和品牌知识，进而增强重复购买信心并简化购买程序（Keller，2003）。根据韦伯斯特和凯勒（Webster & Keller，2004）的观点，品牌经理应该去设计和传播企业重要的差异点，如技术能力或企业品牌声誉，以此来创造差异化及顾客价值。

企业品牌化的重要性还与企业顾客的购买特征高度相关。从组织购买行为（organizational buying behavior，OBB）相关文献来看，企业顾客通常非常理性，与一般消费者相比，他们更关注产品的功能、质量、交付（物流）、服务以及价格（Shipley & Howard，1993）。但赫顿（Hutton，1997）认为品牌仍会在企业购买过程中扮演重要角色，特别是在有风险的情况下。② 当购买所涉及金额巨大，潜在风险较高，将促使购买行为更专业，购买过程也更正式。因此，企业的购买决策需要多部门人员协作完成。当企业产生购买需求时，除了专门的采购人员之外，还有其他人员（如经理、技术专家等）参与，于是形成一个非正式的跨部门决策单元（Decision Making Unit，DMU）——购买中心（buying center）。购买中心通过获取、传递、分享和处理有关企业购买的信息来运作，最终作出购买决策并承担购买风险。

1972 年，韦伯斯特（Webster）和文德（Wind）提出了经典的购买中心成员角色模型。他们认为，企业购买中心成员角色可以划分成五种类型：使用者（user）、影响者（influencer）、购买者（buyer）、决策者（decider）和把关者（gatekeeper）。在这个存在不同角色的非正式机构中，组织及个人的

---

① Alexander N S, Bick G, Abratt R and Bendixen N. Impact of branding and product augmentation on decision making in the B2B marketing. South African Journal of Business Management, 2009, 40 (1), 1–20.

② Hutton J G. A study of brand equity in an organizational-buying context. Journal of Product & Brand Management, 1997, 6 (6): 428–439.

目标交织在一起，形成一个"参照框架（frame of reference）"，这个框架指导着购买中心内部各成员的行为以及对其他成员行为的解读。个人的参照框架决定着供应商的选择标准（Webster & Wind，1972）。迪克森、布卡萨和伊布瑞特（Bendixen，Bukasa & Abratt，2004）发现，DMU 不同角色成员对品牌资产持不同的价值判断。与"把关者"相比，"使用者"认为品牌非常重要。技术专家是购买中心内唯一将品牌视作比价格更重要的群体。他们更了解产品的功能属性并对降低风险更加敏感。本迪克森（Bendixen，2004）等人还给出了相关证据，证明了一些 DMU 成员会对某些品牌产生情感偏好。

周军和胡正明（2004）提出，在消费者越发理性，产品的同质化严重，市场竞争已经超越了单一产品竞争的情况下，工业品品牌有逐步升温之势①。于亚丽（2007）提出，随着市场竞争程度日益激烈，品牌在工业品购买决策中的影响力越来越大，已经成为工业品营销中不可忽略的因素。

总之，从国外相关研究来看，大量理论文献及企业间营销案例表明，品牌会在企业购买中扮演重要角色（Hutton，1997；Mudambi，Doyle，Wong，1997；Hague & Jackson，1994；Michell，King & Reast，2001；Mudambi，2002；Low & Blois，2002；McQuiston，2004；Lynch & de Chernatony，2004；Webster & Keller，2004；Bendixen，et al.，2004；Blombäck，2005；Van Riel，Pahud de Mortanges，2005；Glynn，2007；Baumgarth，2008）。但品牌是否会在中国的企业并购及营销中同样发挥重要作用，也就是说，我国企业并购之后的品牌意识如何，涉猎的并不多。现有的研究多是理论推断，缺乏实证支持。品牌化以及品牌资产的作用会随着特定环境的变化而存在差异，在发达市场经济背景下产生的理论未必适用于市场经济不成熟的发展中国家。

2.1.2 产品品牌与企业品牌的界定

在早期的品牌研究中，学者们没有特别说明品牌究竟是产品品牌还是企

---

① 周军、胡正明. 工业品营销中品牌核心价值模式分析. 工业论坛，2004，10（5）：55-56.

业品牌（Michell、King & Reast，2001；Mudambi，2002；van Riel，2005；Bendixen, et al.，2004；Thompson、Knox，Mitchell，1998）。例如，穆大碧（mudambi，1997）等在提及"品牌联想价值"概念时，并未清晰地说明其所谓的品牌价值究竟产生于与产品品牌有关的联想还是与公司品牌有关的联想。米歇尔、金和瑞斯特（Michell、King and Reast，2001）的文章主要研究工业产品制造商如何感知产品品牌化价值，但在论述影响品牌忠诚的潜在因素时，却涉及许多公司品牌形象要素，如可靠性、销售关系等。更让人费解的是，汤普森等（Thompson et al.，1998）在文章中直接注明，本书不区分产品品牌和公司品牌。

品牌理论认为，品牌战略存在一个企业品牌背书（endorsement）的"连续统一谱"，在图谱的一端是所谓的企业"伞品牌战略""企业品牌战略"或"名牌屋（branded house）战略"。企业品牌战略是指利用公司品牌向利益相关者释放信号以创立和维持企业的良好声誉而进行的系统计划和实施程序（van Riel & van Bruggen，2002）。在"连续统一谱"的另一端是所谓的产品品牌战略或"品牌之家（house-of-brand）战略"，宝洁（Procter & Gamble）是这一战略的积极运用者。产品品牌战略是指使用一个与其企业名称相独立的品牌名称来标识一个或一类供给物的品牌战略（Blombäck，2005）。

在并购企业的营销领域，人们似乎更加看重公司品牌的整体形象。对个人消费者而言，产品品牌通常比公司品牌更重要，这可从商标设计和媒体广告中看出来；而企业顾客却恰恰相反，供应商的公司品牌和公司声誉常常比产品介绍更有影响力穆大碧（Mudambi，1997）。但产品品牌不仅对人们的行为倾向产生直接影响，而且还间接地通过公司品牌产生影响。比厄尔和舍宁（Biehal and Shenin，1998）认为，公司品牌比产品品牌更能激起对产品特征、利益等方面的品牌联想。凯勒（Keller，1992）等学者把企业的可靠性（corporate credibility）定义为顾客相信企业愿意而且能够提供满足顾客需求和期望的产品和服务的程度，企业品牌能够增强对企业可靠性的感知，并有助于在企业提供的不同产品类别间进行品牌延伸。穆大碧（Mudambi，1997）等学者（1997）的研究表明，供应商的总体声誉等无形特征在理性和系统的决策过程中更为重要。戈登（Gordon，1993）等学者认为这种差异有两方面深意：第一，公司名称和声誉而非产品品牌是供应商主要诉求点；第二，在 B2B 背景下，品牌忠诚等同于企业忠诚，公司品牌处于 B2B 品牌战略的核心地位。因此，企业顾客对于供应商的评价不仅包括产品的功能，也包括企业内部成员的技能、态度、行为、交付速度、售后服务以及沟通模式等方面。正如凯勒所言，B2B 品牌化是将企业作为一个整体，创建积极的公司形象和声誉，良好的品牌声誉将给企业带来更多的销售机会和更多的利润（凯勒，2009）。

巴尔莫（Balmer，1995）指出，公司品牌与产品品牌存在一些差异，具体体现在：首先，企业品牌建设是企业 CEO 的首要责任，而产品品牌则主要由品牌经理负责；其次，企业品牌能潜在地影响多类利益相关者，而产品品牌则主要聚焦于购买者；最后，企业品牌直接源于组织体系，并与多类利益群体产生沟通，而产品品牌则主要源于具体产品或服务。而麦奎斯顿（McQuiston，2004）认为，对于工业产品来说，品牌化是一个多维概念，它不仅包括企业顾客对物质产品的看法，也包括后勤（logistics）、顾客支持（customer support）、公司形象（corporate image）和与产品相关的政策（policy）等。因此，公司品牌应该传递包括产品功能在内的"多元化"价值。

有效的公司品牌管理可以为买卖双方提供更多利益。对供应商而言，一系列产品可以从公司品牌形象中受益。这一点在 B2B 背景下尤为重要，在 B2B 市场中，产品品牌的生命周期很短，除了功能以外，想要创造差异点比较困难。除此之外，管理公司品牌在节约成本方面十分有效（De Chernatony & McDonald，1998）。

同时，企业顾客对供应商的忠诚可以覆盖到企业产品、渠道成员等整条供应链（Gordon，1993）。米契尔等（Michell et al.，2001）强调在商业化市场中，运用公司品牌比使用个别产品品牌更容易成功。不考虑市场因素，企业声誉可以提高企业价值并让竞争者难于模仿。对于企业顾客而言，与拥有良好企业形象的供应商建立合作关系意味着长期的、持续的价值增值过程而非针对某一产品或服务的短期收益。

综上所述，本篇以"公司品牌"为核心变量，将产品、服务、交付、人员等其他变量视为构成企业品牌形象的影响因素加以研究，进而从企业层面透视品牌资产的驱动源。

2.1.3　总结与启示

本书在创作期间通过"中国知网（CNKI）"对"B2B 品牌""供应商品牌"及"工业品牌"等关键词进行搜索，非常遗憾，仅有几篇"学术性"文献，论述的层次仅限于实施 B2B 品牌化的意义和作用（阎志军，2008；刘鑫、姜含春，2010）或介绍某种 B2B 品牌化的理念（楼尊，2009）。在仅有的两篇实证性文献中，李桂华、卢宏亮（2010）基于采购商视角，以品牌关系为中介，系统论述了供应商品牌溢出价值与采购商重复购买意向之间的关系。从国外相关文献来看，多数学者也是基于 B2B 营销视角进行研究，对于品牌的重要性已经达成共识。从总体上讲，高价值、高风险使得企业顾客非常看重供应商的公司品牌而非产品品牌，这与企业间的利益关系高度相关。因此，企业品牌不能只传递有形产品方面的信息，同时还应考虑内化在企业供给物中的所有支持性信息。例如，CISCO 公司曾经增加投入，提高在防火墙和网络安全工具等方面的支持性服务水平，以此带动产品销售。

20 世纪 80 年代，IBM 的一句宣传语"你决不会因为买了 IBM 而被解雇"，不知打动了多少企业顾客的采购经理。这说明，本书的焦点概念之一——品牌形象对于企业营销、企业并购非常重要。

2.2　品牌形象理论

一般来说，品牌经常被定义为名称、术语、标志、符号或设计的同义词。但从更深层次来看，品牌的概念范围应该更为宽泛。例如，科普菲尔（Kapferer，1992）将品牌描述成"生动的记忆"，从而将品牌与心理维度联结起来①。从这个角度看，品牌是建立在人与有形（或无形）的实体特征相互作用的基础之上，这些实体（例如，商品、服务、个体或者组织）由品牌来代表。因此，品牌可以被解释成为一种基于受众感知的无形资产（Aaker & Joachimsthaler，2000；De Chernatony & McDonald，1998；Garrity，2001；Grace & O'Cass，2002；Nilsson，1998；Riezebos，2003）。品牌代表了与被识别个体有关的想法，联想和形象，例如其名称、商标、标语、颜色和设计。它通过受众的感知来定义，并且通过实体周围的传播而产生和保持。品牌传播可以代表许多事物，包括人。正如奥林斯（Olins，1989）所说："企业就是一切，企业做了一切，传播给所有与企业交易的人。"因此，从定义来看，品牌不限于某个市场或某种具体的产品形式。

2.2.1 "形象"的含义

要研究"品牌形象"，首先应该明晰"形象"的概念及内容。从字面上理解，"形象"由"形"和"象"两个字构成。秦启文和周永康（2004）在《形象学导论》中专门对"形""象"和"形象"三个字、词的古代来历、含义进行了考证并得出结论为："形象"一词从历史上看，主要有三层含义：首先是指人、物的相貌形状；其次是指能够作用于人们的器官，使人们产生印象、观念、思想及情感活动的物质；最后是具体与抽象的统一，也是物质与精神的统一。而"形象"从现代意义上看，是人们在一定条件下，通过听觉、视觉、触觉等感觉器官，对他人或事物由其内在特点决定的外在表现的总体评价和印象。可以说，上述结论从形象是什么、形象如何形成的、形象在什么条件下形成、谁对谁产生形象的问题进行了解答，是目前国内学术界所不多见的对"形象"本质含义进行高度概括的定义（张春河、方芳，2007）。

罗长海（2002）也对形象问题进行了哲学层面的解析。他认为"形象"

---

① Kapferer J N. Strategic brand management. New York：The Free Press，1992.

可以分为五个层次，即个体形象、类形象、组织形象、艺术形象和创造形象。其基本观点和内容如下：

形象的第一层含义是指人的相貌、物的形状。这种具有特定形状的客观个体给人留下的视觉表象，就是该个体的形象，这种形象实质上是客观个体的静止形象。

形象的第二层含义是指"类"形象。即将感官获得的各种现象材料进行归纳整理，去伪存真，将那些和本质相一致的感觉表象归为一类，形成一个相应的"类"形象。

形象的第三层含义是指组织的象征或者组织形象。即组织作为一个复杂系统所表现出来的整体特性，如组织的社会宗旨、精神氛围、各种关系等。这种组织的特性，既不是各个组成要素共同特征的抽象，也不是简单重复各个组成要素的性质。

形象的第四层含义是指符合理想或理念要求的感性表象。即主要不是通过科学或哲学做到的，而是主要通过艺术创造而塑造的艺术形象，是艺术家审美理念、审美理想的感性再现。

形象的第五层含义是指符合理想本质的客观存在。最能体现这层含义的就是企业形象。企业形象包括个体形象和类形象，但企业形象本身是一种组织形象，这种形象不同于国家政府之类的组织形象。如果说艺术形象实现的是"理想和理念转化为感性存在"，那企业形象实现的就是"理想和理念转化为客观存在"。现代企业充分展示了人类改造自然界的本质力量，本质上体现了一种创造形象。

国外学者将"形象"翻译成"image"，龙成志（2009）查阅了牛津和韦氏字典以确认"Image（形象）"的准确含义。

根据牛津字典（Oxford Advanced Learner's Dictionary）对 Image 定义为：

（1）个人、组织或产品给大众的印象；

（2）人或事物看起来像是在脑海中所呈现的画面；

（3）以照片或塑像的形式复制人或事物；

（4）透过相机、电视或计算机反射的影像，看起来有如镜子反射；

（5）以虚构的字或措辞形容事物。

韦氏字典（Merriam Webster Dictionary）则将 Image 定义为：

（1）对人或物的再造或仿造，特别是对具体外形的仿造；

（2）利用光学（例如镜片或是镜子）或电子仪器制造出视觉上极为相像的对象、利用摄影技巧所产生出的相似对象；

（3）极相像、非常像别人的一个人；

（4）有形或可见的图像、古色古香的、梦幻般的外形；

（5）心里对实际上不存在事物的想象、由团体成员的意见及基本态度与定位的象征所形成的心理概念；

（6）鲜明或生动的图像或描写；

（7）一种通俗的观念（例如个人、习俗或国家），特别是借由大众传播媒体所凸显的；

（8）相当于特定领域的数学函数（例如 Homomorphism）所得到的一套价值标准。

2.2.2　品牌形象理论

1. 品牌形象的概念

自 20 世纪 50 年代品牌形象概念被提出以来，经过半个世纪的发展，品牌形象日益受到学界的重视。不同学者基于各自的研究目的，对其进行了不同的定义。本书主要从 B2C 品牌和 B2B 品牌两类品牌形象进行介绍。

（1）B2C 品牌形象概念。阿克尔和比尔（Aaker and Biel，1993）认为，品牌形象是消费者头脑中与某个品牌相联系的属性集合和相关联想。凯勒（Keller，1993）定义品牌形象为消费者对一种品牌的感知集合或者说是消费者记忆中的品牌联想的集合。比尔（Biel，1993）认为，品牌形象是消费者对品牌的联想，这种联想通过对公司形象、产品和服务形象及使用者形象的联想来体现，对于不同的品牌可能不完全具备这三个子形象，每个子形象在整体形象中的作用可能也不一样。范秀成和罗海成（2003）从综合的角度出发将品牌形象定义为消费者对品牌的总体感知和看法，是品牌资产的重要组成部分①。

同时，荷兰鹿特丹品牌资本有限公司的首席顾问兼任伊拉斯谟大学品牌管理中心主任的里克莱兹伯斯（Rik Riezebos，2003）认为，品牌形象是指"公众对某事物或某人形成的刻板看法"，是"消费者群体共同拥有的主观、心理影像"。

美国市场协会（AMA）给出"品牌形象"的定义是：品牌形象就是一种品牌在人们心目中的各种感知（perception）联想的集合，是品牌个性（brand personality）和品牌存在（brand being）的状态、特性、本质等的可能并不准确的脑海图景（mirror reflection），是人们对品牌的各种看法、情感和期待。美国市场学会给出了品牌形象的综合性定义，有的强调品牌在顾客心目中的感觉形象，有的强调品牌带给顾客的感知联想的事实，有的则包含个人的主观价值判断。

从现有文献来看，品牌形象的本质是顾客在外部刺激物的作用下，根据经验、推断、想象而对品牌形成的总体感知。同时，品牌形象与品牌联想高度相关，孤立的事物很难在头脑中形成稳定的印记，而经过联想加工后的印象则更加稳定。人们在看到某种品牌时，总是喜欢将其与生活中相关的信息联想在一起，并通过逻辑或非逻辑思维进行梳理以形成长期而稳定的记忆。因此，可以说，品牌联想是形成品牌形象的基础，品牌形象是认知与情感的结合。同时，品牌形象与品牌资产之间也有着密切的关系，良好的品牌形象有助于累积企业的品牌资产。

（2）B2B品牌形象概念。目前，公司品牌的研究日益受到学界和业界的重视。达钦和布朗（Dacin & Brown，2002）指出，公司品牌有两个核心概念：企业形象与企业联想。企业品牌联想描绘了企业顾客对于企业的感知，是基于心理学"联想网络记忆模型"提出的重要概念。布朗（Brown，1998）进一步将企业联想的含义深化，指出企业品牌联想是包含"企业形象""公司声

---

① 范秀成、罗海成．基于顾客感知价值的服务企业竞争力探析．南开管理评论，2003，Vol.（6）：41－46.

誉"等概念含义在内的"集成式"术语，企业联想涵盖了人们对企业的信念、心情、感情、评价及有关企业的其他任何形式信息的认知。可以看出，企业品牌联想的主体是所有利益相关者，企业联想涵盖的范围更大。

莱维特（Levitt，1967）调查了一些声誉很好的企业与不知名企业相比所具有的品牌优势。他尝试研究供应商的高品牌可信度和高品牌美誉度如何影响采购商的购买决策，也就是所谓的"资源效力（source effect）"。确实，对于复杂的工业产品或原材料来说，供应商良好的品牌形象和声誉对于采购商潜在购买决策有正面影响。更具体来讲，高品牌美誉度的供应商更有机会通过购买决策的"初试阶段"，顺利进入采购商"拟采购企业名录"（Levitt，1967）。莱维特还发现，在一个重要程度更高或风险更大的情境下，假如不同供应商提供的商品在其他方面没有显著差异，这时采购商决定购买或拒绝某一产品就会受到供应商资源可靠性的影响。因此，供应商品牌战略应聚焦于塑造积极的企业形象，让企业顾客看到供应商品牌背后所代表的"实力"。

公司形象在西方营销文献中得到了充分研究。伊斯顿（Easton，1966）认为，企业形象是建立在企业层面上的总体印象（collective impressions）。在这些印象中，一些源于客户与企业的亲身接触（personal contact），一些源于传闻（hearsay），一些源于大众媒体传播，还有部分源于不受企业所控制的心理倾向。埃尼斯（Enis，1967）认为，企业形象是个人对企业的全部感知及相互关系的总和，是顾客为便于整体思考而对企业的高度抽象与简化。在对企业现状"被动"认知的基础上，学者后来对企业形象的内涵加入了消费者"主动"期望的成分。如费罗（Pharoah，1982）指出公司形象是顾客对企业的期望、态度和感觉；巴里什和科特勒（Barich & Kotler，1991）则认为企业形象是个人或团体对企业的信念、态度及印象的总和。尽管企业形象定义的文字表述不尽相同，但仔细研究其内涵，有几点共同之处：一是企业形象客观存在于客户的心智中，而并不能由企业完全决定和控制；二是企业形象的来源非常广泛，可能是企业的产品或服务，也可能是企业中的某个人或是企业的某种举动；三是从心理学视角对企业形象进行定义已成为主流，因此企业形象更多地是顾客企业对供应商企业整体的一种"感知"（Carlson，1963；

Gronroos，1984），是心智"图景"或企业的"画像"（Hardy，1970），或者
是关于目标企业的"联想和意义"（Martineau，1958）等。

2. 品牌形象的特点

罗子明（2001）对品牌形象的特征进行了总结，认为品牌形象主要有多
维组合性、复杂多样性、相对稳定性以及可塑性和情境性等特点。具体如下：

多维组合性是指品牌形象不是由单维或两三个指标所构成，而是由多种
特性所构成，并受多种因素的影响。例如，供应商的品牌形象既包括产品质
量、价格、企业规模、网络方位等"硬"条件，又包括服务、物流、善行度
等软性维度。

复杂多样性是指由于企业及其产品市场覆盖率的差别、产品信息传播效
果的差异以及顾客的特点不同等，造成顾客对企业和产品的认知、理解以及
使用情况不一样，从而使品牌形象在不同时间、不同地点呈现多样性的特征。

相对稳定性是指品牌形象在一段时期内会保持稳定。符合顾客愿望的企
业理念、良好的产品品质、优质的服务等因素，是品牌形象保持稳定的必要
条件。由于赢得顾客长期的喜爱，优秀的品牌能够保持其形象长久稳定，例
如，卡特彼勒结实耐用的重型机械，IBM 蓝色巨人，贝尔公司科技创新、不
断进步的形象等。

可塑性是指通过企业的努力，可以按照企业的意图建立品牌形象，改造
原有的品牌形象、增加品牌内含的新特征，甚至重新塑造品牌的形象。罗子
明（2001）还举了 IBM 企业形象的例子，在 20 世纪 70 年代以前，一直是高
质量商用设备的代表者，80 年代初，企业进入了严重的危机时期，顾客的评
价是"大""全""笨"，经过痛苦的改革和品牌形象再造过程，现在的 IBM
重新回到了开创科技先锋、提供高品质服务的品牌形象。

易碎性是指在特定的条件下，不管是一些重大的事件，或是一些轻微细
小的事件，都可能完全迅速地改变原有的品牌形象。例如，"丰田轮胎事件"、
"三鹿三聚氰胺事件"以及双汇"瘦肉精"事件都对当事企业造成了难以挽
回的负面影响。

3. 品牌形象模型

在品牌形象研究中，由于类型品牌形象有比较丰富的研究模型，本书在此做出说明。

龙成志（2009）将其划分为消费者行为视角、认知心理学视角、营销传播视角以及品牌资产视角。实际上，这几种视角并没有严格的界限，不同视角之间是交叉在一起，只有综合考虑顾客认知、顾客购买决策的影响因素及内外部顾客的沟通等方面，才能体现品牌形象作用的全面性。因此，"综合"前三种理念的品牌资产研究视角最为全面，也是品牌理论发展的必然。从总体上，我们将其分为两大类：一类是非品牌资产视角的研究；另一类是品牌资产视角的研究。

非品牌资产视角的研究很多，例如帕克、贾沃斯基和迪波拉（Park、Jaworski & Deborah，1986）提出了品牌概念管理框架[①]（Brand Concept Management），并对品牌概念与产品概念（Product Concept）进行了区分，认为品牌概念反映了与品牌联系的一般性意义，而产品概念相当于产品构想（product idea）。帕克（Park，2012）等认为，"消费者需要"是影响公司进行品牌概念选择的重要因素，因此，品牌概念应界定为基于需要的概念（Needs-based concept）。品牌概念的选择包括功能性概念、象征性概念和体验性概念，它们分别对应着满足消费者对品牌的功能性需要（functional needs）、象征性需要（symbolic needs）和体验性需要（experiential needs）。科普菲尔（Kapferer，1992）从企业和消费者"互动"的角度提出了品牌形象认同要素模型[②]。将品牌视为传达者的图像，包括外显形体和内在性格；消费者对品牌的反应则是接收者的图像，包括外在反映及内在自我形象。戴维斯（Davis，2002）认为可以从产品物理特征、功能利益、情感利益和自我表达四个方面对品牌形象进行测量。

[①] Park C W, Bemard J J, Deborah J M. Strategic brand concept-image management. Journal of Marketing, 1986, 50（October）：621 – 635.

[②] Kapferer J N. Strategic brand management. New York：The Free Press, 1992.

国外一些经典模型是将品牌形象作为品牌资产的组成或驱动成分加以研究的，代表性的模型有克里斯南模型、贝尔模型、凯勒模型和阿克模型等。

（1）克里斯南（Krishnan）模型。克里斯南主要关注品牌资产（brand equity）方面，因此，他研究的焦点也在针对品牌名称反映和激发的一系列联想上。从品牌联想数量、联想偏好度、联想独特性和联想来源四个方面考察品牌联想（卢泰宏、周志民，2003）。

联想的数量是指经过长时间的努力，消费者建立的一系列各种品牌的联想。其中，一些与品牌特征和品牌利益有关，另一些则与顾客的经历（或经验）有关。

只拥有联想的数量还不行，因为这些联想中包括积极和消极的联想。因此，必须评估积极与消极联想的相对数量。联想的偏好，就是说明品牌相对喜好性的共同尺度，它是净的积极认知想法（积极的联想数量减去消极的联想数量）。

与其他品牌共享一些联想会使得某个品牌成为品类的代表而非它自己，也就是说，被泛化了。因此，品牌需要一些可以使其从品类中脱颖而出并在顾客心目中独树一帜的独特联想。

顾客可以通过多种线索了解产品，并形成联想。联想来源主要有直接品牌经验（使用过）和间接品牌经验（广告）。其中，直接经验联想与个人相关度更高、更加确定，也更加生动。因此，直接经验品牌联想会累计更高的资产。对于间接经验而言，还可以划分为企业可控和不可控来源。相比而言，顾客更相信企业非可控的来源，例如，口碑。因此，在口碑基础上形成的品牌联想就成为品牌形象和品牌资产的标志。

克里斯南（Krishnan）对这四个方面进行实证研究，通过测评高品牌资产和低品牌资产的区别，结果显示顾客联想的差别和品牌外部资产指标是一致的，从而能洞悉每个品牌的强势和弱势部分。

（2）贝尔（Biel）模型。贝尔（Biel，1993）在克里斯南联想网络记忆模型基础上提出了贝尔模型。他认为品牌形象可分解成公司形象、使用者形象和产品自身形象，而描述品牌形象的起点是顾客对品牌相关特性的联想。联想则分为"硬性"和"软性"两种属性，如图 2.1 所示。

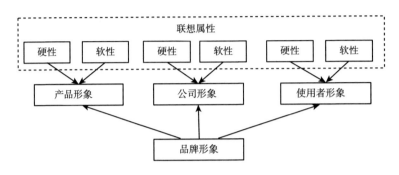

图 2.1　贝尔模型结构

资料来源：本书根据相关理论自制。

所谓"硬性"属性，对品牌有形的或功能性属性的认知。例如，对于轿车而言，相关的硬性特征就是马力强劲、启动快。这种硬性属性对于品牌而言十分重要，如果某品牌一旦对某种功能属性形成"独占"，其他品牌往往很难再以此属性进行定位，一些市场领导者品牌往往都在某些功能性属性方面取得了垄断地位。但是，硬性属性已不再是形成品牌差异的唯一因素。而"软性"属性反映品牌的情感利益。因为这种情感利益一旦建立，很难为人所模仿。消费者将有关公司的各种信息和使用公司产品的经验组合为公司形象，这是品牌形象的重要部分。其构成要素主要包括革新性、历史延续性（如企业历史、规模等）以及给消费者的信赖感。使用者形象指品牌使用者的人口统计特征等"硬性"特征与包括使用者的个性、价值观和生活形态等"软性"特征。产品形象是与产品本身功能或所带来的利益特征相对应的品牌特性，此外，产品产地、包装等也是产品形象所包含的内容。

任何品牌都存在这三种形象。但是，不同类型的产品，这三种形象的重要程度相差很大。贝尔模型的重要缺陷是没有考虑三种形象之间的关系及对于不同类型的产品各种因素孰轻孰重。在不同文化背景下，这三种因素对品牌形象的贡献也是有差别的，例如，在中国，因为消费者现阶段仍然相对更关心产品的功能和绩效，公司形象让中国消费者感到更有信心，因此，品牌的公司形象是否会比其他两种形象更加重要呢？这三种形象是否可以代表所有的顾客感知形象线索，是否还有一些重要因素没有在贝尔模型中体现出来？

（3）凯勒（Keller）模型。凯勒从建立基于顾客的品牌资产角度把品牌知识分为品牌知晓度和品牌形象两个部分。他认为，品牌形象是顾客与品牌的长期接触形成的，反映了顾客对品牌的认知、态度和情感，同时也预示着顾客或潜在顾客未来的行为倾向。品牌联想从总体上体现了品牌形象，决定了品牌在顾客心目中的地位。因此，通过分析品牌联想结构来揭示品牌形象，有助于考察品牌营销的直接效果，揭示出单靠绩效指标和以往的行为模型无法得到的信息，对于指导企业的营销战略特别是品牌战略具有重要价值。

从联想的类型角度，凯勒将品牌联想分为三类：产品特性、利益和态度。产品特性的品牌联想有两大类：产品特性联想和非产品特性联想。与产品有关的特性是指消费者寻求的、完成产品或服务功能所必需的产品因素，具体来讲就是决定产品功能水平和特质的产品物理特征；非产品特性则主要有五类：价格、使用者和使用情境形象、感觉和体验，以及品牌个性。

利益联想是顾客赋予产品或服务特性的个人价值和内涵。利益联想又可分为三类，分别是与功能性利益、象征性利益和体验性利益相关的联想。功能性利益是产品或服务的内在优势，通常与产品有关的特性相关；象征性利益是产品或服务的外在优势，通常与产品无关的特性尤其是使用者形象相关；体验性利益则是消费产品或服务的感觉，与产品的两种特性都相关。而最高水平和最抽象的品牌联想是态度联想，它是顾客对品牌的总体评价。

概括而言，凯勒模型是把品牌形象看作一个较为综合的概念，通过品牌联想来反映，而品牌联想可以从产品特性、利益、态度等方面进行考察。

（4）阿克（Aaker）模型。阿克的品牌资产模型是在品牌形象基础上发展起来的。该模型认为品牌资产包括五个方面：品牌认知/知晓、品牌感知质量、品牌联想、品牌忠诚以及其他专有资产，如图 2.2 所示。

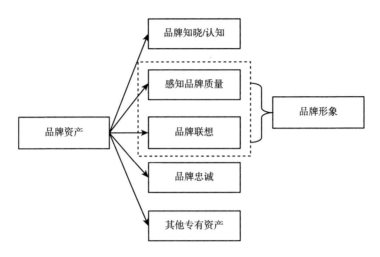

图 2.2　阿克品牌资产模型

资料来源：本书根据相关理论自制。

品牌知晓/认知度（brand awareness）是指品牌为顾客所知晓的程度。品牌感知质量（perceived quality），是指消费者对某一品牌的总体质量感受或在品质上的整体印象；品牌联想（brand association），是指消费者由品牌而产生的印象。通常，品牌会使人们联想到产品特征、消费者构成、消费者利益、竞争对手等，其联想内容因品牌不同而各异。消费者通过对不同品牌产生不同的联想，使品牌间的差异得以显露；品牌忠诚（brand loyalty），是消费者对品牌偏爱的心理反应；其他专有的品牌资产（other proprietary brand assets），是指那些与品牌密切相关、对品牌竞争优势和增值能力有重大影响、不易准确归类的特殊资产，一般包括专利、专有技术、分销渠道等。此外，品牌联想的资产价值还表现在它能揭示品牌延伸的依据，能创造有利于品牌为消费者所接受的正面态度的机会。

阿克（Aaker, 1996）认为，品牌形象由品牌联想和感知质量构成。品牌联想是在顾客记忆中任何与品牌相关的事物，可以区分为产品形象和企业形象两大类，但两者内涵有差别。具体而言，包括产品特性、国家或地区、竞争者、产品档次、生活方式和个性、名人和人物、使用者和顾客、用途、相对价格、顾客利益、企业能力等多个方面。阿克（Aaker, 1996）进一步阐释，产品形象的内涵主要在产品本身的特性上，提供顾客价值的组合，而企业形象则注重公司的能力与形象，提供顾客可靠、保障的信赖感。阿克（Aaker，1996）认为，广告宣传等传播工具的主要目的，首先是使消费者产生联想，然后产生差别化认知和好感，最后产生购买欲望。同时，由于绝大部分联想会与消费者利益或价值相关联，而这又是消费者购买与放弃购买的依据或缘由。所以，品牌联想能提供消费者选购的理由。

阿克品牌资产模型为我们提供了一个将品牌形象与品牌资产连接在一起的"近乎完美"的纽带。该模型给我们两个重要启示：第一，品牌形象是品牌联想和品牌感知质量的结合；第二，品牌形象是品牌资产的重要组成部分。

阿克模型在理论界得到了广泛的认同，当然该模型也存在一点缺陷：首先，该模型没有说明品牌资产各构成维度之间究竟是何种关系。也就是说，品牌形象作为品牌资产的一个组成部分，它与品牌知晓以及品牌忠诚在逻辑上是何种关系。因此，阿克对于品牌资产的解构尚未完全，仍然有完善的必要。其次，阿克模型并没有对品牌形象的线索要素进行系统梳理，只是简单列举了一些与品牌联想有关的因素。

国内学者范秀成（2002）提出了品牌形象综合测评模型，将品牌形象分为四个维度，即产品维度、企业维度、人性化维度和符号维度。罗子明（2001）从理论上将品牌形象划分为五个方面，即品牌认知、产品属性认知、品牌联想、品牌价值和品牌忠诚。许多学者也做了基于不同情境的模型检验。但从总体来看，都是对上述模型的引用或介绍，突破性的内容较少。

综上所述，国内外学者从不同角度对品牌形象的概念、特点及构成进行了研究，成果非常丰富。这些成果虽然脱胎于 B2C 情境，但对于 B2B 研究仍然具有重要启示。

第一，品牌形象的概念内涵基本得到了确认。

第二，品牌形象是一个"多维度"构念（construct），可以从不同角度进行研究。

第三，现有文献对于不同文化背景下的顾客对于同一品牌的形象认知差别方面作出了探索，如原产地形象问题。但是，不同群体特征下的消费者形象问题研究不多。个体消费者与处于组织群体中的顾客会不会在品牌形象认知方面存在差别呢？这个问题尚未在 B2C 品牌形象文献中得到答案。

第四，系统化的实证研究仍然十分必要，特别是针对品牌形象与品牌资产关系的实证研究存在缺陷。

第五，上述模型大多没有提到具体的品牌形象的构成要素（贝尔模型提及一些），更没有研究各个因素如何影响整体品牌形象（江明华等，2003）。

总之，上述四个模型都是基于品牌资产视角进行的品牌形象研究，其中凯勒模型、贝尔模型和克里斯南模型更多地是从品牌联想的角度来解读品牌形象。只有阿克模型明确将品牌形象（感知质量与品牌联想）作为品牌资产的重要构成加以研究。因此，要研究品牌资产与品牌形象之间的关系，阿克模型更为适用，同时它也是学术界运用最为广泛和最被认可的一个模型。但在品牌形象的构成要素方面，阿克模型要逊色于贝尔模型，因此，在 B2B 品牌形象子模型时，我们更多地借鉴贝尔模型涉及的变量，但该模型中提及的变量是否适合中国的情境，我们将通过探索性研究予以证明；而在 B2B 品牌资产模型中，我们将借鉴阿克模型的核心变量，但也会做适当改进。

2.2.3 品牌形象线索理论

为了合理地说明认知活动中人脑与客体相互作用直至形成与客体相符的映像或观念，认知心理学引进了"信息"的概念。朱宝荣（2004）认为，正是信息这一中介，才有可能使映象（心理映像表征）或观念（命题表征或产生式知识表征）与客体之间达成相符或一致。

目前，我们主要以 B2C 和 B2B 为切入点，进行探索研究。从 B2C 相关理论来看，由于消费者的非专业性，无法从纯粹的技术角度去衡量大多数产品的质量或价值，他们只能凭借直觉去感知某种产品。因此，对于个体消费者而言，他们需要运用一些非技术指标对拟购产品做出判断，这些"指标"即是线索（cue）。与此相对，在 B2B 市场中，企业顾客非常专业，买卖双方关系较密切，信息不对称程度降低。那么，企业顾客在购买时是否也需要依据

"线索"，即某些指标来做出购买决策呢？答案是肯定的。

首先，从 B2B 购买的产品特点来看，这些产品一般价值昂贵（特别是战略采购情境下），采购者为此需要承担巨大的购买风险，因此，购买前客户企业需要搜集大量的相关线索以供决策；其次，由于买卖双方关系密切且客户企业对拟购商品的技术特征比较了解，因此，技术性指标即技术线索在 B2B 购买决策中的地位更加突出；再次，虽然买方在购买时信息相对充分，但与供应商对商品信息掌握程度相比，买卖双方之间仍然存在着一定程度的信息不对称，因此，客户企业既需要基于技术线索来判断也需要获取非技术线索以帮助决策；最后，现实中的 B2B 购买决策是由"人"来完成，理性的决策者不可能通过主观臆断或冲动去判断，相反主观判断的过程需要相关信息的支持。

布朗斯维克和沃尔夫（Brunswik and Wolf，2005）从社会心理学角度，把线索看作是一种客观环境与主观个体相互作用的产物。他们认为，当决策者对一个未知或不确定的事物作评估判断时，常常采用、透过或参考对该决策者已知或确定的线索体系来对事物进行判断，环境的信息只有通过这一线索体系进入个人的意义框架才能得以被个人所认知。

2.2.4　B2B 品牌形象的影响要素

基于 B2B 背景，佩尔松（Persson，2010）总结了六个品牌形象的维度，即品牌熟识度、产品解决方案、服务、物流、关系以及企业层面，并验证了这些维度与溢价购买之间的关系。与 B2C 品牌形象研究一样，企业层面与产品层面都被视为品牌形象的构成因素。从维度研究而言，这无可厚非，但按照沃什伯恩（Washburn，2002）以及尤（Yoo，2001）等学者的观点，如果我们将构成因素转化为驱动因素进行研究，则有利于从发展和演进的角度来理解问题。于是，将品牌形象的构成维度转化为前置因素对于理解 B2B 品牌形象的"形成机制"非常必要。同时，由于 B2B 品牌主要是指公司品牌，因此，在 B2B 情境下企业层面与产品等其他层面很难被等同视之。公司品牌形象应该被视作结果变量，而产品表现、服务表现等因素应该是支撑公司品牌形象的驱动因素。现有的 B2B 品牌管理及公司品牌文献涉及的前置因素有如下五个方面。

（1）产品表现。在 B2B 品牌管理的相关文献中，产品维度常常被概念化为企业提供的核心供给物或企业生产的物品。一些更加具体的名词如产品质量、价值、特性、创新、可靠性、证明（Proven）、一致性、绩效以及容易安装或升级（Beverland et al.，2007；Mudambi，Doyle & Wong，1997；Kuhn，Alpert & Pope，2008；van Riel et al.，2005）都是这个维度的相关因素。在新兴领域重点提出的一个概念将产品定位于能解决顾客问题的一套方案而非物质产品本身（Vargo & Lusch，2004；Beverland et al.，2007；Ballantyne & Aitken，2007）。这种观点认为，顾客不是仅仅购买单独的产品或服务而是为了得到解决其问题的以产品和服务捆绑形式存在的一揽子"方案（solutions）"。定制化（customisation）及使用价值（value in use）也是产品维度强调的重点。

（2）服务表现。可能是由于过分关注产品的缘故，现有的 B2B 品牌资产文献都将服务作为核心物理供给物品的一部分加以认知。一系列专业性 B2B 服务类型在现有文献中得到提及，如技术支持、设计、培训、金融服务、研发支持、信息服务以及售后服务等（van Riel，2005；Kuhn，Alpert & Pope，2008；Mudambi，Doyle & Wong，1997）。在产品同质化倾向严重、竞争日益激烈的今天，服务变得越来越重要。从某种角度说，每一份价值都是服务的产物，每一个企业都是服务的企业（Ballantyne & Aitken，2007）。

（3）交付（物流）表现。交付维度的联想主要处理从流通速度到可靠性、可用性、订购便利性以及付款方式等（Wiedmann，2004；Mudambi，Doyle & Wong，1997）。其中物流的可靠性是至关重要的因素，它牵涉供应商的能力，这种能力关系着能否尽量减少客户生产线的中断成本。

（4）人员表现。对于许多 B2B 交易而言，买卖双方需要坐下来面对面交流，因此沟通无疑成为决定企业顾客满意度高低的重要因素。当采购的产品技术非常复杂或价值非常昂贵时，企业顾客就倾向于与供应商建立一种"增

值式（value-added）"的关系。企业顾客的购买决策不仅仅建立在对产品自身
功能的评价上，也包括对于供应商内部人员的服务技能、态度、行为、沟通
模式等方面的评价（Gordon et al.，1993）。所有与供应商的接触都会间接地
影响企业顾客对供应商品牌形象的感知以及品牌知识的积累。若供应商边界
管理人员能表现出较高的技能水平，则有助于提升企业顾客对其产品和服务
质量的满意度。

（5）关系表现。B2B 品牌管理也非常重视关系维度。有些研究没有将其
视为品牌形象的一个维度或是驱动因素。也有些研究将关系认定为品牌形象
的结果（Han & Sung，2008）。贝尔兰德等（Beverland，2007）将"信任"
"适应"等概念看作品牌形象的构成要素。佩尔松（Persson，2010）认为，
"服务维度"与"关系维度"有些相近，但服务可以是短期或交易导向的，
也可能是长期导向的，而关系必须是长期导向的。

2.2.5　B2B 公司品牌形象构成

与企业层面相关的联想有些非常抽象，而有些确实与企业高度相关，如历
史、规模、财务稳定性、受欢迎程度、声誉、经验、网络、个性、原产地、成
功与否以及可信度等（Mudambi，Doyle & Wong，1997；Hutton，1997；Kim et
al.，1998；Michell，King & Reast，2001；Keller，2000；Taylor et al.，2004；
McQuiston，2004；Creru & Brodie，2007；Kuhn，Alpert & Pope，2008）。公司品
牌相关文献也对此做了充分研究。王海忠和赵平（2008）用"德才兼备"来概
括公司形象，"才"是指公司的专有能力。凯勒和阿克（Keller and Aaker，
1992）将"专有能力（Expertise）"定义为公司生产和传递产品或服务的能
力。布朗和达钦（Brown & Dacin，1997）也认为企业能力（corporate ability）
是公司品牌的重要构成。格兰和巴特拉（Gurhan & Batra，2004）则用"创新
力"来代表"才"的含义。科特勒和凯勒（Kotler & Keller，2006）把这一能
力称为"专家权"，并认为它是制造商处理与经销商关系时使用的重要权力；
为了强化与经销商的关系，制造商需要不断开发新的专有能力。李桂华、卢

宏亮、刘峰（2010）认为，购买中心成员中的专家力量大于合法性力量及信息力量，购买专家非常看重供应商的能力。总体而言，能力是公司品牌形象的重要构成之一，它体现为制造力、创新力、研发力等。

但学术界对公司形象的另一面"德"的界定却出现了很大的分歧（王海忠、赵平，2008）。布朗和达钦（Brown & Dacin，1997）认为企业社会责任（CSR）可以用来表征"德"，即公司面对重大社会、道德、伦理问题所表现出的品行。在行为上表现为企业支持慈善事业、关注合法权益、捐助社会公益、保护环境和建设社区等。科特勒和凯勒（Kotler & Keller，1992）则用"诚信"（trustworthiness）来概括"德"，即公司的诚实、可靠、对顾客需求敏感程度等。在 B2B 领域，加尼森（Ganesan，1996）用"善意"（benevolence）反映制造商对零售商的"德"；而安德森和韦茨（Anderson & Weitz，1989、1992）则用"公平性"（fairness）反映制造商与经销商之间的相互行为品德。

本书认为，"社会责任"不是品牌形象的构成要素，它是品牌形象的驱动因素，而诚信才是品牌形象的重要构成。首先，正如王海忠和赵平所言，不同研究者选择了不同利益关系人，侧重于"德"的不同方面。从公众角度看，社会责任便是"德"；从商业合作伙伴看，公平性、友善等也是"德"。凯勒和阿克（Keller and Aaker，1998）认为，公司在社会公德（如关注环境、社区介入等）上的表现，影响它针对消费者、经销商等的具体营销行为。因此，公司社会责任不是与"才"并行的"德"，而是公司品牌形象的前提变量。其次，随着企业公关营销手段的发展，社会责任更多地被认为是一种企业包装或自我宣介的手段，其目的是为了让消费者和企业顾客更加信任它，从而实现重复购买或持续合作的愿望。因此，本书接受王海忠和赵平（2008）、凯勒和阿克（Keller and Aaker，1998）的观点，认为在 B2B 买卖关系中，"诚信"比"社会责任"更能反映其"德"。

"品牌信任"是在中国文化中衡量品牌关系质量的一个基本指标。何佳讯（2006）把信任定义为：消费者对品牌行为按照自己期望发生的认知和感觉程度。对于信任内涵的具体构成，可以认为中西方有一致的方面，即为诚信

（含诚实和善意）和可靠两个维度。

凡·瑞尔（van Riel，1995）认为，当人们越来越依赖（企业）形象作出主观决策时，企业建立良好的信誉就愈加重要。凡·瑞尔（van Riel，1995）的论述中包括了"声誉"这个独立于"形象"的概念，尽管它们之间的逻辑关系非常紧密。B2B 购买更多地与关注财务等与企业相关的事实而非产品事实。因此，企业声誉管理是一个值得关注的领域，它直接关系着企业的竞争力。霍尔（Hall，1992）甚至认为，在有形产品和竞争者有形资产同质化倾向明显的情况下，公司声誉等无形资产将会成为获取竞争优势的差异诉求点。

企业形象与企业声誉之间的关系一直存在争议。余明阳和刘春章（2009）认为，品牌承诺可以被认为是品牌形象，一个品牌向顾客传达了什么样的形象，就相当于做出了什么样的承诺，而品牌声誉则相当于品牌经常兑现其承诺。因此，品牌声誉是品牌形象的一致性。这种一致性表现为：（1）时间上的一致性。品牌形象在时间维度上，只有保持前后一致，品牌声誉才能建立起来。（2）空间的一致性。品牌形象必须与品牌的实际情况相一致，才能建立品牌声誉。在国外文献中，关于二者的关系，有两派观点。一派认为声誉是品牌形象的一部分。而另一派认为，形象是声誉的驱动因素。例如，道林（Dowling，2001）将企业声誉定义为个人对于企业形象持有的一种价值"构念（construct）"。这意味着，形象是由许多不同的印象和联想构建的，无论是积极的还是消极的，或多或少与企业的供给物或人员相关；声誉是对形象是好是坏的一个概括或摘要。因此，从 Dowling 的观点来看，公司声誉是人们头脑中的形象或价值系统的结果。这就表明，一个企业会有许多形象或声誉，因此，对于一个企业而言，要实现良好的声誉就必须了解哪些主要的价值因素驱动着的声誉，虽然企业可能无法改变这些价值因素，但企业可能改变人们的观念。这种观点恰当地解释了声誉的由来，但 Dowling 似乎忘记了，对于一个从未与某企业有过业务往来的企业顾客，他们头脑中可能不存在某种形象，但是其他人群传播的该企业的声誉却塑造了顾客头脑中的形象。因此，企业声誉只是个体对于企业的一种印象，而这种印象塑造了企业形象。总之，企业声誉是企业形象的一部分。

良好的声誉可以减少感知风险和不确定性，进而提高供应商的可信度，因此，声誉应该是"诚信"的一个表征。道林（Dowling，2001）进一步提出，对于顾客而言，企业声誉是风险的减压器，特别是在企业顾客从未购买过某供应商产品时，或者只有买卖成交才能评估其（通常是指服务）质量时，它可以被视为履约保证金。

总之，我们认为公司形象包括两个方面：能力和诚信。能力是指供应商生产和传递产品及服务的能力、研发能力和创新能力；诚信是供应商在企业间合作中表现出的真诚、信守承诺、公正和坦诚等。正如鲍姆加特（Baumgarth，2007）所说，品牌承载了许多方面，既有功能、情感成分，也含有"品牌信任"的成分。本书的研究重点是企业形象，而不是具体的诚信或能力维度，因此，我们将企业品牌形象作为一个整体概念进行操作化定义。

2.3　品牌资产理论

虽然品牌资产是20世纪80年代提出的最流行和最有潜在价值的营销概念之一，但不同研究出于不同目的对品牌资产的概念做出了"差异化"解释。至今，学界尚未就品牌资产的概念及评估达成共识，大多数研究者认为品牌资产应该是品牌所具有的独特的市场影响力。

2.3.1　品牌资产理论概述

凯勒（Keller，2003）认为，品牌是一种特殊的无形资产，要想对其价值进行识别，研究的侧重点应放在理解如何建立、测量和管理品牌资产（Brand Equity）上。当下，品牌资产是理论界的研究热点，相关成果可谓汗牛充栋。

美国营销科学研究院（Marketing Science Institute，MSI）将品牌资产定义为品牌的顾客、渠道成员、母公司等对于品牌的联想和行为，这些联想和行为使产品可以获得比在没有品牌名称的条件下更多的销售额和利润，同时赋予品牌超过竞争者强大、持久和差别化的竞争优势。法夸尔（Farquhar，1989）认为，品牌资产是指与没有品牌的产品相比，品牌给产品带来的超越其使用价值的附加价值或附加利益。从上述定义可以看出，有无品牌在带给企业利益方面存在差异，这种差异可以体现在市场方面（销售额），也体现在财务方面（利润）。

阿克（Aaker，1991）认为，品牌资产是指与品牌、名称和标识等相关的一系列资产或负债，可以增加或减少通过产品或服务带给企业或顾客的价值。由此可见，品牌带给利益相关者的价值可以为正（资产），也可以为负（负债）；品牌资产不仅能给品牌的拥有者（企业）带来价值，还可以为"顾客"带来价值。

肖克（Shocker，1994）等从两个视角界定品牌资产。从企业角度看，即有品牌产品比无品牌产品能获得的超额现金流；从顾客角度看，即产品物质属性所不能解释的在效用、忠诚和形象上的差异。

总体来看，由于人们出于各自的研究目的对品牌资产的概念进行解释，因此理论界尚未就品牌资产的概念达成共识。但以下观点是可以确定的：一是品牌资产有正有负；二是品牌资产是描述品牌价值及成因的有用工具；三是品牌资产是品牌主体长期营销努力的结果；四是品牌资产可以为企业带来财务、市场等价值；五是品牌资产不仅对品牌主体即企业有价值，也会对顾客、渠道成员、母公司等其他利益相关者产生影响。

2.3.2　品牌资产模型

1. Mudambi 等提出的品牌价值风车（pinwheel of brand value）模型

品牌资产用来衡量品牌价值。在 B2B 营销理论中，组织购买行为（OBB）理论指出，组织/企业顾客的购买决策经常受到供应商的企业形象和声誉的影响（例如 Kauffmann，1994）。以 OBB 理论为基础，穆德姆宾、多伊尔和黄（Mudambi，Doyle & Wong，1997）等对企业顾客评价供应商企业品牌价值的相关要素进行了介绍，其提出的品牌价值风车模型如图 2.3 所示。

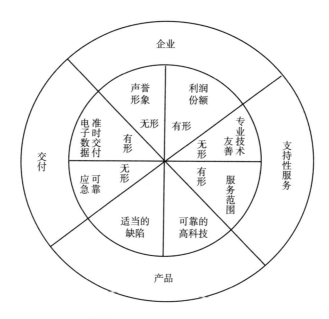

图 2.3　基于企业顾客视角的品牌价值风车模型

资料来源：穆德姆宾、多伊尔 & 黄，品牌在工业市场的探索［J］．工业市场营销管理，1997，26：439.

　　穆德姆宾（Mudambi）等将品牌带给企业顾客的价值分为四个方面：产品、支持性服务、企业及交付。每个方面又划分为"有形"和"无形"两个部分。产品是品牌价值的基础。实体性产品的有形表现包括废品率、产品使用周期等"真实"质量衡量标准。当然，生产管理者也依据一些无形或主观因素作出购买判断，如产品感觉很可靠。交付方面是经销商和终端客户都非常关注的因素，其有形方面包括准时交付或延迟交付、电子数据交换（EDI）等，无形方面包括订货的方便性、运送可靠性以及应急能力或意愿等。支持性服务包括技术支持、培训、财务支持服务等，有形方面包括服务清单、次数、服务人员数量以及财务担保范围。例如企业顾客经常希望供应商能够在研发、安装以及运用过程中给予一定的技术支持。无形方面包括服务质量、关系以及对企业顾客服务要求的理解程度等。穆德姆宾（Mudambi）等认为，企业层面是将企业作为一个整体来看待，而不是具体的产品或服务。其潜在的假设是企业顾客喜欢与那些相对可靠的、成功的、可信任的、文化兼容的供应商合作。虽然穆德姆宾（Mudambi）等没有明确提出公司或企业品牌的说法，但在其确认的品牌因素中很多是与企业而非产品高度相关的。除了产品及服务以外，也存在与企业高度相关的因素，例如财务稳定性、市场份额、盈利报告等有形以及公司声誉、质量形象、原产地等无形方面。

笔者对英国精密轴承行业的 15 家制造商、经销商和工业企业顾客进行了深度访谈。研究表明，即便是在理性和系统决策条件下，无形属性仍然会对购买决策发挥重要作用；当系统地对产品、价格、配送和服务支持进行评价和谈判后，可能各家供应商的供给物差异很小。这时，一些无形的信息，如技术经验、创新历史甚至是一些联想就会成为影响企业选择供应商的重要因素。因此，企业特征在 B2B 品牌价值塑造过程中非常重要。

除此以外，穆德姆宾（Mudambi）等在文中提到，格罗斯（Gross，1994）将企业层面的品牌价值称为"关系价值"，包括技术潜力、可靠性、愉悦性以及守信度。这些价值都是在买卖双方知识共享以及战略伙伴关系发展的基础上获得的。因此，格罗斯（Gross）的理念为我们从关系视角研究 B2B 品牌提供了切入点。虽然穆德姆宾（Mudambi）等没有直接使用品牌资产的概念，但是他们提出的基于顾客视角的品牌价值风车模型为我们梳理 B2B 品牌资产的来源奠定了坚实基础。穆德姆宾（Mudambi）等的工作具有开创性，当然随着理论和实践的发展，该模型也存在一些局限：一是他们的研究结果似乎更加强调价格、产品质量、分销和支持服务胜过公司的声誉，这可能与选择的行业不够典型有关（Roberts & Merrilees，2007）；二是该模型没有探讨各品牌价值影响因素之间的关系，例如虽然它强调企业层面的重要性，并认为企业层面是对产品、服务层面的概括，但不同层面之间的关系没有涉及；三是该模型只是进行了探索性工作，尚需要进一步通过实证研究来判断不同因素作用力的大小。当然，该模型在中国的文化背景下是否有效还有待考证。

2. van Riel 等提出的品牌资产模型

凡·瑞尔、德·莫特安吉和斯特肯辛（van Riel, de Mortanges & Streukens, 2004）在梳理 B2B 品牌理论的基础上，将 B2B 品牌资产划分为产品品牌资产和企业品牌资产两个维度，归纳了影响 B2B 品牌资产的前置因素，即产品的感知价值、产品配送效果、信息支持以及人员表现等，并构建了 B2B 品牌资产的"前因"及"后果"模型，如图 2.4 所示。通过对一家拥有 1000 多个产品品牌的跨国特种化学品公司的工业顾客进行调查，对该模型进行了检验。该公司生产的产品是在电气/电子和汽车行业广泛使用的"高性能工程塑料"。为了提高该研究的"外部效度"，作者还对英国、德国、法国、比利时和荷兰等地的采购工程师进行了深度访谈。实证结果显示，产品品牌资产更多地受到客户感知价值和产品配送效果的影响，而企业品牌资产则受到供应商的信息支持、人员表现的影响。产品品牌资产及企业品牌资产都会正向影响企业顾客的品牌忠诚意向，并且产品品牌资产也通过企业品牌资产间接影响采购商的品牌忠诚意向。深度访谈结果证实，在不同程度上，产品（product）、价格（price）、促销（promotion）、渠道（place）和人员（people）都有助于 B2B 品牌资产的创造。

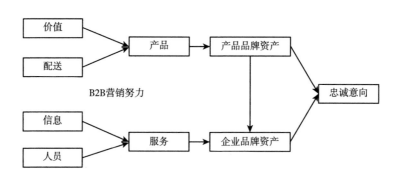

图 2.4 一种测量 B2B 品牌资产的模型——van Riel 模型

资料来源：van Riel. A C R. C P de Mortanges. S Streukens. 产业品牌权益的营销前因：特种化学品的实证研究 [J]. 2005, 34 (8): 841-847.

凡·瑞尔（van Riel，2004）等提出的品牌资产模型给出了几个重要的品牌资产前置因素，同时从产品和企业两个层面来探讨品牌资产的来源，具有一定的理论价值。但该模型也存在缺陷。例如，B2B品牌资产不是单一变量，它是由多个代表不同层次的变量（4~5个）构成，且各变量间具有递进关系，将其作为一个变量出现在因果模型中存在逻辑矛盾（王毅，2006）。

3. Michell 等提出的品牌资产来源模型

英国利兹大学（Leeds University）商学院的米歇尔、金和瑞斯特（Michell，King & Reast，2001）在希普利以及霍华德（Shipley & Howard，1988）研究的基础上，再次验证了在B2B领域品牌化的重要性，企业可以从品牌化过程中获取很多利益，例如，帮助企业获取竞争优势、获得顾客忠诚等。从总体上看，米歇尔等的研究从企业顾客认知的视角出发，借鉴了B2C品牌资产研究中最为经典的阿克（Aaker）模型，并在此基础上构建了B2B品牌资产来源模型详见图2.5。

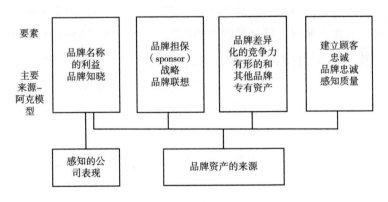

图2.5　米歇尔（Michell）等提出的B2B品牌资产来源模型

资料来源：Michell，P.，King，J.，Reast，J.，Brand Values Related to Industrial Products [J]. Industrial Marketing Management，2001，30（5），415－425.

该模型涉及的要素有四个：品牌名称带来的利益、品牌担保战略、品牌差异化的竞争力（竞争优势）和顾客忠诚的建立（企业信誉）。品牌的内在优势是它以名称、标志、商标为杠杆进行对外宣传或传播。品牌名称的认知度是指一个品牌进入顾客头脑的能力。高品牌识别度是一个成功企业提及最多的品牌特征，特别是在顾客重复购买需要依赖先前经验时。同时，可以围绕着品牌名称构建品牌形象，塑造强大的功能性或象征性的联想，进而赋予品牌以独特性。成功的品牌也需要持续地理解品牌内在及外在的核心意义以维持一致的品牌形象。品牌联想有些与产品有关，有些则无关。具有良好品牌形象的产品能在与没有品牌（generic）产品的比拼中获得优势。B2B品牌担保战略是指公司形象或声誉担保或背书。正面的品牌联想可以帮助企业获得良好声誉。米歇尔等认为，在商品化市场中，使用公司品牌比产品品牌成功的可能性更大。公司品牌可以帮助供应商进入企业顾客的考虑集。

品牌化的一个重要方面是提升购买信心以及顾客忠诚。确实，当产品质量很难实现差异化时，品牌形象将在B2B购买中扮演重要角色。品牌形象可以从"资源基础观"理论加以解读，它是企业的关键性资产，可以帮助企业提高进入壁垒，难以被模仿，并且有助于延长品牌生命。与固定资产相比，无形资产如企业声誉或知识流等更难被竞争者复制，从而具有更大的价值。首先，公司品牌，可以被视为提升公司形象、企业对客户的承诺以及品牌延伸的源泉。其次，品牌还可以保护"创新"，创造一种"精神专利"，还可以为企业的技术能力提供例证。最后，良好的品牌形象可以正向影响企业顾客的品牌忠诚，这与企业顾客的感知质量高度相关。企业顾客经常通过品牌来推测质量、价值、声誉等，而质量、价值、绩效以及可靠性等是供应商获取竞争优势的重要参数（parameter）。

随后，他们通过对工业企业高层经理和销售主管的调查发现，希普利以及霍华德（Shipley & Howard, 1988）的研究结论再次得到确认，即工业企业可以从品牌中获得"多元"收益。除此以外，该研究还得出了如下结论：

第一，B2B制造商品牌要优于分销商品牌或无品牌。

第二，B2C品牌理论在B2B情境下同样适用。就像B2C背景下的消费者一样，企业顾客也非常注重感知质量、可识别的形象、供应商的市场领导地位以及差异化定位等。因此，这些因素是B2B品牌资产的主要来源要素。

第三，B2B企业认为，品牌渗透着（imbued）一些无形属性，如声誉和可信度等。这些无形属性在 B2B 情境下非常重要。

米歇尔（Michell）等提出的品牌资产来源模型是对阿克模型的改进，他们总结了 20 世纪 90 年代前期的研究成果，并针对 B2B 营销特征提出了概念化模型。该模型的初衷是验证 Shipley 和 Howard 产生于 20 世纪 80 年代的研究结论。实证研究设计比较简单，只使用了描述性统计分析，通过被调查者对于一些结论性表述的平均得分（李克特打分）来进行排序，进而得出一些简单结论。同时，不同品牌资产构成维度之间究竟存在何种关系，文中并没有给出详细解释。

4. Kuhn 等提出的基于 B2B 情境的 CBBE 模型

来自澳大利亚格里菲斯大学和昆士兰大学的三位学者库恩、阿伯和博珀（Kuhn，Alber & Pope，2008）将凯勒的基于顾客的品牌资产（customer-based brand equity，CBBE）模型运用到 B2B 情境中，对相关维度进行了改进，并提出 B2B 品牌非常注重企业的整体形象，包括公司品牌、可信度以及人员等。

凯勒曾经构建了一个基于顾客的品牌资产金字塔（详见图 2.6）。创建品牌资产可以分为四个步骤：品牌识别—品牌含义—品牌响应—品牌关系。金字塔左侧代表"理性路径"，而右侧代表"感性路径"。库恩（Kuhn）等认为，凯勒模型似乎忽略了 B2B 支持性服务（买卖之间的良好关系）以及公司属性（市场份额、盈利能力及声誉等）。同时，B2B 营销理论认为，质量、可靠性、性能和服务是建立品牌忠诚的主要因素，其中质量非常重要。（Bendixen et al.，2004；Michell et al.，2001；Thompson et al.，1998），而凯勒将这些因素放在高阶金字塔的判断模块，但由于他的研究关注的是消费者市场，从而忽略了与销售团队之间的客户关系。对于 B2B 营销者而言，销售队伍是一个重要的品牌建设工具（Abratt & Mofokeng，2001；Lorge，1998）。企业顾客的购买选择，不仅取决于他们对产品的功能效益评估，也是对该公司的销售人员的评价（Gordon et al.，1993；Michell et al.，2001）。这些工作人员是企业的拥护者，他们能够以各种方式影响品牌内涵（Hogg et al.，1998；Kennedy，1991；Tilley，1999）。

凯勒金字塔关注个别（产品）品牌，但 B2B 市场上销售的产品通常使用制造商标签或混合品牌，如该公司的名称与特定的产品名称综合使用（Gordon et al.，1993；Michell et al.，2001）。这使得公司品牌成为一个重要的决策变量。但凯勒模型中与公司相关的因素只有一小部分，但它们在 B2B 营销中非常重要（Selnes，1993；Thompson et al.，1998）。例如，伊布瑞特（Abratt，1986）发现供应商的声誉比价格更重要；肖（Shaw，1989）等指出，无形的属性往往比产品的性能更重要。

品牌响应在凯勒品牌资产模型中处于第三步，它代表着在品牌联想基础上形成的品牌意见和评价。这些判断包括整体质量、信誉、考察和优势。品牌感情是顾客的情绪反应和对品牌的反应。凯勒（Keller，2003）确定了六种类型：温馨、有趣、刺激、安全、社会的认可和自尊。

这种方法反映了对以顾客为中心的功能，情感和自我表现方面的品牌利益。与此相反，B2B 品牌管理特点是在企业层面上（Gylling and Lindberg Repo，2006），强调风险减压比强调自我表现更重要（Mudambi，2002）。一种减少风险和不确定性的方法是从著名的领先品牌购买产品（Mitchell，1995；Mudambi，2002）。

品牌关系构成了品牌金字塔的最高一级。在金字塔的顶峰，是品牌共鸣，是指客户和品牌之间的关系性质。它被描述为四个方面：行为忠诚、态度附件、社区意识以及积极参与。

顾客忠诚度产生的因素也被认为是成功塑造 B2B 品牌的关键（Michell et al.，2001）。不同于 B2C 市场，获得或流失一些客户会严重影响工业生产的"底线"。这使得品牌忠诚度尤为重要。从某种程度上讲，品牌忠诚等同于公司忠诚（Gordon et al.，1993）。一个产品出现问题可能会影响经销商对供应商所有类别产品的看法。虽然在 B2B 市场中关于是否存在态度依恋和社区意识尚缺乏深入研究，但在 B2B 市场中存在企业顾客积极参与品牌创建的证据。例如，赫顿（Hutton，1997）发现，企业顾客愿意交流有关品牌，推介某品牌。他还发现，有些企业顾客存在创建和维系某种品牌关系的强烈意愿，他们愿意扩大购买同一品牌下的其他产品。

基于以上研究，库恩（Kuhn）等学者构建了适合于 B2B 情境下的品牌资产模型，如图 2.6 所示。为了评估在 B2B 环境下品牌资产模型的适用性，他们还对电子废物管理跟踪系统市场进行了研究，验证了改进后的模型适用于 B2B 情境。

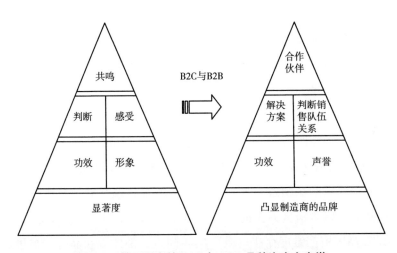

图 2.6　基于顾客的 B2C 与 B2B 品牌资产金字塔

资料来源：Kuhn, K. S. L., Albert, F. & Pope N. K., An application of Keller's brand equity model in a B2B context［J］. Qualitative Market Research：An International Journal Vol. 11 No. 1, 2008, pp. 40 – 58.

国内学者卢荣、王宇露（2008）从 B2B 产品的特质及其品牌学含义出发，提出了 B2B 品牌资产的构成要素，分析了 B2B 品牌资产培育的传导模型。以此为基础，提出了创造高客户实体价值、形象价值、感知和体验、信念等四种 B2B 品牌资产的培育策略，但没有进行实证研究。

总之，与 B2C 较为丰富的品牌资产模型相比，B2B 品牌资产模型还处于摸索阶段。具体表现在：第一，对于产生于 B2C 情境下的品牌资产的概念、构成、来源以及绩效结果等方面的理解尚不充分；第二，对于 B2B 与 B2C 市场差异导致的品牌战略差异定位难说准确；第三，多是以某一行业为背景提出的理论模型，尚未找到一个普遍认同的 B2B 品牌资产模型。因此，该领域存在理论空白点，值得深入研究。

2.3.3　品牌资产构成

布朗（Brown，2007）等在对 B2B 与 B2C 市场差别做出详述的基础上，讨论了基于这种差异的 B2B 品牌战略。何佳讯、秦翕嫣（2008）也认为理解 B2B 与 B2C 市场异同是研究 B2B 品牌资产的基本前提。赵文（2007）将品牌资产理论与 B2B 品牌管理理论结合起来，分析了 B2B 品牌资产的主要构建维度，同时，运用定性研究方法，对提出的维度在服装辅料行业和纺织机械行业的实践进行了验证。

B2B 和 B2C 是两个不同的领域范畴，虽然 B2B 品牌与 B2C 品牌都涉及品牌，在品牌建设方面有一些相似点（Bennett，Härtel & McColl-Kennedy，2005），但差异仍然存在。二者的相同点是：无论是 B2B 品牌还是 B2C 品牌都可以帮助企业或产品塑造差异点；都追求顾客忠诚、溢价及产品延伸等品牌价值；都需要以营销努力为前提等。赵文（2007）也认为，B2B 品牌资产维度与 B2C 品牌资产维度存在"质"的相同点，都体现在品牌知名度、品牌联想、感知价值、品牌忠诚度等方面。因此，一些成熟的 B2C 品牌理论可以运用到 B2B 范畴中来。当然，由于 B2B 和 B2C 市场在购买规模（购买量较大）、购买心理、产品特征（价值昂贵、技术复杂）、购买过程（多人参与、理性购买）、买卖关系（非一次性交易）、营销沟通手段等方面存在差异（李桂华等，2010），这些购买（者）特征可能成为 B2B 品牌资产发挥作用的调节性因素。赵文（2007）认为，二者最大不同体现在驱动品牌资产的先行因素不同，进而影响到各个维度在品牌资产中发挥的作用有所不同。这些影响购买决策的不同诱因使得品牌在 B2B 市场上扮演的角色有别于 B2C 市场，需要"特色化"的理论加以诠释。若将两个领域的理论毫无转换地加以运用，则在理论和实践上都说不通（Baumgarth，2008）。

对于品牌资产来源的研究有"认知"和"关系"两个视角。前者以认知心理学为理论基础（何佳讯，2006），国内外学术界从认知视角对品牌资产开展的研究较多，特别是在 B2C 营销领域。然而，B2B 营销无法忽视"关系导向"。该视角以社会心理学为理论基础，强调买卖双方高品质的"品牌关系质量（brand relationship quality）"，信任、依赖、满意、承诺等概念是其核心的构成变量。本书认为，实际上两种视角在现实中很难分开，公司品牌形象感知中就包含着"品牌信任"的成分（Baumgarth，2008），阿克模型中的"品牌忠诚"也是关系营销的追求使命，关系视角只不过是为我们认识品牌资产的构成或来源开启了一扇"新窗"或提供了一种新的解释（何佳讯，2006）；单纯地从顾客认知或买卖双方关系角度进行研究都是不完整的，将二者结合起来有助于更加全面和深刻地理解 B2B 品牌资产的构成。

1. 认知视角的 B2B 品牌资产构成

顾客视角的品牌资产理论认为，市场由顾客构成，品牌资产实质上是一种来源于顾客的资产。而顾客的购买行为又受到其品牌心理的驱动，因此，美国著名品牌专家大卫·阿克认为，品牌资产之所以有价值并能为企业创造巨大利润，是因为它在顾客心中产生了广泛而高度的认知度、良好且与预期一致的产品知觉质量、强有力且正面的品牌联想关联性以及稳定的忠诚顾客。目前，品牌认知（brand awareness）、感知品牌质量（brand quality）、品牌联想（brand association）以及品牌忠诚（brand loyalty）四个维度已被学界广泛认可和接受（Aaker，1991；Keller，1993、1998）。因此，本书将参考这四个维度，但在 B2B 情境下，有些维度可以直接应用，而有些则存在争议，需加以调整。

品牌知晓（brand awareness）是指顾客在不同条件下识别品牌的能力，反映顾客对品牌的了解和熟悉程度，代表了以往品牌营销努力在顾客脑海中形成的记忆。顾客的品牌认知程度可以从两个方面反映：一是在给定产品类别、产品功能需求等条件下，顾客能否想到某品牌；二是在顾客已知品牌名称时，顾客对品牌的了解程度。品牌认知/知晓作为顾客脑海中现存的对品牌的回忆和印象，在顾客做出购买决策时可能起到促进作用。

一些学者认为，品牌认知/知晓在 B2B 情境下十分重要。例如，米歇尔、金和瑞斯特（Michell，King & Reast，2001）认为，因为企业顾客在进行购买决策时会考虑并比较潜在供应商及产品，而品牌认知/知晓可以反映在复杂条件下或存在较大时间压力时某品牌能够被"识别"的能力（Keller，1998）。也就是说，要想创造 B2B 品牌资产，要先让企业顾客感觉到企业间的品牌差异（Lai，2010）。的确，品牌认知在买卖双方"互不相识"的情况下非常重要，但是 B2B 与 B2C 市场相比，供应商数量要少很多，企业之间的信息透明度较高（Baumgarth，2007），并且多使用公司品牌作为识别对象——与琳琅满目的产品品牌相比，企业顾客更容易识别数量"有限"的公司品牌。鲍姆加特（Baumgarth，2007）认为，在两种情境下没有"转化（transfer）"的理论是不可取的，他在构造品牌质量模型时没有考虑品牌知晓的两个维度：品牌回想（brand recall）和品牌识别（brand recognition）。因此，本书认为，在产业环境中，"品牌知晓/认知"不是很重要，故本书不作考量。

凡·瑞尔（van Riel，2004）等学者认为，感知品牌质量（perceived brand quality）是顾客对品牌所代表的产品或服务的质量是否达到预期的全面感知。感知质量建立在与品牌认知相联系的产品或服务特征等因素基础上，因此，即使顾客对产品品牌认知程度很高，但顾客在使用产品或服务过程中，产品功能或服务质量无法达到其预期要求，顾客就会降低对品牌的整体评价，进而无法形成品牌忠诚。因此，企业顾客对不同供应商提供的产品或服务质量形成的差异化感知会影响其对于供应商的选择。也就是说，感知品牌质量是 B2B 品牌资产的又一个重要"指标"（Low and Lamb，2000）。在 B2B 买卖过程中，价格通常被认为是影响购买决策的最重要因素，而有些学者估计，价格在最终购买决策中占 70% 的比重（Mudambi et al.，1997）。但阿尔瓦雷斯和加莱拉（Alvarez & Galera，2001）则认为，质量是与价格同样重要的因素。企业顾客不会只关注价格而忽视产品质量等其他因素。

品牌联想（brand associations）是顾客看到某一特定品牌时，从其记忆中引发的对于该品牌的感觉、评价和联想。凡·瑞尔（van Riel，2005）等学者提出，"品牌联想"在 B2C 营销领域作用明显，但若想在崇尚"理性"、多员参与的 B2B 购买决策中发挥作用则比较困难。而莱蒙斯（Lamons，2005）认为，品牌定位是 B2B 品牌建设中最为核心和基础的部分，品牌个性的作用也不可忽视，他更重视 B2B 品牌个性中感性的部分。从现有研究来看，是否将"品牌联想"纳入品牌资产的构成中尚存在争议。拉伊（Lai，2010）等将品牌认知与品牌联想合二为一进行研究；凡·瑞尔（van Riel，2005）等学者则直接剔除了"品牌联想"。

本书研究认为，"绝对理性"假设在现实中不存在。首先，购买中心是由有血有肉的"人"而非冷冰冰的"机器"构成，安德森和钱伯斯（Anderson & Chambers，1985）在早期研究中提出，组织购买者只不过是在组织奖励的框架下实现自己的个人目标罢了；其次，采购中心成员并非一生都扮演"专业"角色，在日常生活中他们也是"消费者"，也会读书、看报、上网、看电视；最后，现实中并非所有的购买决策都可以找到"功能性"线索。布隆巴克和阿克塞尔松（Blombäck & Axelsson，2007）以没有任何实体产品的工程分包商为例探讨了品牌形象在发包商不同购买阶段扮演的角色。研究发现，买方需要辨别新的分包商时，企业品牌形象尤其重要。因为有限的理性和所感知的风险，购买过程只是被"部分地"正式化，除此之外，买方需要使整个购买过程合理化。分包商品牌形象的主要作用是吸引买方的兴趣并且提供关于企业能力、按时交货和资质等方面的信任。清晰的沟通、齐整的生产设备、先前的交易历史和企业网站等不同要素都有助于建立品牌形象。阿斯帕拉和蒂卡宁（Aspara & Tikkanen，2008）在论述企业品牌比产品品牌更重要的原因时提到，企业顾客最终基于公司品牌形象/感知来评价、衡量并做出购买决策。因此，本书研究认为，品牌联想不仅是品牌资产的构成要素，购买中心成员记忆中的品牌感觉、评价甚至是想象也会对提升 B2B 品牌资产产生重要影响。换句话说，品牌联想不仅是 B2B 品牌资产的构成要素，也是重要的驱动要素。

如上文所述，按照阿克的观点，品牌形象是感知品牌质量与品牌联想的结合。因此，我们将感知品牌质量和品牌联想合并为"品牌形象"并将该品牌资产的构成因素转化为驱动（来源）因素进行研究，有利于从发展和演进的角度来理解品牌资产的生成机制。

品牌忠诚（brand loyalty）是顾客忠实于某一品牌产品或服务的倾向或将其作为首选的意向（Yoo & Donthu，2001）。品牌忠诚可以从行为和态度两个方面加以研究：从行为角度来看，品牌忠诚表现为对某一品牌的重复性购买；从态度角度看，品牌忠诚是顾客对某品牌独特价值非随机性承诺（Chaudhuri & Holbrook，2001）。一般来说，如果供应商通过品牌赋予其产品或企业以独特的附加价值，即在采购商心目中提升了品牌资产，那么，与无品牌或次级品牌相比，采购商就倾向于重复购买该品牌产品或将其作为首选目标（van Riel et al.，2005）。因此，品牌忠诚也是 B2B 品牌资产的最重要构成要素。虽然品牌忠诚被视为品牌资产的重要来源、维度或表征（Aaker，1991；Keller，1993），但凡·瑞尔（van Riel，2005）等认为将其看作品牌资产其他维度的期望结果更为合适。

2. 关系视角的 B2B 品牌资产构成

（1）B2B 品牌满意。凯勒的 CBBE 模型认为，品牌态度与品牌认知、品牌联想、品牌依附（忠诚）以及品牌活动一道共同构成了品牌价值创造的五个链条。品牌态度是顾客关于品牌质量和品牌满意的总体评价（凯勒，2009）。美国整体调研公司（total research）提出了品牌资产趋势模型，认为使用者满意度、品牌认知和感知质量是测量品牌资产的三个重要指标（卢泰宏，2002）。在 B2B 品牌资产文献中，旺格（Wang，2006）提出"品牌满意（brand satisfaction）"也是 B2B 品牌资产的一个构成要素。维德曼（Wiedmann，2004）也认为 B2B 品牌资产需要考虑品牌满意度。品牌满意之所以被考虑在内，是因为它影响某品牌产品或服务的增量价值（incremental value）。企业顾客在购买某品牌产品或服务时，会将产品或服务的感知质量与其期望质量进行对比，进而在主观评价的基础上形成一种心理状态。恩格尔（Engel，1990）把品牌满意定义为顾客对所选品牌满足或超过其期望的主观评价的结果，它是顾客将期望和感知的品牌表现进行对比后的一种心理满足状态。

一般来讲，品牌满意可分为累积性品牌满意和具体交易的品牌满意。所谓累积性品牌满意是一段时间内对品牌的购买或消费经历的一个评价，它是长期的、总体性的评价；特定交易的满意是指顾客对最近一次交易经历的购后评价，它针对的是短期的、特定情况下的评价。比特纳和哈伯特（Bitner &

Hubbert，1994）研究发现，顾客对两个概念的理解存在差别，并发现二者对重复购买意图分别具有不同的作用，其中具体交易的满意在重复购买意图的形成过程中发挥更边缘的作用，而累积的满意对两者之间的关系起到部分中介和部分调节作用。从 B2B 营销具有长期合作的特点出发，本书中使用的"品牌满意"的操作化定义是累积性满意。

（2）B2B 品牌人情。除了"品牌满意"以外，品牌情感也是品牌态度的重要组成部分，当然这种情感与西方社会有所不同。在中国的文化背景下，人际关系的作用力非常显著。中国人在日常生活中处处讲关系、讲人情，这种"交往惯性"不可能在经济生活中没有体现。因此，要想构建适合于中国本土化情境的 B2B 品牌资产模型，就无法回避关系在 B2B 营销活动中起到的"微妙"作用（李桂华等，2010）。

人情是一种在中国社会普遍存在的文化和社会现象，会影响人与人之间的互动，深深地根植于中国人的意识中，与法律道德一起具有规范的功能。人情是一种重要的机制，是关系中影响行为的重要准则。在 B2B 营销过程中，由于供应商和企业顾客的数量有限，买卖双方联系更加紧密且购买频率相对较少，因此，企业顾客在制定购买决策时必需顾及"朋友""长期合作伙伴""熟人""利益相关方"的感受，供应商也会借助"关系"达成自己的销售目标。于是，在买卖双方都讲"关系"的背景下，我们必须深入中国的文化环境，寻找能够表征中国文化特色的品牌关系变量。

黄光国等学者从关系双方交往的目的对关系进行了划分，将其分为情感性关系、工具性关系和混合性关系（黄光国，2006）。情感性关系，也叫非工具性人际关系，是人为了满足双方的情感需要或基于人的情感而建立的关系；由于人的关系的建立及关系活动也可能另有目的，比如通过关系活动谋取各种有形或无形的、政治的或经济的利益，这种为达到某种目的而建立的关系或开展的关系活动就被称为工具性关系。显然，工具性关系是为了借助对方达到某种目的而建立的关系，它具有强烈的功利性，因而这种关系基本上是短暂而不稳定的。而混合性关系则是个人最有可能以"人情""面子""感情"来影响他人的人际关系范畴。这类关系的特点是交往双方彼此认识而且具有一定程度的情感关系，但其情感关系又不像原级团体那样，深厚到可以随意表现出真诚的行为。一般包括亲戚、邻居、师生、同学、同事、同乡等不同的角色关系。李桂华、卢宏亮、李剑文（2010）认为，中国社会特有的人际关系有助于特殊信任的建立。交往中人们往往会因陷入"人情困境"而依"人情法则"来处理这种关系。

人情是中国式关系的重要表征。根据旺格（Wang，1987）的观点，"人情"代表了一种资源，它是一个人可以呈送给他人的一种"社交礼物"，或者是人们在交往过程中需要遵循的社会规则。如果一个人不遵守人情法则，他将会因此失去"信用"，继而不仅失去"面子"，也会因其失信行为而失去更多的网络交易对象。旺格（Wang，2008）等学者认为，"人情"可以从两个方面加以理解：互惠和移情。在低信任度的中国，即便受到低价的诱惑，人们还是喜欢与熟人或者是现有网络中的活跃分子做生意，而不愿意承担巨大风险与"外人（outsider）"交易。这说明，中国人之间的买卖转换行为并非纯粹地考虑经济因素，互惠互利也是网络内成员遵循的共同准则。有些时候，即便是短期利益受损，企业顾客也会出于人情法则延续某种购买行为。移情代表了给予利益关联方经济和情感上的支持。如果一个人可以理解，进而去迎合（喜其所喜、哀其所哀）其他人的情感反应，如高兴或悲伤，那么这个人就是"通情达理"之人。因此，移情就是从他人角度或情境来思考问题。同样，企业间移情就是从交易伙伴角度出发处理彼此关系。企业间移情力度越大，关系发展越好（Conway & Swift，2000）。

在中国本土化品牌资产研究中，何佳讯、卢泰宏（2007）将人际关系分类运用于品牌关系情境中，认为中国消费者对品牌的情感也存在"真有之情"和"应有之情"之分。前者是指在对品牌使用中，消费者由对品牌喜爱产生的难以控制的正面情绪反应，如高兴、愉快和乐趣等；后者是指受文化规范影响（如爱国主义，家庭和传统，场合和礼节）而产生的义务上的感情（应有之情）。由此，消费者与品牌的关系也存在四种基本类型"家人关系"、"好朋友关系""合作伙伴关系""熟人关系"。

如果说品牌形象感知体现的是企业顾客对于某种品牌的"真有之情"，也就是说，与某个"德才兼备"的供应商合作会让企业顾客感到愉悦，这是一种出于内心的情感表现，那么，迫于"人情法则"而产生的品牌合作就会夹杂一些社会规范成分。而在中国文化背景下忽略这种"品牌人情"是不现实的。旺格（Wang，2008）等学者认为，若没有"人情"，企业间互动就无从谈起，关系也就终止了。因此，企业间关系的稳定性或长期导向依赖于彼此人情的交换。当"真情路径"失效时，人情路径中的移情规则会对既有关系起到"拯救（rescue）"或"起死回生（rejuvenation）"的作用。除此以外，中国情境下的企业间关系更多地是从个体层面上加以考量，这就是说，它已经超越了正规商业交换的范畴而涵盖了情感交换的成分。

总之，本书中将"品牌人情"纳入品牌资产模型中，基于如下考虑。第一，在中国这样一个关系本位的国家，关系是一种工具，也是一种资源。拥有了这种资源的供应商品牌会在企业顾客心目中加分不少，不论是出于自发还是出于义务。第二，人情累积的"品牌资产"是企业关系投入的结果，凝结了供应商企业资源的付出。因此在其他资源禀赋没有实质差异的情况下，如果供应商得到了"面子"或享受了"熟人（或拟家人）"待遇，与那些没有人情往来的供应商相比，会得到更多的"福利"（Davies 等，1995）。第三，品牌人情确实是一笔"账"，有欠有还，有时还很模糊，但人与人之间或企业与企业之间就是在"欠"与"还"中累积了人情资本。第四，在中国文化背景下，要想深刻理解企业顾客的品牌态度（如满意、忠诚等），也必须考虑中国文化背景下的"人情"，因为中国人喜欢从个人层面来思考"信任（信用）"问题而非局限于各种法律合约（Leung et al.，1995、1996、2005）。第五，企业购买一般分为新购、修正重购和直接重购三种形式（Robinson et al.，1967），一般来说，新购存在较高风险并需要投入很多精力，而直接重购只需要和熟悉的供应商打交道。因此"人情"往来在所难免。第六，企业购买涉及面较广，参与人员较多，购买中心成员并非都沿着"真情路径"实现购买决策，当供应商资质区分度不明显时，人情标准会成为影响购买决策的重要变量。因此，我们将"品牌人情"也作为驱动 B2B 品牌资产的重要前置因素纳入模型中来。

至此，本书提出，B2B 品牌资产的构成要素包括：品牌形象、品牌人情、品牌满意和品牌忠诚。后文将详细论述这些要素之间的关系。

2.3.4　品牌资产的影响因素

如上文所述，学界对于品牌资产的构成进行了较为深入的研究，取得了丰富的研究成果。但台湾地区学者赖（Lai, 2010）等认为，品牌资产前置因素的研究还非常匮乏，换句话说，与品牌资产的构成相比，学界对品牌资产的成因还知之甚少。厘清 B2B 品牌资产的影响因素是理解 B2B 品牌资产构建机制的前提。

一些学者从 B2B 与 B2C 品牌资产的异同出发进行了研究，指出 B2B 品牌不仅要考虑产品的经济性和功能性特征，如产品质量、功能等，同时也要反映无形的联想，例如企业声誉、可信赖程度等（Bendixen et al., 2004；Michel et al., 2001），维德曼（Wiedmann, 2004）通过对德国能源部门的调查，提出 B2B 品牌资产的驱动因素是产品的性能、可感知质量、价格、配送绩效等。穆德姆宾（Mudambi et al., 1997）从品牌价值的角度对 B2B 品牌进行了研究，提出了获取 B2B 品牌价值的四个方面，产品表现、渠道（订单与配送）表现、支持服务表现、公司表现，并将这四个组成部分放入品牌价值风车模型。凡·瑞尔（van Riel, 2005）等将 B2B 品牌资产划分为产品品牌资产和企业品牌资产两个维度，归纳了影响 B2B 品牌资产的前置因素，结果显示，产品品牌资产更多地受到顾客感知价值和产品配送效果的影响，而企业品牌资产则受到供应商的信息支持、人员表现的影响。他提出了 B2B 品牌资产的建立来源于对营销组合 5P（即产品、渠道、人员、促销、价值）的投资这一著名理论。赵文（2007）提出，公司、品质、服务、来源地是 B2B 品牌资产维度中感知价值与品牌联想的先行因素，品牌元素、传播途径、轰动事件是品牌认知的先行因素，品牌忠诚是品牌认知、感知价值与品牌联想合力的结果，四个部分共同构筑了 B2B 品牌资产。

不可否认，价格一直是 B2B 交易中的关键要素。由于最初的 B2B 的研究大多忽略情感因素的影响，关于顾客企业购买的传统描述都集中于经济评估及其合理化（Lynch & de Chernatony，2004）。然而，关于购买行为和过程的研究显示，价格本身在评估和选择供应商时的意义有限（Mudambi et al.，1997），它与其他变量一样，都无法提供一个"完全合理"的解释。此后，影响 B2B 交易的更全面的视角转移到了"价值"和总成本上，其中包含了功能性关系的价值以及获得、拥有、使用和处置采购产品的非直接成本。此外，通过不同沟通渠道获取的信息以及由此形成的持续的"态度"也越来越受到重视并为更多人所接受（Lynch & de Chernatony，2004）。至此，企业声誉和形象也作为形成"态度"的重要驱动因素而受到关注（Blombäck & Axelsson，2007）。

基利兰德和约翰斯顿（Gililand & Johnston，1997）将心理学家理查德·E. 派蒂（Richard E. Petty）和约翰·T. 卡乔鲍（John T. Cacioppo）提出的"详尽可能性模型（Elaboration Likelihood Model，ELM）"运用到 B2B 情境下，解释了企业购买决策态度的形成路径。ELM 理论认为，态度的形成依靠两条路径，即核心（central）路径和边缘（peripheral）路径，究竟采取哪条路径与受众的动机和能力有关。当购买中心成员的动机和能力都较高时，他们趋向于遵从核心路径，关注产品价格、质量、功能等理性认知信息，并进行一系列严肃的尝试，以逻辑的方式来评价信息。当购买中心成员的动机和卷入度不高时，他们更遵从外围途径，关注背景性信息，更容易受到情感因素的影响。吸引采购经理的品牌因素可能与生产经理或工程师的关注点有很大差别。

核心路径形成的品牌态度更加强烈，不易改变且对未来的预测性更强。但这不意味着营销者仅仅关注核心路径形成的态度。有许多研究表明，边缘路径形成的态度可以左右购买行为，例如在品牌差异较小或缺乏领军品牌的情况下（Miniard、Sirdeshmukh、Innis，1992；Mackenzie & Spreng，1992）。购买中心的存在表明，B2B 品牌不能仅仅停留在一个层面，单纯强调功能要素或情感要素，而需要将二者结合起来以更好地迎合企业顾客的品牌反应。

同样，传统理论中也提到：产品（服务）质量、配送效率及效果都是影响 B2B 品牌资产的重要因素。但是，在产品同质化越来越严重的时代，采购商在 B2B 交易中也很难通过产品或服务质量来区分不同产品。这时，品牌形象就会起到越来越重要的作用（周雪梅、柴俊武，2008）。波科尔尼（Pokorny，1995）认为，顾客看待品牌资产的关键在于建立一个持久的积极的品牌形象。品牌形象事实上是一个品牌本身或生产品牌的企业的个性体现，顾客可以用形容词来描述其对品牌或企业的感觉和认识。凯勒（Keller，1993）则认为获得长期顾客忠诚的关键在于让顾客了解品牌，掌握更多的品牌知识。顾客对品牌知识的了解可分为多个阶段，其中第一个阶段就是品牌知名度和品牌形象。品牌资产虽然是一个财务概念，但是，归根结底，品牌资产是由品牌形象驱动的（何孝德，2006）。

因此，本书中将"形象"作为研究切入点，从"公司品牌形象"出发，将影响 B2B 品牌资产的前置因素整合到品牌形象线索中去，通过归纳影响 B2B 品牌形象的线索，探索影响 B2B 品牌资产的前置因素。

2.4 品牌绩效理论

品牌绩效是市场营销战略重点关注的研究领域，也是衡量企业品牌战略成功与否的重要依据。无论是对于进攻型营销策略，还是对于防守型营销策略，无论是对于顾客关系的稳定发展，还是对于品牌管理的有效运作，品牌绩效的研究都是非常重要的（马宝龙等，2009）。

2.4.1 品牌绩效概述

绩效，单纯从语言学的角度来看，绩效包含成绩和效益的意思。用在经济管理活动方面，是指社会经济管理活动的结果和成效；用在人力资源管理方面，是指主体行为或者结果中的投入产出比；从管理学的角度看，是组织期望的结果，是组织为实现其目标而展现在不同层面上的有效输出。

关于绩效的定义，存在两种导向，"结果导向"与"行为（过程）导向"。结果性指标包括：市场占有率、品牌利润率、内部收益率等；行为（过程）指标包括品牌认同、顾客满意、品牌忠诚等。经济学视角的绩效定义更多地倾向于"以结果为导向"。该类学者认为绩效是工作的产出结果（Hagius & Charlotte，1993）。相对行为导向而言，以结果为导向的绩效更容易用客观标准来衡量。相反，其缺点是过分注重结果导致而对实现方式的重视程度不够。从管理学的角度，倾向"以行为（或过程）为导向"来界定"绩效"（Kaplan & Norton，1992）。从组织的角度来说，绩效就是为实现组织目标而进行的一系列行为活动和运作过程。其实，结果与过程密不可分，对结果进行评价的同时，还需要从根源上找出影响绩效的因素。随着人们对绩效的认识，出现了将绩效看成是结果和行为（或过程）的辩证统一，认为绩效既可以看作是过程也可以看成是该过程产生的结果。宾宁和巴雷特（Binning & Barret，1994）认为绩效是由行为单元和结果单元组合，结果是组织价值的体现，行为则是实现组织价值的手段。

从研究视角上看，品牌绩效研究多是站在品牌主体即企业的角度来审视其绩效，站在顾客的角度来审视品牌绩效的研究很少。这与研究背景相关，在 B2C 情境下，由于品牌评判者是个体消费者，品牌带给他们的绩效更多地体现在满足其功能性或是情感性需要方面。对于顾客而言，消费品品牌是以成本而不是收益的形成存在的，也就是说，消费者是要为某品牌支付价格而不是通过它来盈利。因此，企业或第三方不会考虑品牌给消费者带来何种经济价值，而反倒是考虑消费者对于品牌的满意或忠诚可以为企业带来哪些经济价值。消费者品牌满意以及品牌忠诚就成为企业获取品牌结果绩效（经济绩效）的中介（过程）变量。因此，基于过程（行为）的 B2C 品牌绩效研究大多停留在了"品牌忠诚"阶段。但是在 B2B 情境下，情况就不同了。由于 B2B 营销的顾客就是企业，企业（主体）视角与顾客（客体）视角在此天然地融合在了一起。若只站在供应商企业角度审视品牌绩效而忽视品牌对顾客企业的绩效影响情况，就很难透彻地理解 B2B 品牌的作用机制，只有"跨位"思考，甚至要对顾客的顾客负责，才能理解供应商品牌绩效的真谛。综上所述，本书拟将结果绩效与行为绩效结合起来，探讨若企业顾客忠诚于某品牌会对其绩效产生何种影响，即考虑"品牌忠诚"的价值究竟在哪里。

2.4.2　基于主体——供应商视角的品牌绩效理论

海格和杰克逊（Hague & Jackson，1994）研究了 B2B 品牌的作用，认为强势的 B2B 品牌可带来十方面的利益：产品溢价、需求增长、竞争产品的被排斥、易于沟通、速度更快、品牌建设的可能性、顾客满意度提升、渠道网络力量的提升、特许加盟机会的增加、当公司要出售时可获得更高报价。鲍姆加特（Baumgarth，2008）将"产品""关系""品牌"等三个维度整合在一个模型中，证明了供应商品牌与价格（price）、忠诚（loyalty）和支持（advocate）等方面收益之间存在正相关。

埃伦伯格等（Ehrenberg，2004）、马宝龙等（2009）都对品牌绩效的一些衡量指标进行了归纳和研究。具体包括：市场份额（market share，指企业品牌销售占总体市场销售的百分比）、平均购买频次（average purchase rate，指对于所有消费者而言的平均购买频次）、渗透率（penetration，指在所有消费者中，曾经购买过某一品牌的消费者所占的比例）、购买频率（purchase frequency，指购买过某品牌的消费者对于该品牌的平均购买次数，即通常用于反映顾客忠诚度的"回头率"）以及品牌品类需求份额（share of category requirements，指购买某品牌的所有消费者，他们所惠顾该品牌的次数占他们所惠顾该类所有品牌的次数的比例）等。

从现有文献来看，对品牌绩效的评价主要有三个视角，即财务视角、顾客视角和管理视角。从财务视角来看，一个好的品牌具有产生现金流的能力，可以为企业带来丰厚的财务回报。西尔弗曼等（Silverman，1999）研究发现，金融世界（financial world）通过复杂方法所计算的品牌资产价值与销售额数据相比几乎没有优势；而销售额在某个层次上可能是衡量品牌资产价值的有用方法。目前，虽然研究如何获取品牌财务价值的学者日益增多，但品牌价值从根本上被认为是顾客导向（customer based）的，即品牌价值在多大程度上影响顾客企业的购买决策。科普菲尔和劳伦特（Kapferer & Laurent，1988）在比较全球性品牌与无名的或私有品牌的研究中介绍了"品牌敏感度"的概念，以此来衡量不同购买者对品牌重要程度的感知变化。当一个购买者是品牌敏感者时，意味着品牌在推进其购买行为的心理程序方面扮演着重要角色。布隆巴克（Blombäck，2005）也强调研究品牌及品牌化战略在采购商购买决策中的重要作用。而拉奥和麦克劳克林（Rao & McLaughlin，1989）则认为品牌只不过是众多影响采购者态度的要素之一。从企业管理角度看，强势品牌具有许多功能，包括：有助于增强广告和促销效果，有助于销售渠道的建立，有助于屏蔽竞争对手的产品，有利于品牌延伸等。

2.4.3　品牌溢出价值——企业顾客视角的品牌绩效理论

现有研究都是站在供应商视角，强调品牌给供应商带来的绩效，而很少有研究从交换等式的另一边看待供应商品牌给企业顾客带来了什么价值。一般来说，供应商品牌对采购商的价值影响主要体现在：（1）帮助采购商增强购买决策信心；（2）帮助采购商提升企业声誉；（3）帮助采购商获取竞争优势（Michell et al.，2001）。上述三方面都是供应商品牌绩效的重要体现，但从购买行为、品牌和战略方面考察供应商品牌价值，研究视角过于宏观，结论比较宽泛。在 B2B 营销领域，品牌常常被间接用来评价产品的独特性和质量，很少有研究直接考虑品牌产生的综合效应（Glynn，2007）。赫顿（Hutton，1997）认为，当购买的目标产品十分复杂、需要大量服务和支持、产品采购失败的负面影响严重或者有时间或资源等条件约束时，企业顾客才会考虑购买知名名牌。格林等学者（Glynn，2007）在研究渠道理论时认为，制造商品牌在财务、客源和管理等方面会给经销商带来直接好处，但该研究只做了理论推演，缺乏实证支持。李桂华和卢宏亮（2010）曾以"供应商品牌溢出价值"为切入点，认为"品牌溢出价值"是指品牌价值的非自愿扩散，是一种外在经济性的体现，探讨了供应商品牌带给采购商的财务、市场和管理价值。因此，本书沿用三个视角进行划分，但站在交换关系的另一端探讨：

若采购商忠诚于某供应商品牌会对其财务、市场和管理绩效产生何种影响。

2.5 企业跨国并购相关理论

2.5.1 全球价值链理论

1. 价值链概念

波特（Porter，1985）的观点是公司的价值创造主要由研发、采购、生产、销售和售后服务等基本活动和原材料供应、技术创新、人力资源和财务等支持性活动完成，这些活动相互联系并构成公司价值创造的链条，称为价值链。

科洛特（Kogut，1985）利用国家比较优势和企业竞争能力的结合探讨价值链的形成，价值链的环节主要是由生产要素投入、生产组装、市场交易和消费等，在这个过程中某一企业可能仅参与了其中的一个环节，或者将整个价值增值过程都投入到这个价值链中。后来科洛特（Kogut1985）研究认为国家的比较优势和企业综合竞争力间相互作用是商业战略的主要形式。当国家的比较优势决定了国家在整条价值链中的位置时，企业的综合竞争力就决定了企业应该在价值链条上的哪个环节加大投入以确保竞争优势。这一观点对全球价值链理论的形成至关重要。

菲恩斯特拉（Feenstra，1998）将"贸易一体化"和"生产的垂直分离"在全球经济链条中联系了起来。经济全球化使得发达国家通过全球采购的方式将一些非核心的生产和服务等业务分离出去，发展中国家获得了融入全球价值链条中的机会，只不过这种融入一般都是从低端道路开始的。

格里菲（Gereffi，2003）提出了全球价值链的概念并深入进行研究，他认为全球价值链包括产品设计研发、采购、生产制造、销售、消费、售后服务和循环利用等各种增值活动。全球价值链理论更重视价值环节在地理空间上的片断化、价值链的重组、价值链条的协调、控制和动力等方面的细化分析和研究。

2. 全球价值链研究内容

（1）全球价值链的动力机制。格里菲等学者根据驱动机制的不同把全球价值链分为购买者驱动和生产者驱动①两种类型。前者多是劳动力密集型产业，壁垒主要是产品设计和研发、市场信息以及控制系统电子化，设计研发和市场销售是主要利润的来源。通常是由发达国家品牌和大零售商控制着产品设计和销售渠道，这样的价值链条表现为水平的贸易网络。后者主要是技术密集型和资本密集型产业，因为拥有研发技术和雄厚资本的公司掌握了控制权，价值链条表现形式为垂直的投资网络。

学者发现依驱动机制的不同把全球价值链划分为生产者驱动和购买者驱动两种类型有其缺陷，因为选择哪种驱动机制可能与产业特性相关。

（2）全球价值链治理。价值链治理是指限定工艺、产品以及参与资格，其影响较广泛，影响价值链上所有参与者、活动及其功能和地位。在全球经济中，发展中国家的企业只有与发达国家的企业建立稳定联系，才有机会参与全球价值链，因为在价值环节的片断化和价值空间重组过程中起决定性作用的是发达国家的跨国公司，而发展中国家企业进行产业升级，是和发达国家企业博弈的结果。

梅斯纳和迈耶（Messner & Meyer-stame，2000）认为价值链治理有市场型、科层型以及介于两者之间的网络型的三种治理方式，而治理的过程就是利用市场手段以及非市场手段进行处理的过程。汉弗莱和思科姆茨（Humphrey & Schmtiz）研究的焦点在于价值链治理的内容和对象，即生产什么产品、如何生产以及物流运输等方面，并将治理的类型细分为网络型、

---

① 生产者驱动指的是以发达国家跨国公司为主导的生产者通过投资来推动市场需求，形成全球生产网络的垂直分工体系。购买者驱动型价值链是指拥有强大品牌经营优势和掌握国际营销渠道的跨国公司通过全球采购组织起来的跨国商品流通网络，从而使得产品的价值创造体系在世界范围内重组和布局。

科层型和准科层型。

2.5.2　企业并购相关理论

企业并购活动的理论研究最先集中在并购前的规划与筹备阶段和并购过程中的谈判阶段，这两个阶段的研究在 20 世纪 60 年代便已经开始。对于并购后整合阶段的研究起步较晚，大约在 20 世纪 90 年代后开始受到学者的关注研究。综合来看，企业并购整合研究从以下四个角度来分析。

1. 资本市场的角度

企业并购整合阶段最基本的核心问题是并购能否带来价值，以及为谁创造价值。资本市场的研究角度便涉及了这个问题。"并购活动是否为企业股东创造价值"的研究是 20 世纪 60 年代一批金融学家运用财务数据分析大量的并购案例，得出的结论是并购活动能够创造价值。结论的解释是并购方获得的财务利益接近于零，而并购目标企业的股东却从中获利。因此，总的来看并购创造价值。这种研究鼓励优秀的企业占据垄断地位，进而控制市场。随后在 20 世纪 70 年代，一批金融学家运用剩余研究法，根据股票市场上股价的波动来分析并购是否创造价值，研究的结论与原结论一致，即并购目标企业的股东收益远远大于并购方股东的收益，且并购方的收益很小。金融学家的这两次研究，其研究假设是建立在有效市场假设和企业委托—代理理论等基础上的。

尽管从资本市场的角度研究能够得出并购活动创造价值的结论，但是这种研究角度也存在缺陷：（1）有效市场的假设带来了现实的问题。有效市场的假设在不成立的情况下，考察并购活动时以并购节点前后的股票价格作为分析的数据就显得不够准确。（2）并购活动的利弊不能只单一地从经济利益的角度衡量，并购活动的发生是多方面综合考虑的结果。（3）从资本市场角度的研究忽略了并购活动的多样性。这些研究的不足驱使学者从另一角度分析并购活动。

2. 战略管理的角度

并购活动研究从资本市场角度转移到战略管理角度是在 20 世纪 80 年代中后期，主要关注的焦点是目标企业在市场、技术等方面对并购方的补充与增强作用。

从战略管理的视角下研究并购如何创造价值主要体现在以下三个方面：（1）研究并购类型与并购成败间的关系。该方面的主要学者是辛格（Singh）和蒙哥马利（Montgomery）。他们在研究了 203 家并购目标企业的案例后得出结论，认为相关业务并购创造的价值比不相关的并购要大，且横向并购获得的丰厚回报要大得多。卢巴金（Lubatkin，1987）的研究结论是相关并购与不相关并购为股东创造等同的价值。（2）并购中的重组与协同是并购的价值所在。要充分地理解并购必须研究并购后的整合过程，而并购后的交易过程实际是重组的过程，是将并购方中某些业务单位出售给买家来获得利益的过程。而并购后的整合过程是协同过程，是根据并购双方业务的相关性与匹配性来实施并购，并实现价值的创造。（3）产品和市场竞争战略的有效性是并购创造价值的依靠形式。

从战略管理的角度分析企业战略对并购绩效的影响有一定的积极意义，但是缺乏对并购后企业人员、文化等方面冲突的研究，而这些对并购能否成功具有至关重要的作用。

3. 组织行为的角度

从组织行为的角度着眼是研究组织之间的匹配性如何影响并购绩效的捷径。卢巴金（1987）的观点认为，并购方与目标企业的并购绩效的匹配性影响因素包括组织的管理风格、组织绩效评估与报酬制度、组织架构与组织文化的匹配性。组织行为的匹配性关注的焦点是并购活动对企业和个人的影响，以及并购双方在企业文化、企业制度的匹配程度。

组织行为角度的研究主要有以下方面的内容：（1）并购活动与组织人力资源的相互影响。即便企业管理人员对并购活动的战略抉择起着关键性作用，但并购企业的员工对并购活动所持的态度和采取的行为等对并购的成败也起着重要作用（Naedozza，1997；Toby J. Tetenbaum，1999）。（2）组织文化的相互融合。在并购活动中企业间的管理风格和组织文化方面的差异会给并购后的整合带来不利的影响。达塔（Datta，1991）的研究结果表明，企业高层管理者管理风格的差异化对整合后的绩效有不利影响。C. 韦弗和 J. 威斯通的研究结果表明，企业并购的失败或达不到并购预期的一个重要原因就是组织的文化差异。而卡特赖特和库珀（Cartwright & Cooper，1993）的研究结果表明，消除组织文化差异的最好办法是承认目标企业的独立性，适度控制并购双方的整合程度。其他的研究结果表明，发生在并购企业的员工流失、客户损失的一个重要原因是并购企业的组织文化冲突。可以看出，组织间的文化整合在企业并购战略中发挥着关键作用。该视角下要求并购企业与目标企业十分重视文化的重建和组织员工的沟通交流，将员工的个人信念与组织文化结合起来塑造新的组织文化（Nahavandi，1993；David，Singh，1994）。（3）重视并购整合环境条件的改善才能有助于创造并购价值。并购整合中改善组织环境条件一般通过战略与个人的目标设定和反馈以及组织绩效与报酬机制的确定。

4. 过程并购的角度

过程指并购的过程是长期持续、需要不断磨合的，不能将其作为一次性的行为。过程并购角度的研究观点主要有以下三点：（1）并购企业间的战略能力的转移是并购的价值创造源泉，组织间的相互作用形成了并购企业的竞争优势。（2）并购整合中的战略匹配与组织匹配都要加以考虑。战略匹配对于特定并购的价值创造有促进作用，组织匹配是实现价值创造潜力的要求。在并购整合过程中有四种主要的吸收、共生、保护和控制整合模式（Haspeslagh & Farquhar，1987）。（3）组织的任务整合与员工的整合是并购整合过程的两个维度。伯金肖、博瑞斯曼和汉克森（Birkinshaw、Bresman & Hakanson，2000）通过研究三家公司的整合过程，确立了组织任务整合和员工整合两个维度，并将整合过程划分为两个阶段。第一阶段，用员工的整合带动任务的整合，因为员工的整合可以创造融洽的气氛；第二阶段，任务整合成为主要目标，通过任务整合实现并购双方的技术、能力与知识等的转移。

2.5.3　中国企业跨国并购的研究综述

自 20 世纪 80 年代末期以来，中国经济实力不断增强，国内一批具有实力的企业开始加入海外收购的行列。中国企业跨国并购的热情在正式加入 WTO 后开始升温并崭露头角，随之开展一系列跨国并购重组案例。下面从跨国并购动因、并购绩效影响因素这两个方面阐述中国企业跨国并购的相关理论综述。

1. 关于中国企业跨国并购动因的相关研究

对于企业跨国并购动因的研究结果表明，企业跨国并购动因一般包括：（1）扩大经济规模、开拓国外市场；（2）降低经营风险；（3）获得国外资源、获得先进技术；（4）提高企业发展速度。

张朋柱教授（2004）运用 Wernerfelt 的企业资源观理论（RBV）和 Gold-ratt 的约束理论（TOC），对 Dunning 的 OLI 模型进行了扩展，并以此分析中国企业技术资源的约束特征，认为通过并购国外研发型公司方式提升技术资源是中国企业跨国并购的动因。吴静芳、陈俊颖（2005）研究了国内 11 家 A 股上市公司在 2000 年 1 月 1 日至 2005 年 6 月 30 日期间的 16 起跨国并购事件，发现了中国企业跨国并购的动机。博阿滕、钱和蒂安勒（Boateng，Qian & Tianle，2008）采用事件分析法对国内沪深股市 2000～2004 年发生的 27 件中国企业跨国并购案例进行研究，阐述了中国企业采取跨国并购的影响因素。芮和叶氏（Rui & Yip，2008）通过采访南京汽车公司、联想集团和华为技术有限公司的高层管理人员，从战略意图的角度研究了中国企业跨国并购的行为动因。邓（Deng，2009）采用案例分析法，从制度论的角度解读了中国企业跨国并购的动因。张洪、刁莉（2010）认为，跨国并购是中国资源型企业获取国际资源的重要途径和快速路径，可以达到获取资源和迅速扩张市场份额的目标。

2. 关于中国企业跨国并购绩效影响因素的研究

由于中国企业跨国并购的历史不长，学者们对中国企业跨国并购绩效的影响因素的研究大多是定性研究或小样本实证研究。其中，定性研究如许晖（2003）、于春晖（2005）等，从跨国并购的类型、并购双方规模、并购支付方式、汇率因素、被并购方财务状况与特点以及先前的并购经验等方面探讨跨国并购绩效影响的因素。

小样本的实证研究主要包括：窦义粟和于丽英等（2007）通过实证研究方法，以2000～2006年间国内24个上市公司跨国并购案例为样本，研究了并购动机、并购规模、并购双方股权结构、行业因素对并购绩效的影响。阎大颖（2009）运用制度因素和组织学习理论等，研究认为并购双方的文化差异对跨国并购绩效产生消极影响，并购双方的跨国并购经验对并购绩效产生积极影响。李梅（2010）研究发现，宏观经济环境、公司所处行业特性、并购双方企业特征和跨国并购交易特点等因素对跨国并购后企业绩效均有影响。陈贝娜（2010）与顾正婷（2011）都认为，不同行业、不同类型的跨国并购主体、不同并购类型、不同支付方式、所在不同区域和不同收购比例等因素对跨国并购后企业绩效均有影响。陈共荣和毛雯（2011）研究发现，行业相关性对企业跨国并购后的绩效有正向影响，并购规模、并购双方国有股权比例对企业跨国并购绩效有负向影响。王洁（2011）对2001～2011年间国内66家企业的377起跨国并购事件进行研究，发现并购经验、并购双方股权结构、并购后双方持股比例和并购事件相似性等对企业跨国并购后企业绩效的影响。陈珍波（2012）研究发现，行业特征、交易方式、并购类型和并购双方特点等对企业跨国并购后企业绩效有影响，研究认为信息技术类企业跨国并购后企业经营绩效比并购前会有所下降，国有控股企业跨国并购后企业经营绩效呈现"先下降后上升"的趋势，横向并购、支付方式等对企业跨国并购后企业经营绩效的影响不显著。

2.5.4　企业跨国并购相关理论评述

综上所述，本节对价值链研究、企业并购研究和中国企业跨国并购研究分别进行了相关研究综述。总体而言，关于全球价值链研究方面，前人主要研究企业发生跨国并购的前提条件是全球价值链和世界经济一体化，本书研究的中国企业跨国并购的原因也是在全球价值链和经济一体化的背景下进行的；关于企业并购研究，主要从资本市场、战略管理、组织行为和并购视角进行阐述，认为企业跨国并购对企业的发展有正向的作用，尤其是企业品牌国际化会带来绩效的巨大提升，本书的前提也是如此；关于中国企业跨国并购研究，则分析了我国企业跨国并购的成功与失败的经验。

2.6　品牌国际化及其战略选择相关理论

2.6.1　品牌国际化相关理论

学者劳伦斯和卢奥斯塔里宁（Lawrence S. Welch & Reigo Luostarinen，1992）对品牌国际化定义是：国际化是指一个企业增加或减少其国际营运的过程。国际化本身是：（1）渐进过程而不是一个目标；（2）内外互动性；（3）内向性与外向性相结合；（4）国际化程度与范围的增减等四大特征。

根据学者亚力山大和维伯克（Alexanda Campbell & Alaim Verbeke，1994）对国际化提出新的观点，因为通信的进步、企业管理人才的普及以及各种生产资源移动性的提升使得一个国际化品牌应具有的优势为：企业专有权优势、区位优势及可运用的内部化优势，这就是经常使用的专有权—区位—内部化的思考模式。具体对企业要求有：（1）企业必须有自主品牌，而不是授权品牌；（2）企业必须能在全球的消费者心中建立实质品牌忠诚度；（3）企业必须在品牌的运营上拥有独立自主的操控权，并能以品牌一致性管理全球品牌，避免造成品牌形象的不统一或混乱的现象。

根据希特里特等（Hittet et al.，2005）的解释，战略是指一种获得竞争优势的承诺，也是行动。目的在于提升企业的核心竞争力和竞争优势。根据制定的战略，企业决定与其他企业相互竞争的行动策略以及行动的先后顺序。

吉恩李（Geenley，1989）认为，国际营销战略是跨国公司采取的市场营销策略，必须依据各国市场情况的不同以营销组合为基础进行调整。哈弗尔（Halfill，1980）以营销组合为基础，提出多国营销战略。而桑利（Samli，1974）强调根据市场中竞争者的关系来采取营销组合。对于品牌的国际化战略，凯勒（Keller，2003）的全球品牌战略①的定义侧重于根据不同的营销制定不同的市场细分策略。因此，区别各国市场消费者行为的差异性是企业营销首先要做的，具体是指消费者会怎样购买、使用产品及他们所了解的品牌有哪些。

2.6.2 关于品牌战略选择相关理论

1. 学术上不同学者从不同角度对品牌战略管理的内涵进行了研究

凯文·莱恩·凯勒（Kevin Lane Keller，2003）认为，管理品牌资产的营销活动是战略品牌管理的内涵所在。菲利普·科特勒（Philip Kotler，2005）认为，品牌战略反映在企业的产品与服务中品牌元素的嵌入，也就是说，管理品牌战略就是管理企业的品牌元素以适应企业的新、老产品。大卫·穆尔和乔恩·米勒（David Muir & Jone Miller，2004）认为，企业的品牌战略是企业战略的重要环节。

国内学者刘威（2005）侧重于用战略管理的手段计划、利用和维护企业的品牌。另外学者们在传统品牌管理的作用与意义上指出了各种弊病，例如，组织架构中品牌管理部门的职权不清晰，有责无权；企业战略中品牌战略不被重视，与经营战略脱钩；品牌战略的管理者缺乏战略眼光，不能从市场的

---

① 全球品牌战略是指为了创造全球以顾客为基础的品牌资产，某厂商为其所提供的品牌采取不同营销计划以满足不同细分市场的策略。

整体性、产品的联系性和品牌的相关性上着眼。

在现代品牌战略管理中，斯科特·戴维斯和迈克尔·邓恩（Scott M. Davis & Michae Dunn，2002）认为，企业的品牌战略与企业的商业战略是密不可分、互相影响的关系。商业战略与品牌战略相互促进、相互联动是企业长远发展的根本大计。

而在经营战略与品牌战略两者的关系上，认为经营战略的目的在于创造顾客价值的同时，更重要的是塑造品牌的影响力，也就是说，经营战略必须服从于品牌战略。

2. 品牌战略管理的类型

品牌战略管理由于企业的特殊情况，必然有着不同的战略管理类型。学术研究对品牌战略管理的类型也就众说纷纭。其中比较主流的品牌战略类型有原品牌战略、系列品牌战略、综合品牌战略、品牌特许经营战略、品牌联合战略、产品品牌战略、品牌延伸战略和品牌选择战略等。这些品牌战略类型都是从不同的角度来分析研究的，其中学术界研究较新的是品牌联合战略。美国学者沃什伯恩（Washburn，2000）通过分析众多企业的品牌战略发现，联合品牌战略是一种互利共赢的战略，通过联合品牌战略能够实现"1 + 1 > 2"的效果。另外，有些学者指出了品牌联合战略的弊端，它要求合作双方有较强的互补性和合作的和谐性，如果双方品牌出现一方的"短板"，就可能导致联合品牌的失败。

3. 品牌战略管理的发展趋势

（1）品牌战略管理内容的发展趋势将从宣传品牌信息变为建立品牌资产。品牌管理传统上的职能是利用电视、报纸等传播媒介，向消费者传递品牌和产品的信息，并借此塑造品牌形象，这就弱化了品牌的价值资产。品牌作为一种企业资产对企业的长远发展具有深远意义，因为企业的持久竞争力必须依托企业掌握的存量资源，企业的品牌优势是企业的一种无形资源，而品牌战略管理便是对这种品牌资产建立与积累的过程。

品牌战略管理中对品牌资产管理的研究，主要有以下三种：（1）基于品牌—消费者关系的概念模型；（2）基于市场的品牌力概念模型；（3）基于财务会计概念模型。上述品牌资产管理模型有：（1）品牌—消费者关系概念模型是从品牌与消费者关系的角度来定义的；（2）基于市场的品牌力概念模型是从品牌能够带来的市场号召力来定义的；（3）财务会计概念模型是从会计记账角度定义品牌资产。

除此之外，阿克（Aaker）提出了五个维度的"五星"概念模型。五个部分为品牌形象、品牌忠诚度、品牌感知质量、品牌知名度和其他品牌专有资产。"五星"概念模型也是基于品牌与消费者关系的角度，将品牌资产细化为了五个模块，有助于有效地管理品牌资产。

（2）品牌战略管理的目标从单纯追求做大做强转变为品牌长期持久生存。现阶段，我国企业在品牌战略管理中多以追求品牌实力的又大又强为目标，当然这是我国品牌与国外品牌之间的现实差距导致的。但企业品牌的做大做强不应该成为企业追求的最终目标，对于品牌战略管理的目标应该是追求品牌的持久生存，历久不衰的品牌才能给企业带来源源不断的回报，才能促进企业的做大做强。

品牌战略管理的长期品牌研究便是品牌战略目标转化的表现，长期品牌管理的几个重要步骤是强化品牌、重振品牌、调整品牌。长期品牌的管理能够使得当企业的营销目标与计划发生变化时，更加注重企业品牌的资产。

（3）品牌战略管理的模式将从单一模式转变为多种模式综合使用。品牌战略管理模式选择的广度，将从单一的品牌战略管理转向多种战略管理模式综合使用。现阶段在理论与实践中品牌管理模式主要有区位品牌战略管理、区域品牌战略管理、品牌关系战略管理、网络品牌战略管理和品牌生态战略管理等五种。

（4）品牌战略管理的范围将是集团品牌和 SBU 品牌战略管理的结合使用。优良品牌对于大型企业的持续长久发展至关重要，大型企业往往拥有多个品牌，只有提升了这些所有品牌，才能驱动企业的持续发展，单个的强势品牌是远远不能满足持续发展需要的。大型企业的品牌战略管理对于企业的整体品牌竞争力的提升、企业资源价值的最大化利用和企业整体实力的提升有着重要的促进作用。

战略事业单位（strategical business unite，SBU），是指在每个事业部甚至每个人都是 SBU 的前提下，企业的总体战略具体细化落实到每个员工，那么单个员工的具体落实便保证了企业总体战略的实现。每个员工都以自己的实际行动去争取用户时，便构成了一个 SBU，作为一个 SBU，就必须时刻面对消费者的各种需求，企业也就化整为零，每个员工的组合便构成了一个强有力的品牌。企业集团品牌与单个员工的 SBU 品牌的结合是品牌战略管理范围的新趋势，两种战略发挥各自的优势，优势互补，构成了企业集团持久长续发展的基石。

2.6.3　品牌国际化及其战略选择相关理论评述

综上所述，对于中国企业跨国并购后品牌发展的研究主要是关注企业品牌的营销战略，对于品牌的定位和品牌选择类型研究相对较少。因此，本书首先研究影响中国企业跨国并购后品牌选择类型的影响因素；其次，运用 NK 模型和相关性分析研究影响因素和中国企业跨国并购后品牌选择类型之间的相关关系；最后，研究不同品牌选择类型下相关因素对企业绩效的作用和影响程度。

2.7　企业并购影响因素对品牌选择类型的影响作用相关理论

2.7.1　企业并购影响因素对品牌选择类型的影响作用相关理论综述

目前很多国外学者将企业跨国并购后品牌战略选择这部分内容并入对整个跨国并购整合的研究中，很少单独对企业跨国并购后品牌战略选择进行研究，现在被学者讨论较多的是"品牌整合战略"和"品牌整合营销"这两个话题。

美国学者大卫·艾克在《品牌领导》（2002）一书中提出品牌整合研究方法，认为品牌整合的流程包括设定品牌战略目标、内外部环境分析、分析目标市场、进行品牌定位、确定整合战略、战略实施、控制与反馈等，之后该领域的研究大多以此为借鉴。

国内学者对企业跨国并购后品牌整合的研究主要集中在以下五个方面。

（1）借鉴发达国家品牌整合理论来探讨我国企业品牌整合的方式和特点（孟茹、任中锋，2005；陈显民，2006；卢耀祖，2007；王海宽等，2009；杨青，2009；张定乾，2010；王超，2010；刘晓伟、苏映江，2010）；

（2）通过分析国内外典型的并购案例对品牌整合策略加以研究（张保华，2005；孙梅，2007；邱家和，2007；杨松，2009；李善民、刘永新，2010）；

（3）探讨跨国并购中本土品牌面临的危机及提出相关对策（姚蓓艳，2007；李文娜，2008；汪涛等，2009）；

（4）构建品牌整合模型提出品牌选择类型（高慈，2006；方红、王娜，2007；刘志忠等，2007；许诗康，2009；刘文刚，2010）；

（5）以博弈论、系统论、生态论等观点或视角研究品牌整合策略（冯强，2010；赵勃升，2010；田晓，2010；薛艳丽，2010）。

其中有代表性的观点举例如下。孙梅（2007）通过解析时代华纳和美国在线并购中的成功与失败，提出国内传媒企业在并购后成功整合产业、传媒资本、企业文化、公司治理、人力资源等方面的策略。姚蓓艳（2007）通过分析中国本土品牌在并购后流失的原因，提出有效保护与提升我国本土品牌的策略。方红和王娜（2007）综合采用列联分析与 Logistic 回归分析方法，对企业在并购后如何选择原品牌保留或新品牌替换两种策略进行分析。刘文刚（2010）运用 MNL 离散选择模型对各种整合策略分析，同时以中国企业跨国并购为例，研究企业跨国并购后如何选择品牌资源整合策略。唐少清和白素英（2007）指出管理者如果充分考虑员工、顾客和投资者的思想立场，有助于做出更为正确的品牌策略。胡旺盛和高晓燕（2010）基于消费者的视角构建了品牌整合与品牌资产的关系影响模型。薛艳丽（2010）从生物学角度分析企业品牌仿生态系统的构成，指出并购后的企业品牌要与品牌生态系统中的竞争因子、市场因子、文化因子、政治因子以及人力资源因子等共同进化。

影响我国企业品牌国际化路径选择的因素众多，其中包括产品自身特点、行业发展现状、企业自身发展状况和市场之间的差异等（孙晓强、苏勇，2007）。综合考虑上述影响因素的前提下，应灵活选择我国品牌国际化的可行路径，其中包括：现有品牌的国际化推广、新建自主国际品牌、贴牌与反向贴牌、收购国际知名品牌、在国外直接设厂和建店推出品牌以及与国外品牌进行销售网络互换等（王艳红，2009）。在中国企业实施品牌国际化实践中，也可以得到诸多启示，其中包括：注意品牌国际化过程中不同文化间的冲突与融合、注重对相关国际人力资源的有效利用、在品牌国际化问题上杜绝短期行为，而应将其看成是一个系统工程，注重品牌的本土化问题并加快这一进程等（王延臣、苗晋峰，2009）。同时，还要注意品牌的鲜明民族文化特征，注重如何将中国特色文化融入品牌构建中（吴小勇，2012）。此外，有人还提出要在品牌国际化路径中坚持文化作为核心，以自主技术作为根基，以品牌形象作为根本的原则（张敏、齐武，2010）。我国企业还要坚持品牌命名科学性、定位的准确性、特色的突出性、本土化的鲜明性、品牌严密的保护性，以提升品牌的综合竞争力、渗透力和认知度（王文丽，2010）。除此之外，还可以采取加强对品牌的战略性管理、采用品牌国际化创新模式、夯实品牌产品的质量和品质基础、着力培育品牌文化创造力等对策（王艳红，2009）。

2.7.2 企业并购影响因素对品牌选择类型的影响作用相关理论评述

综上所述，品牌并购影响因素对品牌选择类型影响作用的相关理论的研究，大多都是对品牌发展战略影响因素的研究。而且，对于发展战略的影响因素，也都是单个分析或者为线性的相关分析，对于其联合的影响作用和其自身内部的相互影响作用的研究较少。因此，本书在研究品牌并购影响因素对品牌选择类型的影响作用时，不仅研究在因素丰富程度多少的情况下选择哪一条品牌选择类型，而且还研究各个影响因素之间的相互作用，以及这些影响因素对企业绩效的作用，为企业的品牌选择类型提供现实的指导作用。

2.8　品牌选择类型对企业绩效的影响作用相关理论

2.8.1　品牌选择类型对企业绩效的影响作用相关理论综述

科斯（1937）提出企业存在的原因是可以替代市场节约交易成本，企业的最佳规模存在于企业内部的边际组织成本与企业外部的边际交易成本相等时，并购实际上是在企业意识到通过并购可以将企业间的外部交易转变为企业内部行为，从而能在节约交易费用时自然而然发生。拉杰科斯（2001）将并购后的整合分为资源整合（包括保留和整合人力资源、整合金融资源及有形资源和整合商誉及其他无形资源）、流程整合（包括整合管理系统、报酬计划、技术与创新）、公司责任的整合（包括履行对顾客和供应商的承诺、履行对股东、债券持有者和贷款者的承诺、履行对雇员和社区的承诺）等主要方面。郭锐和陶岚（2013）从以往较少探讨的跨文化背景出发，围绕如何解决不同文化背景下消费者的认知失调，引入认知一致性、CBBE 和跨文化相关理论，运用实验和线性混合模型等方法，寻求中、美两种文化类型下民族品牌并购后的有效品牌战略和作用路径。研究发现，对于中美消费者，单一品牌、维持价格和原产地等保持"原汁原味"的并购后品牌战略效果最好，而且这种战略在中国消费者效果更好。鲍姆加特（Baumgarth，2004）、古恩克斯（Geuenx，2006）以及凯勒、西莫宁（Keller、Simonin，2003）和鲁思（Ruth，2006）就根据认知一致性理论发现，消费者认知一致性的体现评价越高，其对联合品牌的评价也就越高，其企业绩效越好。赵晔涵（2012）认为，品牌国际化是指企业将品牌推广由国内转向国际乃至全球的行为过程，从而使品牌在国际范围得到广泛认可并具有影响力。安东尼（Anthony Breitzman）在"Using Patent Citation Analysis to Target/Value M & A Candidates"中使用专利引用信息来分析目标企业的价值。布兰特利（Brian C. Brantley）在"Deal Protection or Deal Preclusion?"中分析了并购目标的锁定问题。林奇（Luann J. Lynch）在"An Examination of Pre-Merger Executive Compensation Structure in Merging Firms"中通过实证分析指出了目标企业大小、成长性、绩效、产业等互补结构在并购中的作用。

2.8.2　品牌选择类型对企业绩效的影响作用相关理论评述

综上所述，对于品牌选择类型对企业绩效的影响作用相关理论研究主要是从品牌选择类型的视角出发，研究不同品牌选择类型下何种因素影响了企业的绩效。而且多数的研究都是线性回归的实证分析，没有考虑影响因素内部的相关关系。因此，本书从企业绩效出发，分析不同品牌选择类型对企业绩效的影响关系，并且考虑各个因素内部的相关关系，可使得实证分析结果更加的准确。

2.9　品牌延伸契合度和制造来源国效应相关理论

2.9.1　品牌延伸契合度

品牌延伸中契合度被很多国内外学者研究并予以验证。母品牌与延伸的产品品牌之间的契合度通常以"相似性"这一变量来表述。陶伯（Tauber，1988）将契合度定义为消费者接受品牌的吸引力①。母品牌与延伸产品品牌之间的契合度较高将有助于下属的延伸产品的宣传，而较差的契合度将会降低消费者对下属延伸产品的吸引力，并且母品牌的优良特征也无法承继下去。

---

①　契合度是消费者接受一种新产品作为一个品牌期盼的和逻辑的延伸程度。

阿克和凯勒（Aaker & Keller，1990）研究认为，母品牌和延伸产品品牌间的契合度有三方面内容：一是互补产品，即两个产品互为补充、共同使用才能满足消费者某种需要；二是替代品，即在满足消费者的一种需要时可以二选一；三是转移性，生产者将母品牌中的专业知识转移到延伸产品的程度。相关研究的结论表明，单独的互补品和替代品对延伸产品的显著性不够，但转移性比较有效。

帕克、米尔伯格和劳森（Park，Milberg & Lawson，1991）对知觉契合度进行了研究，认为一个优秀的延伸产品依赖于消费者对于母品牌和延伸产品品牌间的相似程度，这种心理的相似程度是知觉契合度。本书的研究中，我们也将使用知觉契合度这个概念，即消费者所感知的母品牌和延伸产品品牌的相似度。

2.9.2　延伸契合度变量

延伸契合度是指消费者认为延伸产品品牌与母品牌间的整体适合程度。契合度这个因素在品牌延伸中的重要作用已被很多学者和研究者所研究并予以证实，过往的大多数研究中，这种延伸产品品牌与母品牌间的契合度是以它们之间的相似性来衡量的。根据图勃（Tuber，1988）在文章中的定义，契合度是消费者接受一种新产品作为一个品牌期望和逻辑延伸的程度。延伸产品品牌和母品牌之间好的契合度将有助于延伸产品推广，它们之间较差的契合度会削弱新延伸产品对消费者的吸引力，而母品牌好的特性也很难传到延伸产品上。

2.9.3　产品制造来源国效应

外在的价格、品牌、包装等信息和内在的设计、功能、口味等信息是一种产品信息的两部分，而产品的来源国信息属于外在信息，消费者评估产品时靠的就是这两类信息。当消费者未使用过该产品或因各种原因导致产品内在信息无法获取时，消费者就容易以外在信息作为其评估产品的依据。韩恩、

特普斯特拉和戈恩（Han & Terpstra，1988，Tse & Gorn，1993）的研究成果
表明，在其他信息相对匮乏的情形下，产品来源国的信息就成为消费者评估
产品品质的一个重要替代性指标，这就是来源国效应。大量的研究成果也证
实了来源国效应在产品评价中显著的效果（Bilkey & Nes，1982；Johansson，
Douglas & Nonaka，1985），研究结果表明，发达国家在产品评估中具有更积
极的效果。从斯库勒（Schooler，1965）开始对来源国效应进行研究后，来源
国形象对产品评价的影响成为研究主题之一。影响产品制造来源国形象的因
素相对较多，主要有来源国因素、产品因素、消费者因素和消费国因素等。

2.9.4　制造来源国效应变量

产品制造来源国效应通常是说消费者如何看待来自某一国家的产品，它
更是消费者评价产品所关注的重要因素。由于受到历史文化、现实条件等诸
多因素的影响，会把某类产品与某些国家形象结合在一起。当国家形象有利
于某类产品时，消费者通常会对来自该国的该类产品有特别印象，即这个国
家形象是有利于消费者对该产品的评价的。来源国效应在产品评价中所起的
作用是通过一种刻板印象（stereotyping）的过程来实现的，假如来源国效应
是有利的，那么相应产品也将获得较好评价。这种影响产品评价的刻板印象
（stereotyping）通过以下三种方式来完成的。

第一，产品制造来源国有一种暗示作用，消费者获得对来自某一特定国
家的产品的总质量的认知，并利用此认知去推断产品其他信息，最后得到整
个产品评价（Hong & Wyer，1989）。

第二，来源国构成整个产品评价信息中的一个（Hong & Wyer，1989）。

第三，来源国作为一个简化的启示信息，这种情况发生在消费者面对太
多产品信息或是消费者对这种产品并不熟悉时（Hong & Wyer，1989；Li and
Wyer，1994）。

产品制造来源国效应中最为重要的理论之一是国家形象理论。关于国家
形象理论的相关研究，最早进行系统性研究来源国效应的是 Schooler 的研究。

他认为，对于不同国家消费者有不同的国家形象，而这种不同的国家形象会影响消费者对于这个国家所生产产品的不同认知，而这种不同认知又会影响消费者的购买行为。

产品制造来源国效应是消费者考虑的重要因素之一，在消费者对产品的评价中具有重要作用，产品制造来源国效应在消费者对品牌延伸产品的评价时也具有重要作用。产品制造来源国在品牌延伸产品评价中所起的作用与来源国效应在产品评价中的作用是一样的，即一定的国家形象是与某一特定产品相联系的，在不考虑其他因素影响的情况下，当某一国家形象有利于某类产品时，在该国生产和制造这类品牌延伸产品的评价会高于不在该国生产和制造的品牌延伸产品的评价。

2.9.5 品牌延伸契合度和制造来源国效应相关理论评述

综上可得，对于品牌延伸契合度和制造来源国效应的研究由来已久，而且对于二者的研究都是将其作为调节变量来控制其回归方程的变化，而且对其的描述大多都是 0 ~ 1 的描述。因此，本书选取品牌延伸契合度和制造来源国效应作为本书的调节变量，不仅改用通过调查问卷的数据在描述上有所改进，而且在研究方法上我们运用数据包络分析，使其可以作为输入变量进行分析，可以更好地测量调节变量的作用。

第3章 中国企业跨国并购的 现状与问题

3.1 中国企业跨国并购后品牌国际化 发展的必要性与可行性

3.1.1 中国企业跨国并购后品牌国际化发展的必要性

中国企业跨国并购的事件越来越多,并购规模和交易额更是越来越大,更多的中国品牌选择跨国并购的道路有着其背后的原因,其必要性主要有以下三个方面。

1. 获取战略性资源的需要

由于我国经济对资源的依赖程度加强,资源短缺成为制约经济发展的"短板",另外,国家间经济利益的博弈,全球资源竞争加剧,导致境外资源利用成本上升,同时,世界资源的价格极易受到资源大国的操控,使得全球资源价格极不稳定。为了避免出现经济困境,通过跨国并购掌握生产所需的资源成为解决资源短缺的有效路径。

战略性资源的扩张性需求导致全球范围内对资源的竞争日益加剧,这种竞争直接导致资源垄断国家哄抬价格,这种通过直接买卖的贸易方式来获取战略性资源路径的困难与成本越来越大,促使中国企业转变获取资源的方式。

而通过国际跨国并购成为当地资源的所有者与开采者，直接参与资源的开发、销售，便构成了一条产业链。并购资源丰富的企业，可以有效地参与到价格制定的过程中，不再被动接受价格，这种资源的跨国并购不仅降低了企业的生产成本和交易费用，而且为中国的资源进口提供了可靠的保证。

2. 资本、技术转化的需要

在我国的国际贸易中，出口产品的劳动力比较优势正在丧失，而技术、资本的比较优势产品仍发展不足。从长期看，依赖低端的劳动力优势，不向科技型、资本型产业转变的经济结构将缺乏经济发展的动力，在激烈的国际竞争中处于不利地位。

然而作为企业核心竞争力的技术优势，仅仅依靠国外企业的直接投资与自我创新研发是不够的，在时间上也是紧迫的。因为技术优势作为核心竞争力是企业赖以生存发展的基础，国外企业不会轻易地进行技术转让，而且新技术的研发是一项长期时间投入与大量成本投入过程，对企业来说是一种负担。面对这些不利，跨国并购成为中国企业提升技术优势及管理水平的最佳选择。通过跨国并购留住原有企业的技术研发人员，并组织本企业的研发人员向其学习交流，提升自身的研发能力，推动企业的继续创新，实现技术优势的掌握，作为一种技术转移的途径，是中国品牌提升技术优势见效快、效果好的方法。另外，通过跨国并购可以获得原有国家企业的无形资产，并借以提升自身的品牌形象，实现中国品牌在有形资产与无形资产的双向提升。

3. 扩大市场的内生需要

跨国公司进行跨国经营的目的是扩大市场的需要。随着企业生产能力的提高，行业内同质化竞争的加剧，国内市场会出现的饱和状态，这就驱使行业领导者走出国门，通过国际化的并购来增加企业的发展空间。企业通过国际化的跨国并购主要实现三方面的利益诉求。

（1）扩大市场规模，实现行业垄断。近年来，中国企业的生产能力过盛，国内市场远远不能满足发展的需要，在这种供过于求的背景下，通过跨国并购开拓国际市场成为中国企业的发展之路。过去，中国企业单纯通过出口贸易开拓国际市场的方式已经遭遇贸易保护主义的打击，在这种贸易壁垒的形势下，通过跨国并购直接在目标国家生产销售成为中国企业躲避贸易保护主义的首选方法。

（2）实现经营协同效应①。人力资本、技术进步、投资等影响企业生产函数的因素都可以成为企业跨国并购的原因。企业实现经营协同效应的关键在于如何保持原有优势，剔除两者不协调部分。如果并购方在市场销售方面具有渠道等优势，而在研发方面力量相对薄弱，被并购方则刚好相反，则两家企业的并购重组便能带来协同效应，实现优势资源互补。并购重组前，并购双方均存在资源利用相对不合理的情况，有些方面要素投入过多，有些方面要素投入过少，也就无法达到规模经济效应。

（3）减少交易成本。如果在市场中的交易费用要高于在企业中的交易费用，纵向的并购便是最有利的，纵向一体化可以消除资产的专用所带来的机会主义行为。这种资产的专用性越高，合作双方中一方违约给另一方造成的损失就越大，在这种情况下就需要付出更高的监督费用，这些费用越高，双方企业并购的可能性越大。

3.1.2　中国品牌跨国并购后品牌国际化发展的可行性

除了上述的必要性之外，中国品牌选择跨国并购有着各方面的有利条件，具体到可行性原因有以下四个方面。

1. 经济的高速发展为其提供了基础

跨国并购作为一国对外直接投资的主要形式，是由一国的经济发展水平所决定的。因此，只有当一国的产出达到一定总量后，才能实现跨国并购的

---

① 经营协同效应指的是在行业中存在规模经济，在兼并之前，企业的经营难以达到规模经济的潜在的水准的条件下，通过并购，充分利用其资源，实现规模经济和利润增长的目标。

迅速发展。现阶段中国作为世界第二大经济体，宏观经济取得了迅速发展，人均产出也有长足的提升，根据投资与发展周期的"U"型理论，中国进入了海外直接投资的快速发展时期。所以中国宏观经济的发展为企业跨国并购提供了坚实的基础。

2. 国际化跨国并购的配套服务不断完善且并购能力加强

为坚定地支持国内企业进行海外直接投资，我国政府对与之相关的企业涉外投资审批和管理进行了积极的改革，跨国并购配套服务体系也正在朝有利于企业"走出去"的方向改善。此外，中国品牌跨国并购案例的增多，使得国内该方面的融资市场、中介机构、投资银行代理也逐步完善，具有跨国并购经验的人才也正在迅速增加，降低了企业跨国并购的风险。

3. 人民币不断升值，国外资产价值的下降

随着我国逐步实现浮动汇率制度，人民币的不断升值将会引起中国品牌企业更大规模的跨国并购。随着人民币的升值，以人民币计价的国外资产价格将下降，这可使国内的企业获得国外的资产的代价降低。

4. 国际政策的宽松环境

在当前全球经济发展平缓的时期，世界各国政府减少干预，充分发挥市场在资源配置中的作用，日渐宽松的跨国并购国际政策环境为中国品牌跨国并购提供了有利的外部环境。

3.1.3 中国品牌跨国并购后品牌国际化发展的障碍分析

1. 文化环境障碍

中外文化巨大差异决定了中国企业跨国并购可能将经历一段阵痛期。具体深入来讲，中国企业在跨国并购过程中要突破文化障碍有两类：一是民族文化差异；二是企业文化差异。其中民族文化冲突更为关键，它关系着企业在跨国并购重组后文化整合的成败。

（1）民族文化环境障碍。① 中西方民族文化的差异主要表现在以下四个方面：首先，中国文化主张适度和对自然的和谐共存的态度，西方文化强调发挥人的主观能动性，主张征服和改造自然，任何事物的出发点和最高目标就是发展自身；其次，中国文化强调集团利益高于个人利益，个人服从集体，而西方文化强调个体利益高于集团利益；再次，中国文化倾向于经验总结，西方文化重视理性思维分析；最后，中国文化认为人情大于法制，西方文化更强调法制和理智。中国文化的特点必然体现在企业管理之中，表现在中国企业的集权主义、集体主义以及对社会的责任等特点。相较而言，西方文化熏陶下的企业具有注重制度和法律的规范作用、个人英雄主义、讲究效率和理性主义等特点。因此，中国企业在海外并购后的整合中会碰到巨大的中西方文化差异和冲突问题。

（2）企业文化环境障碍。② 由于中国文化强调个人服从集体，中国企业通常倡导员工之间团结友爱，建立和谐的员工关系，员工依附于并服从于企业的安排。然而，西方文化强调个人英雄主体，集体的观点被弱化，西方企业倡导市场竞争和锐意进取，员工更注重竞争和效率。在企业的发展目标方面，中西方企业也存在较大的差异，公有制是中国企业的所有制形式的主要形式，公有制的企业不以营利为目的，以增加社会的福利为目的。然而，私有制是西方企业的所有制形式的主要形式，私有制企业的股东通常是个人，因此，私有制企业以股东的利益最大化为目的。

2. 法律环境障碍

（1）海外并购涉及法律繁杂。中国企业海外并购涉及中国和被收购方所

---

① 民族文化是一个国家所有人员的心理状态和价值观体现，由于这些人员受到相同的地理环境、语言习惯、行为体系和教育因素的共同影响，使本国人员的共同心理程序和他国人员的心理程序存在显著不同。

② 企业的价值观不是企业中一两个员工的价值观，它是一个整体的取向。它是企业衡量事物是非的标准，并且，在企业中成员的行为体系深受企业价值观的影响。

在国政府的相关法律法规。国内法律一般对国内企业到海外并购设置一些程序性的要求。为保障国家利益，东道国政府一般都对外国企业在其境内的并购设置一些限制，包括但不限于市场准入的限制，如不熟悉境内外与跨国并购相关的法律法规，中国企业的跨国并购很难按照计划顺利进行。[①]

（2）并购后期法律风险。由于中西方语言、文化和法律规定的差异，跨国并购后的经营期内，中国企业尤其对中国当前一些资源能源类大型海外并购而言，经营期内仍然会存在许多法律风险。例如，劳动关系的建立、劳工保护、社会保障、知识产权、合同管理、税收、会计准则、排放污水和废气等环保问题，中西方法律的规定存在差异，中国企业的海外子公司都要遵循东道国政府的法律法规。

3. 人力资源障碍

跨国并购企业对被收购方公司的人力资源进行重新选择和配置，使员工追求与公司目标达成一致，形成目标明确、组织清晰的运作团队，最终实现企业经营效益的提升，达到并购重组的最终目标。跨国并购中人力资源整合一般需要面对以下三个方面问题。

（1）有价值人才流失。企业高素质人才是非常关键的，如果人力资源整合不好，很可能导致关键人才的大量流失。并购过程中员工可能担心裁员和薪酬、岗位的变化以及管理层的变化，给员工带来不良的心理压力，进而影响员工的工作积极性和效率，从而导致有价值人才流失现象的发生。中国企业跨国并购后人才流失的主要原因包括：第一，外籍员工对中国企业文化的认同度不高；第二，薪酬待遇的降低或岗位的变化；第三，有的优秀员工担心新环境下的适应性问题，担心存在天花板效应。

（2）管理层与员工的沟通缺失。管理层与员工的沟通的目的是，使公司每个员工都了解公司并购和经营的相关情况，以此减少不必要的负面影响。

---

① 跨国并购一般涉及的法律有《公司法》《证券法》《银行法》《会计法》《反垄断法》《劳动法》《外汇管理法》等，而且法律关系复杂。

通过沟通使员工了解并购后公司的使命和发展目标，以及公司股东和战略方针的变化是否会对他们的工作带来不利影响。良好的沟通是公司发展的生命线，通过沟通能保持甚至增强企业凝聚力，帮助员工更多地参与公司决策，提高员工在公司的主人翁责任感，在此过程中加强员工对公司及中国文化的认同，实现公司的发展目标。

（3）员工的心理影响。并购重组本质上是一种变革，打破原有制度和运行规则，这无疑会使原有员工对职业前景在一定程度上产生迷茫感，员工会不自觉地产生自我保护心理，进而采取自我保护行为，这样无形中破坏了公司凝聚力，那些需要相互协作和团队努力地工作受到一定程度的影响甚至可能陷入困境，员工的责任心和对企业的忠诚度可能会逐渐淡化，公司正常的生产和经营必然会受到较严重影响。

3.2   中国企业跨国并购后的品牌国际化发展现状分析

3.2.1   中国品牌跨国并购的发展阶段分析

在科技进步推动和信息充分交流的推动下，世界经济早已呈现出一体化的存在。一体化的世界经济对于中国经济体的不利态势已经逐渐缩小，现阶段更多地体现出对中国经济体的促进作用。随着中国一大批优秀企业做大做强，为实现自身的长远发展，汲取国外优秀企业的先进技术和品牌形象，越来越多的中国企业走上了跨国并购的道路。

纵观中国企业跨国并购的情况，结合世界经济中跨国并购的浪潮，本书梳理了中国品牌跨国并购的阶段性发展状况，具体发展阶段有以下四个。

1. 萌芽阶段

20 世纪 80 年代至 90 年代初期，是中国品牌跨国并购的开始阶段。在这一时期，世界企业跨国并购的浪潮主要在发生欧美日等发达国家。但是一小批实力强劲的企业也参与到了这次并购浪潮中。具体几次重要并购如表 3.1 所示。

表 3.1　　　　　　　　　1985～1992 年中国品牌跨国并购的重要事件

时间	收购企业	目标企业	事件描述
1985	首都钢铁	麦斯塔工程设计公司	首钢集团出资 340 万美元收购其 70% 的股权
1986.9	中信	塞尔加纸浆厂	中信与加拿大企业合资购买
1992	首都钢铁	秘鲁铁矿	首钢以 1.2 亿美元购买了秘鲁铁矿的全部股权

资料来源：本书研究整理。

　　在这个阶段中国品牌跨国并购的国际化呈现出四个特点：第一，此阶段中国品牌跨国并购的目的更多出于国家战略决策的考量，服务于国家改革开放战略的需要，满足国内经济发展所需的原材料；第二，此阶段中国品牌跨国并购的主体是国有大型企业，此时，民营经济发展刚刚起步，不具备国外并购的资金和技术实力，而国有大型企业则具备并购所需的雄厚的资金支持；第三，此阶段跨国并购的行业多是资源型企业，这是出于企业缩小成本、满足自身发展的需要；第四，此阶段中国品牌跨国并购的数量规模与并购交易额都较小。

2. 起步阶段

　　20 世纪 90 年代初期至 20 世纪末是中国品牌跨国并购，开始国际化的起步阶段。该时期全球企业并购浪潮不断，中国的跨国并购也参与了其中。20 世纪 90 年代初期以来，中国品牌跨国并购的数量逐年攀升，规模也逐渐扩大。从表 3.2 的基本情况中可以明显看出。

表 3.2　　　　　　　1992～2003 年中国品牌跨国并购的交易总额情况　　　　单位：百万美元

年份	交易总额	年份	交易总额
1992	573	1995	249
1993	485	1996	451
1994	307	1997	799

年份	交易总额	年份	交易总额
1998	1276	2001	452
1999	107	2002	1047
2000	470	2003	1647

资料来源：Word Investment Report.

在此阶段，中国品牌跨国并购的交易总额呈现出较大的增长，只有在亚洲金融危机期间跨国并购的交易总额出现大幅度的降低，在 21 世纪初期，中国品牌跨国并购的交易总额已经突破 10 亿美元的额度。与规模相适应的是中国品牌跨国并购的数量的攀升，在此阶段，中国品牌跨国并购的重要事件可以从表 3.3 中看出。

表 3.3　　　　　　　　1993～1999 年中国品牌跨国并购的重要事件

年份	收购企业	目标企业	事件描述
1993	华北制药股份公司	德国一家青霉素企业	该青霉素企业的年产量在 500 吨
1996	中信	新西兰林业公司	中信控制该公司的 37.5% 的股权
1996	中国国际航空公司	香港龙航公司	国航占有龙航 38.5% 的股份，是公司第一大股东
1996	中国华能控股公司	印度尼西亚的波兰德公司	华能控股以 2.14 亿美元占有印度尼西亚波兰德公司的 5% 的股份
1999	德隆控股	MAT 公司	以 3300 万美元收购美国最大的刹车系统公司 MAT 的 75% 的股权

资料来源：本书研究整理。

在这个阶段中国品牌跨国并购的国际化呈现出的特点与第一阶段非常相似，与第一阶段的不同更多地体现在并购的数量与并购的交易额上。除此之外，中国品牌跨国并购的目标地区在逐渐扩大，由欧美地区扩展到东南亚地区，所涉及的行业也有了转变，由资源型企业扩展到航空、汽车领域。

3. 发展阶段

进入 21 世纪至今是中国品牌跨国并购的扩张阶段。中国加入世贸组织为并购的扩张奠定坚实的基础，并发挥了有力的促进作用。在此阶段中国品牌跨国并购的规模、数量与能力明显提升。从表3.4中该阶段主要的跨国并购事件可以看出。

表 3.4　　　　　　　　2001 年至今中国品牌跨国并购的重要事件

时间	收购企业	目标企业	事件描述
2001 年	万向集团	美国 NASDAQ 上市公司 UAI	国内第一家通过并购进入美国的民营企业
2002 年	中海油	西班牙瑞普索公司在印度尼西亚的五大油田	获得每年 4000 万桶的份额油
2002 年	中海油	英国 BP 石油在印度尼西亚的一家油气田	收购金额达到 78 亿港元
2003 年 2 月	京东方	韩国现代的 TFT-LCD 业务	收购金额 3.8 亿美元
2003 年 3 月	中海油、中石化	英国天然气在里海北部项目的 1/12 权益	收购金额 6.15 亿英镑
2004 年 7 月	上海汽车	韩国双龙汽车	收购金额 5 亿美元
2004 年 12 月	联想集团	IBM PC 业务	金额 12.5 亿美元
2005 年 7 月	南京汽车	罗浮汽车机器发动机生产分部	收购金额 8700 万美元
2005 年 10 月	中油国际	哈萨克石油公司	当时中国品牌跨国并购史上贸易金额最大，金额为 41.8 亿美元
2005 年	中国工商银行	印度尼西亚 Halim 银行	购入其 90% 的股份，是工行首次以海外并购进入国际市场

资料来源：本书研究整理。

从表 3.4 中可以看出，中国品牌跨国并购的国际化规模更大，涉及金额更高。总的来说，此阶段中国品牌跨国并购的特点主要有：第一，多元化的跨国并购主体。在此阶段，跨国并购的中国品牌中仍然以国有大型企业为主，但是范围不再仅仅局限于此，民营企业甚至少数乡镇企业成为跨国并购的新生力量。第二，跨国并购的行业中横向并购特征明显。从上面的中国品牌跨国并购的重要案件中可以看出，大部分的并购案件中收购企业与目标企业的业务联系高度一致，另外在跨国并购中也出现由传统制造业向高科技、服务业等第三产业转变的趋势。第三，跨国并购的规模在不断扩大。突出地表现为并购案件的数量迅速上升，并购的交易额数额巨大，并购的速度与能力也迅速增加。第四，跨国并购的目标区域在扩大。中国品牌的跨国并购的国际化非常明显，涉及的区域由美国、加拿大、拉美地区到东南亚，再到欧洲，地理区域涵盖范围广。

4. 扩张阶段

与欧美等发达国家相比，我国企业的跨国并购起步相对较晚，时间始于20 世纪 80 年代，但一直到 2005 年前发展都相对较缓慢，我国企业跨国并购案例始终波澜不惊，无论从规模上统计还是从数量上统计均寥寥可数，直到2005 年并购额才首次突破 100 亿美元大关。此后，我国明显加快了海外并购的步伐，从 2005 年到现在我国企业海外并购案例如雨后春笋般涌现，掀起了一股海外并购的热潮，其发展速度和规模均急速扩张。2007 年我国海外并购热潮达到相对较高水平，2008 年由美国次贷危机引发的全球金融危机寒潮仍没有转暖的迹象，部分经营不善的企业其资产价值大幅缩水，市场存在诸多不确定因素，这一年我国共发生 66 起跨国并购案例，并购金额总计达到 490亿美元，从此，我国企业海外并购的步伐不断加快，海外并购规模和速度不断攀升。2014 年我国大陆企业海外并购数量达 272 宗，较 2013 年的 200 宗增长了 36%，海外并购交易金额仍达到了 569 亿美元，仅次于 2012 年 669 亿美元的历史峰值。从发生地来看，2014 年我国大陆企业的海外并购在北美洲有96 宗、欧洲 83 宗、亚洲 64 宗、大洋洲 17 宗、非洲 7 宗、南美洲 5 宗，基本情况见表 3.5。

表3.5　　　　2004～2014年对外公布的海外并购成功的主要大宗交易

时间	收购方	目标公司	行业	交易额（亿美元）	目标公司所在国
2004年12月	联想	IBM PC业务	IT	12.50	美国
2005年8月	阿里巴巴	Yahoo我国业务	IT	10	美国
2005年8月	中石油	哈萨克斯坦石油公司	石油	41.8	哈萨克斯坦
2005年9月	中石油/中石化	加拿大石油公司	石油	14.20	加拿大
2006年1月	中石油	尼日利亚130号海上采许可证	石油	22.68	尼日利亚
2006年8月	建设银行	美国银行香港、澳门业务	金融	12.50	美国
2006年12月	中信集团	内森斯石油公司	石油	19.20	加拿大
2007年5月	中投公司	黑石集团	金融	30	美国
2007年7月	国家开发银行	巴克莱银行	金融	30	英国
2007年10月	我国工商银行	南非标准银行	金融	56	南非
2007年12月	江西铜业/中冶	艾郁克铜矿	有色金属	27	阿富汗
2008年2月	五矿集团	澳大利亚OZ minerals公司	矿业	17	澳大利亚
2008年4月	我国平安	富通集团50%股权	金融	34.91	比利时/荷兰
2008年9月	中石化	加拿大TYK石油公司	石油	18.90	加拿大
2008年11月	中海油	挪威Awilco Offshore ASA	石油	25	挪威
2009年4月	中石油	哈萨克斯坦国家油气股份公司	石油	50	哈萨克斯坦
2009年6月	中国五矿	澳大利亚OZ矿业公司	矿业	13.86	澳大利亚
2009年8月	中石化	Addax公司	石油	72.40	瑞士
2009年10月	兖州煤业	澳大利亚Felix Resources Limited	矿业	33.33亿澳元	澳大利亚
2010年3月	中国海洋石油国际有限公司	阿根廷Bridas corporation	石油	31	阿根廷
2010年8月	中国石油与英荷皇家壳牌集团	澳大利亚Arrow Energy	石油	31	澳大利亚
2010年10月	中国石化	西班牙雷普索尔	石油	71.09	西班牙
2010年12月	中国国家电网公司	巴西Elecnor SA等7家巴西输电公司	电力	31	巴西

时间	收购方	目标公司	行业	交易额 （亿美元）	目标公司 所在国
2011 年 11 月	中国石油化工集团	葡萄牙油企高普巴西子公司	石油	48	巴西
2011 年 12 月	中国三峡总公司	葡萄牙电力公司 EDP	电力	35.26	葡萄牙
2011 年 12 月	中国投资公司	法国燃气苏伊士集团旗下从事油气勘探开发和生产业务子公司	石油	32.73	法国
2012 年 5 月	大连万达集团股份有限公司	AMC Entertainment Inc	媒体和娱乐	26	美国
2012 年 7 月	中国海洋石油总公司	Nexen Inc	石油	151	加拿大
2012 年 12 月	Investor Group	International Lease Finance	金融	42.3	美国
2013 年 7 月	中海油	加拿大尼克森	石油	151	加拿大
2013 年 5 月	双汇国际控股有限公司	史密斯菲尔德	食品	71	美国
2014 年 1 月	复星国际	葡萄牙国有银行 Caixa Geral de Depositos 旗下保险公司三家子公司	金融	14	葡萄牙
2014 年 5 月	光明食品集团	以色列最大食品公司 Tnuva	食品	86 亿新谢克尔（约合153 亿元人民币）	以色列
2014 年 10 月	安邦保险	美国纽约公园大道上的华尔道夫酒店大楼	房地产	19.50	美国

资料来源：本书研究整理。

3.2.2　中国品牌跨国并购的特征分析

1. 动机为获取战略性资源与吸收先进技术

（1）由于我国经济的迅速发展，对资源的依赖程度加强，资源短缺成为制约经济发展的短板，并且随着新兴经济体快速崛起，国家间经济利益的博弈，全球资源竞争加剧，境外资源利用成本陡增，难度和风险也在加剧。为确保我国经济的平稳发展，国有企业利用纵向并购确保生产所需的原材料，降低生产成本，节约交易费用。

（2）为了提升品牌形象，吸收先进的技术，学习先进的管理经验，扩大品牌市场，进入目标市场往往采取跨国并购的横向并购方式，并购后，利用原有品牌的优势促进自身的发展。典型的跨国并购，便是联想收购 IBM PC业务。

2. 国有企业占主体地位，民营企业的参与加强

在中国品牌跨国并购的三个阶段中，可以很明显地看到无论在并购数量还是并购交易额上，国有企业都占据绝对的主导地位。另外，随着民营企业的做大做强，其越来越多的参与国际化经营，但是其受到资金规模的限制，其在中国品牌跨国并购中处于次要地位。

3. 面临甚多政治和法律风险

企业跨国并购涉及的法律种类十分繁杂，而且各种法律关系十分冗杂，这就给中国企业设置了并购障碍，面临着较大的法律风险。一般来说，目标企业所在的政府都会对跨国并购做许多的限制和审查，如果不对这些法律熟悉，很难顺利地进行并购。

4. 并购的目标多为经营效果不佳的企业

中国品牌在跨国并购的目标企业集中在经营不善、濒临破产的企业中。国有品牌受限于自身实力、信息不畅、并购经验不足的缺陷，在跨国并购的业务中处于被动不利的局面。这种出于困境的企业或业务对于中国企业有一定的促进作用，但是其不利影响也是显而易见的。并购后的整合不顺利，不仅难以发挥企业的协同效应，甚至会拖累企业本身的经营，难以实现并购整合的目标。

3.3　中国企业跨国并购后问题分析

中国企业跨国并购后问题分析如下。

（1）中国企业跨国并购后运营和管理经验相对欠缺。在谈到中国企业跨国并购时，联想集团董事局主席柳传志曾指出，"不敢说中国企业海外并购时代是否已经到来，但相信会有越来越多的国内企业到海外去并购，中国的资本加速和国外资源的整合也是一条中国向国际化迈进的道路。但中国企业海外并购非常重要的一点是自身的管理基础与国际的接轨，如果各方面的管理理念不一致，并购是很难成功的。"

企业管理人员素质直接影响着企业经营绩效，跨国公司高管应当是经历过专业培训的、具有规范和成熟的管理理念、具有丰富经验的高水平人才。通常来讲，企业跨国并购后收购方只委派少量高管人员参与企业的管理和运作，更多地依靠被收购企业原有高管进行管理和运营，所以对这些高管综合素质和管理水平的要求会相对较高。与全球跨国公司相比较，总体来讲，中国企业规模相对还偏小，跨国经营、管理和运作的经验还略显不足，综合素质和水平方面稍显逊色，较难适应跨国企业的经营要求，思想可靠、精通外语、熟悉国际惯例、具备良好经营理念和管理经验的高级管理人才相对匮乏，这直接影响着企业跨国并购后的经营和绩效情况，最终对企业跨国并购的成败产生直接影响。

（2）整合能力相对较弱。虽然中国企业跨国并购的规模逐年扩大，但企业并购走向失败多数出现在企业跨国并购后的整合阶段。在对企业跨国并购的实证研究中，存在"七七定律"，是指七成的跨国并购失败来源于并购后的整合不足，七成的跨国并购没有达到所期望的商业价值和商业目的。

由于中国企业跨国并购涉及多个国家，各国间政治、经济、文化、法律环境均有差异，跨国并购整合工作实施难度较大。跨国企业并购不是并购双方资源的简单加总，而是要通过跨国并购重组使并购双方形成一个有机整体，而跨国并购的整合阶段也是并购最重要的以及风险最大的阶段。中国本土企业与国外成熟企业处于不同的政治经济环境下，不同的企业在不同的环境下发展，形成了差异迥然的发展模式、管理风格、价值观念、行为方式等，不同企业间的对立和冲突也是在所难免的。

（3）中国品牌中国有企业的身份认同问题。在中国市场经济竞争日趋激烈的大环境下，国有企业在经济活动中扮演着极为重要的角色。按行业划分，大部分核心企业均是国有资产绝对控股或相对控股的企业。国有企业在相对较长时间内一直是中国经济发展的中流砥柱，目前在中国企业跨国并购的浪潮中，国有企业特别是大型或超大型国有企业一直是跨国并购的主力军。而在欧美发达国家，民营企业在发达国家占比相对较高，虽也有国有投资或控股企业，但数量不多且在经济总量中占比相对较小。因此，在欧美发达国家看来，中国国有企业占主导地位的发展现状成为我国经济活动中最为鲜明的特点之一，欧美发达国家普遍认为中国国有企业的行为就等同于中国政府的行为，国有企业的跨国并购活动就是中国政府政治经济策略的体现。

（4）被并购企业所在国的政治力量和民族意识的阻挠。中国企业大举进行跨国并购，引发国际社会高度关注。"中国威胁论""中国企业威胁论"频频见诸报端。长期以来美国一直把中国视为最大的潜在竞争对手，一些美国政客甚至将中国企业跨国并购视为对美国国家安全的挑战，纷纷阻止中国企业对美国企业进行跨国收购，例如中海油收购优尼科案例就非常典型。跨国并购活动因为政治问题而遭遇阻力，往往企业自身也难以左右进程和方向，但这并不等于企业就只能任由摆布。中国企业在跨国并购前做好充分应变策略和心理准备，积极维护企业和国家形象，打消政府、企业和民众对中国企业跨国并购的误解和顾虑。

第4章 中国企业跨国并购后品牌选择的影响因素分析

4.1 中国企业跨国并购后品牌选择影响因素综述

研究企业跨国并购后影响其品牌选择类型的主要因素的方法有三类：第一类是建立在财务指标基础上的会计研究法，主要的指标是会计指标；第二类是建立在股票价格基础上的事件研究法，主要的指标是企业股票价格方面；第三类是其他类，包括案例研究法、EVA 模型、DEA 模型等，主要指标是企业自身经营因素和外界市场的因素。徐静霞（2012）将影响中国企业跨国并购后品牌选择的因素总结分为五类：政治因素、经济因素、文化因素、管理因素和法律因素。总体而言，关于影响中国企业跨国并购后品牌选择类型的因素，学术界研究的侧重点各有不同，总结起来主要有以下的三点。

（1）收购企业和被并购企业的内在因素方面。李振（2014）研究认为影响中国企业跨国并购之后企业品牌发展的因素主要有：企业核心竞争力、企业自身的生产和经营资源和企业文化；苏艳林（2012）认为影响中国企业跨国并购之后企业品牌发展的因素主要有：企业的现行制度、企业品牌的资源和产品的质量等因素，而且指出文化内涵对企业品牌建设非常重要。

（2）外部的市场因素方面。周鹏（2012）认为，外部环境尤其是企业的经营环境和市场需求数量对企业品牌的建设非常重要；詹森和鲁拜克（Jenson & Ruback，2002）研究认为，国内外的品牌竞争程度对企业品牌建设的影响力也大，竞争程度越高，企业品牌建设越困难。

（3）文化价值因素方面。张宁和李诚（2012）认为，品牌的消费还受二代传播和民族主义的影响，这主要是来自被并购企业的国家和消费者的影响。刘忻（2012）认为，品牌所含的文化和价值取向是企业品牌进一步发展的重要关注点。安吉克（Angtieg，2010）认为文化对品牌建设的贡献非常高。巴贾特（Bhagat，2012）梳理了 2007 ~ 2010 年跨国并购中品牌价值多元化研究的八篇成果发现，其中有四篇研究表明品牌价值多元化具有显著的正面收益，两个研究显示品牌价值多元化具有显著的负面收益，还有两个研究没有通过显著性检验。

因此，本书选取的影响中国企业跨国并购后品牌选择类型的因素主要为企业制度因素、企业产品品牌因素、企业的生产经营资源因素、企业产品因素、企业核心竞争力因素、产品品牌营销环境、产品品牌的需求状况、产品市场品牌的竞争程度、民族主义、文化差异和价值多元化因素。

4.2 中国企业跨国并购后品牌选择影响因素的分析

中国企业跨国并购后品牌选择影响因素如下。

1. 企业制度因素

制度规定了个人的行为或者组织的行为。新制度经济学家认为制度降低了交易费用，强调政治风险影响企业国外投资的决策与进入战略的影响因素。而企业制度则是用来管理、决定、控制组织发展方向和业绩的运行机制。企业制度的战略三支柱理论框架指出，产业竞争、企业资源以及制度因素的影响企业的战略发展，所以制度因素对于企业来说也是至关重要的。并购作为企业发展过程中重要的战略行为，能在一定程度上改革企业无效的管理方式，从而获取规模经济、范围经济等其他协同效应。在现代企业制度方面，企业的并购战略和并购后的品牌发展战略都离不开董事会的决策，即企业自身制度因素的治理机制会影响企业并购决策。

企业制度一般分为正式因素和非正式因素。像政治、经济、法律等因素都是正式因素；而非正式制度则是文化、思想等方面的隐性规范。完善的企业制度环境包括多方面的内容，例如管理信息系统、企业基础设施、法律法规和知识产权保护的制度。在上述研究基础之上，1995 年斯科特（Scotlt）研究并划分了现在学术界普遍认可的三类企业制度因素：管制、规范和认知。

企业制度因素对企业跨国并购的执行和并购后的企业品牌发展战略的研究主要集中在以下三个方面：（1）企业制度对企业投资并购的影响力研究。企业的政治制度对对外投资并购的影响（Butler & Joaquin，1998；Henisz，2000），贸易程度与东道国制度的质量是呈现正向关系（潘镇，2006），企业为了较容易的适应国外市场往往选择进入文化制度类似的国家（Michael，2006）。（2）企业制度对并购绩效的影响研究。企业的管理所有权与并购公告收益间呈现曲线关系，当收购双方的所有权相似时并购收益最大（Hubbard & Palia，1995；Wright，2002），哈莱布连和德弗斯（Haleblian and Devers，2009）研究了经理人股权与并购活动企业绩效的关系后认为并购创造的价值与股票间存在正相关性，股权与并购的绩效显著性较差，说明绩效会影响所有权，但所有权不会影响绩效。（3）企业制度与跨国并购后的企业发展战略方面研究。来源国的制度会影响到企业战略在子公司的推行（Kostova & Zahee，1999），并购两国文化差异越大，跨国并购后人力资本的管理效率就越低（Makino & Neupert，2000），东道国经济制度越完备，交易成本越低，价格机制越有效，其越容易发挥其比较优势（Dunning，2013）。

综上可知，企业制度因素对企业跨国并购之后企业发展怎样的品牌国际化路径有重要的影响作用，并且对企业绩效的提升有显著的正向影响。

2. 企业的生产和经营资源因素

在现代管理学意义上企业资源是指企业经营所控制和拥有的资源，具体包括有形的生产设施、销售和采购网络、财务、人力以及无形资源；企业能力包括管理、组织、技术开发、市场开拓能力等。由于信息不完全和不确定性的存在，很难在市场上买到技术、品牌、专利等这些无形资产。因此，这些战略性资源难以通过市场的形式获得。而且，企业的技术研发能力或组织管理能力的获取方式容易通过跨国并购的方式获得。企业间的资源和能力优势互补并购，可以最大限度地整合资源、降低成本，实现规模经济，增强国际竞争力。

瑞斯曼和伯金肖（Bresman & Birkinshaw，1999）指出，跨国并购可以获取目标公司的技术、知识，并将其消化吸收转移到企业各个部门；希尔和科密（Hill & Kmi，2002）认为跨国并购可以获取异质性资源，弥补竞争环境要求与自身资源基础之间的差距；帕夫洛（Pavlou，2004）和佩特斯（Pettus，2007）研究认为企业并购会对知识的取得、消化、转型与利用产生很大的影响；艾森豪德和马丁（Eisenhard & Martin，2010）认为并购双方的资源不会自动融合，必须发挥主动性；伦德斯（Leenders，2012）认为资源的有效转移在跨国并购的绩效中起了重要作用。

综上可知，企业的生产和经营资源因素对企业跨国并购之后企业发展怎样的品牌国际化路径有重要的影响作用，并且对企业绩效的提升有显著的正向影响作用。

3. 企业产品因素

质量是产品品牌形成的基础，品牌的独特吸引力和亲和力不仅来自外部形象和广告宣传，更重要来自品牌的丰富内涵，即产品质量。强势品牌的价值对消费者来讲意味着产品质量，而对于品牌拥有者则意味着消费者的忠诚、宣传效应和重复购买等。品牌的质量是相对于价格的质量，具体包括产品品质、视觉效果、服务、性能、想象空间以及文化等多方面因素的综合体现。

周（Zhou，2002）和莫拉加（Moraga，2005）用博弈模型新假定研究表明在伯兰特均衡中，不发达国家的福利最大化政策通过对本国企业进行适当的补贴，促使提升产品的质量；克罗泽（Crozet，2007）和浩克（Hallak，2008）证明了产品质量对于企业出口行为有正向的促进作用；Allak（2013）

将生产率分为代表产品质量的产品生产率以及代表传统生产率的"过程生产率",表明产品质量对于过程生产率的重要促进作用。

综上可知,企业产品因素对企业跨国并购之后企业发展怎样的品牌国际化路径有重要的影响作用,并且对企业绩效的提升有显著的正向影响作用。

4. 企业核心竞争力因素

企业的核心竞争力是组织的决策力,它包括把能够判断把握全局、审时度势、大胆突破、敢于突破传统的创新、组织的文化力等。高祖原(2013)基于核心竞争力对中国企业跨国并购研究进行了案例(中国联想收购 IBM PC 全球业务)研究,研究表明,企业核心竞争力对企业跨国并购之后的品牌发展战略和企业绩效都有很大程度上的正向影响。核心竞争力与企业并购的相互关系可从两方面分析:首先,企业并购是促进企业核心竞争力构建和发展的有效途径之一;其次,企业并购的战略决策以及企业并购后的资源整合必须围绕企业核心竞争力的构建和提升来进行。具体来说要从以下三方面来考量。

(1)通过并购培育企业核心竞争力。在实施并购战略定位时,除了考虑充分利用自身核心竞争力及其协同效应外,还应考虑具将有研发技术和资源优势的企业作为并购目标。通过并购重组整合后尽快弥补差距,以此来通过并购提升企业核心竞争力。

(2)核心竞争力的提升。根据核心竞争力理论,企业进入其目前资源和实力均相对薄弱的产业或领域是不合理的,只有建立在现有资源和实力基础上的发展战略才会使企业获得持久竞争优势。企业在制定混合并购策略时要看自身是否具备了核心竞争力,以及具备哪方面的核心竞争力,以核心竞争力为主导进行扩张,而不是简单考虑短期利益。

(3)企业并购以实现核心竞争力为目标。未来企业的并购动因应该从核心能力出发制定企业并购整合策略。基于核心竞争力的企业,并购重组目标可分为以下四种:一是通过并购重组从目标企业获取核心能力,培育资源;二是核心能力的培养,通过并购重组双方企业要素间的互补增加协同优势;

三是核心能力的强化，即从被并购企业获得互补性的有形、无形资产，使其与自身资源相结合，提高核心竞争力的外层保护力量；四是核心竞争力的拓展，即将已有的核心竞争力通过并购重组转移到被并购企业中。

综上可知，企业核心竞争力因素对企业跨国并购之后企业发展怎样的品牌国际化路径有重要的影响作用，并且对企业绩效的提升有显著的正向影响作用。

5. 产品品牌的市场营销环境

产品品牌的市场营销环境主要是国际市场营销的宏观环境[①]和微观环境[②]。全球产业结构调整带来了许多并购重组机遇，产业的调整必然伴随着企业并购重组的出现。学者对国际营销环境中的各种问题进行研究，主要有以下三大主题：（1）跨国并购扩张牵涉到的所有权结构问题；（2）研究企业在向国外市场扩张和发展自身业务时的管理过程；（3）在国外市场上的战略设计、执行和评估问题。主要研究问题的概述，如表4.1所示。

表4.1　　　　　　　　　　国际营销环境研究综述

发展阶段	主要议题	主要研究者
初步阶段		
买方研究	跨国消费行为研究	鲍恩和雅普拉克（Baughn and Yaprak, 1993），比尔基和内斯（Bilkey and Nes, 1982）
公司方面	企业国际化的过程；市场潜力、市场机会与风险评估；市场战略的选择与适应；国际营销运营的管理	卡瓦斯吉尔（Cavusgil, 1981），杰恩（Jain, 1983），莱维特（Levitt, 1983），奎尔奇和霍夫（Quelch and Hoff, 1986）
市场方面	全球化与地区化的协调；市场进入和采购模式的选择；供应链管理的方式	安德森和加蒂尼翁（Anderson and Gatignon, 1986），康车特和洛朗热（Contractor and lorange, 1988），莱维特（Levitt, 1983）

---

① 宏观环境是指企业在从事国际营销活动中难以控制也较难影响的营销大环境。
② 微观环境是企业在不同目标市场进行营销活动中企业所构建的处于不同国家和不同地域的分支机构的组织结构，以及与当地社会文化特征相结合的企业文化特征等环境。

续表

发展阶段	主要议题	主要研究者
近期阶段		
买方研究	新兴市场的营销的策略；消费者的民族优越感、爱国主义和民族主义对营销的影响；供应链决策中的行为选择；全球与本土品牌态度差异比较	普哈拉和利伯索尔（Prahalad and lieberthal，1998），阿诺德和奎尔奇（Arnold and Quelch，1998），巴拉巴尼（Balabani，2004），吴晓云（2005）
公司方面	网络结构的协调；创建学习型的组织；全球供应链战略的选择；全球营销战略的开发和实施；通过全球网络进行细分、目标和定位市场	邓宁（Dunning，1988），艾森哈特（Eisenhardt，1989），罗利亚和埃克尔斯（Nohria and Eccles，1992）
市场方面	建立跨市场的渠道、消费者和品牌资产；应对新兴市场的制度不完善；在转型经济体中的营销	巴特拉（Batra，2000），鲁斯特（Rust，2005），斯沃博达和斯蒂芬（Swoboda and Stefan，2013）

资料来源：本书研究整理。

综上可知，企业产品品牌的营销环境因素对企业跨国并购之后企业发展怎样的品牌国际化路径有重要的影响作用，并且对企业绩效的提升有显著的正向影响作用。

6. 产品品牌的市场需求状况

一般的市场需求①的影响因素主要为：（1）消费者的个人偏好；（2）消费者的可支配收入；（3）价格；（4）替代品的价格；（5）互补品的价格；（6）预期；（7）其他因素，如商品的品种、质量、天气等。

品牌竞争是企业在激烈竞争中追求的重点，民族品牌在跨国并购的国际化道路上面临着国际与国内两个市场的需求。对于企业来说，品牌建立于消费者长期持续的依赖性之上，可获得持续的利益收入；对于消费者来说，品牌的建立可以节约消费者选择时间的成本，使消费者利益得到充分保障，还可满足他们的个性化需求和情感需求。因此，消费者需求与企业品牌的相互

---

① 市场需求是指一定的顾客在一定的地区、一定的时间、一定的市场营销环境和一定的市场营销计划下对某种商品或服务愿意而且能够购买的数量。

协调是双赢的结果。

综上可知，企业产品品牌的市场需求状况因素对企业跨国并购之后企业发展怎样的品牌国际化路径有重要的影响作用，并且对企业绩效的提升有显著的正向影响作用。

7. 产品市场品牌的竞争程度

1985 年世界经济论坛指出的企业国际竞争力[①]强调企业国际竞争力是企业在国际和国内市场上生产商品和服务的能力，它的大小通过企业生产商品和服务的价格竞争力和质量高低来体现，也就是说，企业国际竞争力的关键是质量和价格。

关于国内外的竞争状况主要有以下三个方面：测量、影响因素和提升策略。测量方面主要有"钻石"模型（郑吉昌和夏晴，2004）、"金字塔"模型（丁平，2007）和"测量指标"模型（李茂林，2013）。影响因素方面，张岩（2004）在研究中国服务贸易竞争力时指出，影响中国服务贸易竞争力的因素有：相关产业缺乏有效的支持、企业战略欠缺、产品设计水平较低等；郭海虹（2002）认为应该以技术创新带动服务企业，立足于国内需求的同时加强与国外企业合作，引进国外先进技术和营销理念。

综上可知，企业产品市场品牌的竞争程度因素对企业跨国并购之后，企业发展怎样的品牌国际化路径有重要的影响作用，并且对企业绩效的提升有显著的负向影响作用。

8. 民族主义

"民族主义"即以自我民族的利益为基础而进行的思想或运动。美国学者汉斯·科恩认为："民族主义首先而且最重要的是应该被看作是一种思想状态。"英国学者爱德华·卡尔认为："民族主义通常被用来表示个人、群体和

---

① 企业国际竞争力是企业目前和未来在各自的环境中以比它们国内和国外竞争对手更有吸引力的价格和质量来进行设计生产并销售货物以及提供服务的能力和机会。

一个民族内部成员的一种意识，或者是增进自我民族的力量、自由或财富的一种愿望。"

海外并购是容易触发民族主义风险的企业经营行为，其主要原因就是价值取向不同。中国企业在海外并购中面临着巨大的民族主义风险，这种风险是政治经济文化等多方面的。由于狭隘的民族主义情绪，会导致对海外并购的敌对与反感。当并购的信息通过官方或非官方的渠道传递出来时，东道国的消费者会依据自身错误的价值取向对并购的影响进行错误的判断和分析，认为并购重组对本国或本区域的产业或经济带来负面影响时，就会激发他们狭隘的民族主义价值取向。当相关利益群体认为并购重组给他们带来消极影响，但又找不到合适理由来反对时，他们会举起民族主义旗帜来干涉并施加压力。跨国并购活动涉及各方利益群体，如政府部门、员工、工会、供应商、客户、企业所在社区等群体。

李鸿阶和张元钊（2013）研究中国企业跨国并购发展格局与路径选择指出，民族主义会阻碍企业并购之后的品牌发展；孟祥宇和李响（2014）在研究当前经济环境下中国企业跨国并购的必然性和存在问题分析时指出，中国企业跨国并购之后品牌的发展受到的主要障碍之一就是民族主义的保护；彭琼仪（2011）研究中国企业跨国并购的经济绩效分析时指出，国内企业并购之后品牌发展成功的案例如联想、TCL、上汽等都受到民族主义的阻碍；杨波和魏馨（2013）研究中国企业海外并购的困境与对策时指出，我们要警惕跨国并购之后品牌发展的民族主义的阻碍作用。

综上可知，民族主义因素对企业跨国并购之后企业发展怎样的品牌国际化路径有重要的影响作用，并且对企业绩效的提升有显著的负向影响作用。

9. 文化差异

文化差异的研究主要是从以下三个方面：价值观、代际影响和民族中心主义。（1）价值观。刘世雄（2005）认为人们的消费态度与行为都与自身的价值观有关，罗长海（2006）认为文化的核心内涵是价值观，能够指导个体的行动和态度，帕克（Park，2007）的研究认为象征性的社会认同是促进消费者奢侈品品牌购买行为的重要影响因素。（2）代际影响。穆尔（Moore，2002）研究认为家庭中的一代人会向另一代人传递相关的态度、偏好、个人价值观和消费行为。（3）民族中心主义。森普和夏尔马（Shimp & Sharma，1987）提出了消费者民族中心主义概念，认为敌意可以直接影响消费者的购买意愿。

综上可知，文化差异因素对企业跨国并购之后企业发展怎样的品牌国际化路径有重要的影响作用，并且对企业绩效的提升有显著的正向影响作用。

10. 价值多元化因素

伴随着企业并购重组过程中价值创造差异化的相关研究，人们开始关注价值创造的影响因素。最初，大量学者从财务层面对跨国并购价值的影响因素进行研究，发现并购重组过程中价值多元化将影响并购重组后企业品牌的发展路径。阿斯奎斯（Asquith）等证实了并购方与被并购方的企业绩效和品牌价值的多元化正相关。此外，聂磊、张金隆等学者从价值多元化的角度，以行业内外的并购重组活动为视角分析了我国移动通信产业价值链的演进过程、并购特征和变革机理。

综上可知，价值多元化因素对企业跨国并购之后企业发展怎样的品牌国际化路径有重要的影响作用，并且对企业绩效的提升有显著的正向影响作用。

4.3　中国企业跨国并购后品牌选择影响
因素的因子分析和聚类分析

本书根据前人研究总结出十个因素，即为企业制度因素、企业的生产和经营资源因素、企业产品因素、企业核心竞争力因素、产品品牌营销环境、产品品牌的市场需求状况、产品市场品牌的竞争程度、民族主义、文化差异和价值多元化因素。由于各因素之间存在相互影响相互作用的情况，若直接运用这十个因素对其品牌选择类型进行分析：其一会导致计算复杂，从而导致结果出现误差；其二由于其存在多重共线性，也会导致其相关性分析出现虚假的估计。因此，在进行因素和品牌选择类型的相关性分析之前需要对上述因素进行因子分析和聚类分析，不但可以简化计算，更可以防止虚假回归的出现。

4.3.1　模型选择

因子分析[①]是指从变量群中提取共性因子的统计研究技术，因子分析通过在许多变量中找出隐藏的具有代表性的因子，然后将相同本质的变量归入一个因子，从而减少变量的数目。本书选取 R 型因子分析。

聚类分析的目标就是在相似的基础上收集数据来分类。在不同的应用领域，很多聚类技术都得到了发展，这些技术方法被用作描述数据，衡量不同数据源间的相似性，以及把数据源分类到不同的簇中。

4.3.2　数据来源

本书的数据主要有两部分：一部分是可以度量的变量，这些变量的数据主要来源于国家统计年鉴、国际贸易协会、世界银行等组织的研究报告和行业报告；另一部分变量即潜变量是无法直接得到的数据，我们在 2014 年 5～9 月，采用方便抽样的方法在北京、上海、广州、深圳、天津五个城市发出 2000 份问卷，回收 1656 份，其中有效的问卷 1569 份，有效问卷占比 73.06%。样本中企业员工占 35%，企业中层及以上领导占 60%，消费者占 15%。男性占比 46.53%，女性占比 53.47%。18 岁以下的人群占比 6%，18～30 岁人群占比 40%，31～40 岁人群占比 32%，41～50 岁人群占比 13%，51 岁以上人群占比 9%。最后，我们利用 SPSS20 和 AMOS16 软件处理本次调

①　最早由英国心理学家 C. E. 斯皮尔曼提出。他发现学生的各科成绩之间存在着一定的相关性，一科成绩好的学生，往往其他各科成绩也比较好，从而推想是否存在某些潜在的共性因子，或称某些一般智力条件影响着学生的学习成绩。

查的数据，并且进行统计分析。

4.3.3 因子分析

1. KMO 和 Bartlett 检验

表 4.2 中 Bartlett 球体检验值为 1897.36，显著性概率为 0.001，小于 1%。这说明数据具有相关性，适宜进行因子分析。另外，KMO 值为 0.764，数值大于 0.7，也说明数据具有相关性。总之，样本数据是可以进行因子分析的。

表 4.2   KMO 和 Bartlett 检验

取样足够度的 KMO 度量	0.764
Bartlett 的球形度检验	1897.36
df.	286
Sig.	0.001

2. 提取因子

因子提取方法采用主成分分析法，因子旋转采用方差最大化正交旋转法，得到因子贡献率。

依据因子分析理论，方差贡献率是衡量因子重要性程度的指标，值越大，说明该因子对评价目标的贡献率越大，反之，亦然。表 4.3 显示，本书选取的三个主因子的累计贡献率达到 93.855%，能够较好解释企业跨国并购后品牌选择类型的选择。

表 4.3   提取的公因子信息

因子	未旋转因子		旋转后因子	
	贡献率（%）	累计贡献率（%）	贡献率（%）	累计贡献率（%）
1	32.510	32.510	37.070	37.070
2	30.909	63.419	31.710	68.780

续表

因子	未旋转因子		旋转后因子	
	贡献率（%）	累计贡献率（%）	贡献率（%）	累计贡献率（%）
3	12.571	75.990	25.075	93.855
4	5.686	81.676		
5	4.320	85.996		
6	3.612	89.608		
7	3.320	92.928		
8	2.950	95.878		
9	2.850	98.728		
10	1.272	100		

资料来源：本书研究整理。

3. 旋转成分矩阵分析

本书运用 SPSS 对上述数据因素进行因子分析，根据 SPSS 的结果可得因子的旋转矩阵如表 4.4 所示。

表 4.4　　　　　　　根据方差最大法进行因子旋转的结果

因　　素	成　　分		
	成分 1	成分 2	成分 3
企业制度因素	0.750	0.345	-0.097
企业的生产和经营资源因素	0.722	0.436	-0.338
企业产品因素	0.832	-0.064	-0.252
企业核心竞争力因素	0.881	-0.351	0.264
产品品牌营销环境	0.354	0.845	-0.162
产品品牌的市场需求状况	0.284	0.766	0.002
产品市场品牌的竞争程度	-0.231	0.867	0.323
民族主义	0.223	0.123	0.602
文化差异	-0.113	0.356	0.799
价值多元化因素	0.020	-0.126	0.611

资料来源：本书研究整理。

综上因子分析我们可知，根据因子的旋转成分矩阵可将上述十个影响因素分成三类。企业制度因素、企业的生产和经营资源因素、企业产品因素、企业核心竞争力因素在成分 1 上具有较高的负荷，表明第一类因子成分 1 主要解释这四个变量，将成分 1 命名为产品生产因素；产品品牌营销环境、产品品牌的市场需求状况、产品市场品牌的竞争程度在成分 2 上具有较高的负荷，说明成分 2 主要解释这三个变量，将成分 2 命名为市场因素；第三类因子成分 3 主要解释民族主义、文化差异和价值多元化因素，将成分 3 命名为文化价值因素。

4.3.4 聚类分析

为了进一步验证上述因子分析的结果和将其因素进行分析，本书选取聚类分析对上述因子进行聚类分析①。

聚类分析的使用完整链接的树形图（Dendrogram using complete linkage）如图 4.1 所示。

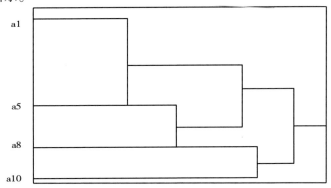

图 4.1　使用完整链接的树形图（Dendrogram using complete linkage）

注：a1～a10 分别为：企业制度因素、企业的生产和经营资源因素、企业产品因素、企业核心竞争力因素、产品品牌营销环境、产品品牌的市场需求状况、产品市场品牌的竞争程度、民族主义、文化差异和价值多元化因素。

---

① 聚类分析又称群分析，是对多个样本（或指标）进行定量分类的一种多元统计分析方法。对样本进行分类称为 Q 型聚类分析，对指标进行分类称为 R 型聚类分析。

研究总结的因素有十个，即为企业制度因素、企业的生产和经营资源因素、企业产品因素、企业核心竞争力因素、产品品牌营销环境、产品品牌的市场需求状况、产品市场品牌的竞争程度、民族主义、文化差异和价值多元化因素，对其进行总结得分如表4.5所示。

表4.5　　　　　　　　　　　　聚类分析变量得分

变　　量	得　　分			
	最小值（Min）	最大值（Max）	平均值（Mean）	得分（D）
企业制度因素	2	5	3.32	1.59
企业的生产和经营资源因素	3	5	3.32	1.98
企业产品因素	2	5	3.21	1.56
企业核心竞争力因素	1	5	3.56	1.58
产品品牌营销环境	1	5	3.68	1.54
产品品牌的市场需求状况	3	5	3.31	1.68
产品市场品牌的竞争程度	3	5	3.21	1.76
民族主义	2	5	3.25	1.36
文化差异	1	5	3.01	1.42
价值多元化因素	1	5	2.98	1.48

资料来源：本书研究整理。

使用SPSS统计分析软件，个案和个案之间距离测度的方法采用平方欧式距离，个案和类以及类与类之间距离采用离差平方和法测定。

得到聚类分析冰挂图如表4.6所示。

表4.6　　　　　　　　　　　　聚类分析冰挂

两类	a1	a2	a3	a4	a5	a6	a7	a8	a9	a10
1	70	96	90	86	85	94	70	89	83	86
2	42	54	35	39	36	40	32	33	34	21
三类	a1	a2	a3	a4	a5	a6	a7	a8	a9	a10
1	40	55	47	49	42	46	53	46	53	49
2	53	39	34	35	35	39	45	34	41	42
3	57	57	61	57	57	55	53	61	42	46

资料来源：本书研究整理。

根据上述聚类分析可得因子的聚类有两种情况，当将上述因子进行聚类为两类时，第一类为 a1 ~ a8，第二类为 a9 ~ a10；当聚类为三类时，第一类为 a1 ~ a4，第二类为 a5 ~ a7，第三类为 a8 ~ a10。聚类分析的 cluster membership 如表 4.7 所示。

表 4.7 聚类分析影响因素（cluster membership）

影响因素	2 cluster	3 cluster
企业制度因素	1	1
企业的生产和经营资源因素	1	1
企业产品因素	1	1
企业核心竞争力因素	1	1
产品品牌营销环境	1	2
产品品牌的市场需求状况	1	2
产品市场品牌的竞争程度	1	2
民族主义	1	3
文化差异	1	3
价值多元化因素	2	3

资料来源：本书研究整理。

综上所述，聚类分析可得上述因素的分类为如表 4.8 所示。

表 4.8 因素聚类分析结果

分类	因　素
cluster1	企业制度因素、企业品牌因素、企业经营资源因素、企业产品因素、品牌核心竞争力因素
cluster2	国际营销环境、国内外需求状况、国内外竞争状况
cluster3	政策支持、文化认同、价值取向因素

资料来源：本书研究整理。

其因子的排名如表 4.9 所示。

表 4.9   因子排名

影响因素	因子排名
企业制度因素	1 – 1
企业的生产和经营资源因素	1 – 2
企业产品因素	1 – 3
企业核心竞争力因素	1 – 4
产品品牌营销环境	2 – 1
产品品牌的市场需求状况	2 – 2
产品市场品牌的竞争程度	2 – 3
民族主义	3 – 1
文化差异	3 – 2
价值多元化因素	3 – 3

资料来源：本书研究整理。

综上因子分析和聚类分析结果，可将企业制度因素、企业的生产和经营资源因素、企业产品因素、企业核心竞争力因素、产品品牌营销环境、产品品牌的市场需求状况、产品市场品牌的竞争程度、民族主义、文化差异和价值多元化因素分成三类影响因子：第一类因子为产品生产因素，包括企业制度因素、企业的生产和经营资源因素、企业产品因素、企业核心竞争力因素；第二类因子为市场因素，包括产品品牌营销环境、产品品牌的市场需求状况、产品市场品牌的竞争程度；第三类因子为文化价值因素，包括民族主义、文化差异和价值多元化因素。

第5章 研究假设与理论模型

本章重点分析中国企业跨国并购后的品牌选择类型及其对企业绩效的作用机制分析。第一步，阐述中国企业跨国并购后品牌选择类型及其选择，并运用 NK 模型和相关性分析阐述影响因素对品牌选择类型的影响作用；再运用 Hotelling 模型分析品牌选择类型对企业绩效的影响机制。第二步，在实证分析中，分析企业跨国并购影响因素对品牌选择类型的影响和品牌选择类型对企业绩效的影响作用。主要分为两部分，第一部分运用多分类逻辑回归模型分析企业跨国并购后品牌选择类型的影响因素，并阐述企业跨国并购之后如何依据自身因素选取合适的联合类别；第二部分运用加入虚拟变量的多元同归模型阐述品牌选择类型对企业绩效的影响作用。第三步，加入调节变量品牌契合度和制造来源国效应，探讨其对品牌选择类型及其对企业绩效的影响。如图 5.1 所示。

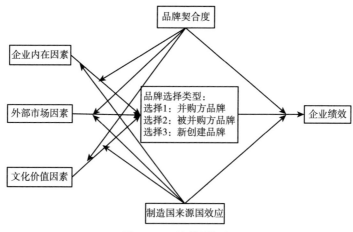

图5.1 理论模型框架

5.1　中国企业跨国并购后的品牌选择类型分析

5.1.1　品牌国际化相关概念及其运作模式

品牌国际化，又称为品牌的全球化经营，是为了实现标准化、统一化的规模经济效益和低成本运营，而将同一品牌以相同的包装、相同的名称、相同的广告策划向不同的地区或国家进行延伸复制的一种品牌经营策略，主要有三层含义，如表5.1所示。

表5.1　　　　　　　　　　　　品牌国际化的含义

	名称	定义和意义
1	品牌的国际化概念不等同于企业跨国经营	首先，在市场的性质上品牌的国际化概念不等同于企业跨国经营；其次，在销售的品牌上品牌的国际化概念不等同于企业跨国经营；最后，在销售的目上品牌的国际化概念不等同于企业跨国经营
2	品牌的国际化形式多种多样	最低的品牌的国际化形式：企业产品的营销；较高的品牌的国际化形式：企业在其他国家建立分厂销售自身产品；最高的品牌的国际化形式：品牌的国外扩张销售
3	品牌国际化是具有地域性和历史文化性双重特性的概念	中国企业跨国并购后的品牌发展具有长期性，不是短期内就能实现的；中国企业跨国并购后的品牌发展还取决于品牌所在国的国际形象和其内在的文化历史特性

资料来源：本书研究整理。

根据对全球化和本土化问题处理方式的不同，出现了四种不同的品牌国际化模式，具体如表5.2所示。

表 5. 2 四种品牌国际化模式

	"标准"本土化	体制决定	标准全球化	全球化的模仿
定义	最低的品牌选择类型，直接的产品出口销售（直销或者分销）	体制决定是指某些产品的营销受企业本身和其他体制因素影响	将全球视为一个市场，生产要素标准化，但部位可以调整	品牌和形象不动，其他的都可以调整
策略	考虑品牌销售地的文化和生活需求度	受所在国贸易和分销体制的影响，需要进行体制的调整	考虑子市场自身的需求，以不同的形式进行生产和销售	生产当地的所需产品，可以与自身产品有很大的产别
实用的行业	食品日常生活用品	音像制品行业	高档的化妆品、奢侈品等行业	汽车行业

资料来源：本书研究整理。

5.1.2 品牌选择的一般路径比较分析

综合而言，对于企业跨国并购之后的品牌发展选择主要有以下七种策略：以外商销售渠道的商品出口去推广品牌、企业运用国际展销会推广产品品牌、产品战略联盟（销售渠道和品牌战略）、经销店自营品牌、海外连锁经营、并购和自主品牌。其具体的内容如表 5.3 所示。

表 5. 3 品牌选择的一般路径比较分析

	名称	优点	缺陷	措施
1	以外商销售渠道的商品出口去推广品牌	第一，可以建立起长期的销售网络和信誉；第二，需要的资本少，利于资本周转；第三，为国际化的品牌战略奠定基础	第一，直销的模式无法直接接触消费者，难以得到他们的消费需求；第二，产品输出和品牌销售还有很大差距，需要的时间很长	在商品销售的同时结合推广品牌
2	企业运用国际展销会推广产品品牌	第一，消费者通过对产品的亲身体验并口口相传；第二，会展的功能包括展览与销售相结合；第三，阐释自身产品的最新技术	第一，报名未必会被邀请进行展览；第二，对知识产权的保护，展示的产品拥有绝对的知识产权	加强技术创新和自身知识产权的保护

续表

	名称		优点	缺陷	措施
3	产品战略联盟	销售渠道	第一，以较低的成本获得合作；第二，企业可快速进入海外市场；第三，与国际知名品牌合作，能够产生一定的品牌协同效应	注意企业自身的吸引力的增强	直销和经销商相互结合的手段
		品牌战略	第一，提高自身产品的知名度；第二，节省很多成本（品牌推广成本）	需要关注相互之间的利益、关系和品牌之间可能的冲突，必须要有适当的应对举措	利用各种手段传播自身产品的品牌
4	经销店自营品牌		第一，贴近消费者，及时准确地掌握市场信息；第二，企业可获取更多销售渠道；第三，面对的风险较小	会受到贸易保护主义、各种关税和非关税壁垒的影响	利用法律法规维护自身合法的贸易权益
5	海外连锁经营		第一，所需资金小；第二，有利于扩充外围销售，适应当地的消费；第三，可利用口碑树立品牌形象	尽管连锁经营的优势主要是规模效益，然而只注重规模，若管理水平不足，很有可能影响到主营企业	注意品牌质量的维护
6	并购		第一，获取被并购方的资源（人力、物力、资本和品牌等各种资源）；第二，可以迅速地进军国际市场	注意并购之后的品牌选择类型的选择和品牌战略的实施	培养顾客的忠诚度和对品牌的认识度
7	自主品牌		一切都可以自主选择，有很大的自主权	第一，会受金融危机影响；第二，对企业资金要求大；第三，承受的海外风险高；第四，跨文化经营难	注意文化内涵和价值取向的融合

资料来源：本书研究整理。

5.1.3 韩、日、美品牌选择类型的经验分析

不同的国家在发展自身企业的同时所采取的路径或者方式也不相同，本书选取韩国三星集团、日本索尼集团和美国戴尔公司为案例，总结其企业跨国并购之后的品牌发展策略，为中国企业跨国并购之后品牌的发展选择提供一定的借鉴意义。具体见表5.4。

表5.4 韩、日、美三国品牌选择类型比较分析

	日本的索尼	韩国的三星	美国的戴尔
联合类别	产品出口到投资市场，慢慢地进行品牌扩张	由简单到复杂的渐进模式	采取适应性的策略组合进入当地的消费市场，推广自身的品牌
品牌经营	以现有的产品品牌为主，以发展新品牌和发展并购之后的品牌收购为辅	快速创新，保持时刻常怀危机感，将危机转化为创新的动力	从消费者需求角度考虑，把消费者的实际体验放在首位，根据消费者的不同需求，持续地对产品进行改进和创新，强化服务流程，不断提升消费者的整体需求的满意度
品牌形象	精致，细腻，为生活	注重质量和国际品牌的标准	人性化，大众化
核心竞争力	品牌服务和技术创新	核心技术的二次创新和原创新	研究开发和品牌直销
品牌策略	开设专门的销售店铺为主	经销商品牌策略	以消费者的需求为第一位的消品牌策略

资料来源：本书研究整理。

5.1.4 中国企业跨国并购后的品牌选择类型及其比较

在全球一体化和经济全球化的背景下，世界和中国企业所面临的境况都有了很大的变动，尤其是全球价值链的存在使得全球各个企业组成了一个庞

大的供应链网络，中国企业在供应链网络里起到了不可或缺的作用。全球的企业并购使得中国企业逐渐地走出国门，从价值链的低端向高端挺进。因此中国企业跨国并购之后的品牌选择类型是重要的研究主题。

中国企业跨国并购后的品牌选择的三种典型路径分析。

1. 统一的自有品牌国际化——海尔模式

海尔模式作为典型代表，其途径是先在在发达市场打造品牌信誉和形象，然后进军中等发达市场。然而这种路径的弊端是：时间较长且需要大量的资金支持。其模式的路径如图5.2所示，其他典型的案例还有深圳的华为[①]和重庆的力帆[②]。

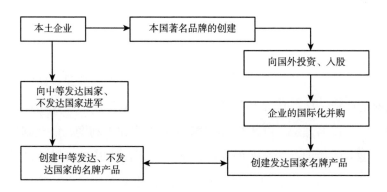

图5.2 "海尔模式"路径

---

2. 并购国际知名品牌——联想模式

国内著名的电脑企业联想公司在 2004 年 12 月收购 IBM 的 PC 业务，从默默无闻的小企业闯入全球 500 强，此举被企业界称为"蛇吞象"式的企业兼并是典型的收购国际知名品牌借船出海的品牌发展模式（见图 5.3）。

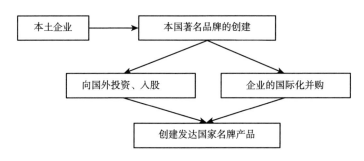

图 5.3 "联想模式"路径

与联想相似，格兰仕没选择海尔和 TCL 的国际化品牌建设路线，选取了自己特有的途径。格兰仕在其品牌国际化建设中不重视国家化生产，相反重视了格兰仕制造的理念。以特有的 OEM 赚取生产加工利润，以此制定了格兰仕是世界著名的加工制造企业的品牌。格兰仕以此为基础慢慢地进军国际市场，并购了很多国际化的加工制造企业，没有建立任何一个品牌，而是建立自有品牌的品牌国际化联合模式。

3. "独自行走"[①] 与"结伴行走"[②]，多品牌进入国际市场——TCL 模式

TCL 集团的区别在于选择在美国、欧盟之外的市场推广"独自行走"的品牌发展策略，推广其自有品牌（见图 5.4）。这种由不发达的国家到发达国家进军的品牌发展战略类似于中国革命的"农村包围城市"策略。其所需时间较长、资金较多，但得到的效果也是最为明显的。并且这种策略进退易可，是典型的品牌国际化发展的路径。

---

① "独自行走"，喻指在国际化过程中实施独立的自有品牌策略。
② "结伴行走"，喻指以合作的方式与其他企业一起进行国际市场的开发和经营。

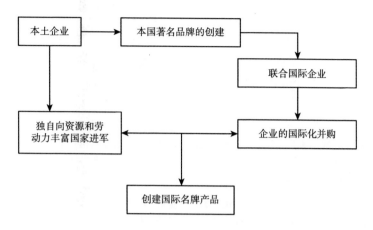

图 5.4　"TCL 模式"路径

在"独自行走"中，一些企业还利用海外连锁经营①的手段在国际化中实现品牌国际化。到目前为止，一大批世界级品牌的成功案例都受益于企业的连锁经营模式。目前，包括羊绒服装领域的鄂尔多斯、中国老字号中医药企业同仁堂等众多国内企业选择连锁经营的模式开拓国际市场。

在"结伴行走"中最重要的就是联盟策略，其中最主要的就是投资战略联盟和销售渠道战略联盟（杨光玉，2013）。

通过对上述三种典型模式的分析，中国企业品牌跨国并购后品牌选择类型的选择需要注意一些事项，如表 5.5 所示。

表 5.5　　中国企业品牌跨国并购后品牌选择类型的注意事项

	名称	意义	目标
1	文化之间的相互包容和融合	加快文化和价值取向的融合，使得自身企业的品牌符合当地消费者的"口味"，可以引起当地消费者的共鸣	加快融合两个企业的文化，吸收两种文化的各自优势，消除两种文化之间的差异，从而不断衍化出"共性文化"

① 海外连锁经营是指品牌企业遵循统一的经营方针，通过自营或者加盟的模式扩张销售门店，实行集中采购和分散销售的规模化经营。

续表

	名称	意义	目标
2	相关人力资本的利用	企业想要发展人力资本是第一要素，因此在关注品牌的同时吸收人力资本是根源	吸收并购方企业的人力资源，尤其是技术性的人才和管理人才
3	时间长，复杂型强	中国企业品牌跨国并购后品牌选择类型的选择不是一蹴而就的，需要树立长期的发展理念和制定长期的战略计划	制定长期的战略计划，转变发展理念，制定危机防范体系
4	本地品牌的本土化策略	及时运用各种资源，逐渐过渡到"东道国企业"，从而自身的竞争优势得到加强，在激烈的竞争脱颖而出	加快从品牌的生产加工国转变成为品牌的价值制定和具有定价权的国家
5	加速企业并购等国际化进程模式的创新	品牌国际化是我国企业参与国际化竞争的重要选择，没有完全可以复制的模式	企业自身资源与战略的不同，其模式的选择也不同
6	长期投资的计划和决策	企业国际并购的"蛇吞象"模式存在很大的风险，基本上被并购方都是企业亏损很严重的企业，因此在实行"蛇吞象"模式的并购时需要充分审视自身企业的实力，全面防控风险的发生	不断获取其被并购企业的品牌还可以获取被并购企业的人力资源、技术资源、创新模式、管理理念等

资料来源：本书研究整理。

5.2 中国企业跨国并购后影响因素与品牌选择类型的关系及其假设

5.2.1 中国企业跨国并购后品牌选择类型的 NK 模型分析

考夫曼（Kauffman，1993）在研究生物系统的演化时提出，自然选择并不是生物演化的唯一驱动力，还取决于生物系统的内部组成要素的相互作用，生物系统的演化是受自然选择与自组织共同作用的影响。为此，他提出了 NK

模型用来分析生物系统的演化过程，以此分析自组织和自然选择在生物系统演化过程中的作用。

1. NK 模型的构成

（1）设计空间（S）。NK 模型用 N 个元素构成的系统来表示复杂系统，A_n 元素 n 的等位基因数量表示。系统 S 用元素的等位基因组成的等位基因串 s_1，s_2，s_3，$\cdots$，s_n 来描述，其中，$s \in S$，$s = s_1$，s_2，s_3，$\cdots$，s_N。N 维概率空间 S 称为系统的"设计空间"设计空间 S 规模大小由下式给定：$S = A_1 \cup A_2$，$\cdots$，A_N。

（2）交互关系（K）。K 表示元素之间相互作用关系的多少，当一个元素的等位基因发生变化时，不仅该元素本身的机能受到不同程度的影响，而且该元素与之有上位关系的元素的机能也将受影响，元素间的上位关系越多，系统越复杂，表型也就越多。

（3）适应度地形。NK 模型中所有组成元素对系统的适应度都有一定的影响（F_i），$F_i = \dfrac{\sum F_i(x_i, x_{i1}, x_{i2}, \cdots, x_{ik})}{N}$，其中 $\{i_1, i_2, \cdots, i_k\} \subset \{1, 2, \cdots, i-1, i+1, \cdots, N\}$。$w_n$ 是该基因的适应度值，整个系统的适应度为所有基因适应度的平均值，即 $W(s) = \dfrac{\sum\limits_{n=1}^{N} w_n(s_n)}{N}$。

2. NK 模型的性质

Kauffman 通过改变 N 和 K 的取值，模拟了大量的 NK 模型，得出了不少重要的结论：

（1）适应度地形山峰的数量随 K 值变化呈指数增长；

（2）复杂系统中最优值的出现是存在的；

（3）局部最优之间的平均相关系数随 K 值的增加而降低；

（4）找到一个适应度值较小的局部最优的概率要小于找到一个适应度较大的局部最优的概率。

3. NK 模型方法的应用

NK 模型作为一种普遍适用的工具应用于复杂系统的研究中，尤其在经济和管理系统中广泛应用。在企业战略研究方面（Levinthal，1997；Gavetti，2000；Rivkin，2000）、生产技术方面（Auerswald，2000；Kauffman，2000；Frenken，2001；Valente，2000）、创新方面（Redical Innovation，2010；Modular Innovation，2010；Arehiteetural Innovation，2012；Incremcntal Innovation，2014）等。

4. 模型的影响变量分析

企业进行跨国并购之后的主要两种品牌发展目的：一方面是促进联合品牌的新产品的认知，提高新产品成功率；另一方面是提升参与品牌的形象，从而增加品牌资产。根据上文我们知道影响企业跨国并购之后的品牌选择类型的因素包括以下三方面：企业自身因素方面（企业制度、企业品牌、企业资源、企业产品和企业核心竞争力）、企业外部环境方面（国际营销环境、国内外需求和国内外竞争）和品牌联盟方面（文化认同、价值取向和政策支持），三者之间相互影响、相互作用。除上述因素之外还有一些变量影响企业不同品牌选择类型与企业绩效之间的关系，本书选取两个调节变量：品牌契合度和制造来源国效应。

5. NK 模型分析框架

中国企业跨国并购后品牌选择的 NK 模型分析框架如下：假设消费者评价品牌的 N 个特征为 $\{a_1, a_2, a_3, \cdots, a_n\}$，这些特征可能包括但不限于以下几种：产品的价格、质量、包装；品牌所属企业的规模、声誉；产品主要使用者的阶层、性别、年龄等。消费者对品牌的整体评价取决于这 N 个特征的取值是 N 维向量的函数，可表示为 $E = E(a_1, a_2, a_3, \cdots, a_n)$，也可以描述为一个 N + 1 维的图形。企业绩效为：

$$E = E(a_1, a_2, a_3, \cdots, a_n) = \frac{\sum_{i=1}^{N} e(a_i, a_{-i})}{N}$$

（1）渐进式的独立培育模式。假设在某个决策期，特征结构为 $\{a_1$, a_2, a_3, $\cdots$, $a_n\}$，选取某个特征 a_j 进行优化 $\{a_1$, a_2, a_3, $\cdots$, a'_j, $\cdots$, $a_n\}$，若

$$E = E(a_1, a_2, a_3, \cdots, a'_j, \cdots, a_n) = \frac{\sum_{i=1}^{N} e'(a_i, a_{-i})}{N} > E$$

$$= E(a_1, a_2, a_3, \cdots, a_n) = \frac{\sum_{i=1}^{N} e(a_i, a_{-i})}{N}$$

则保留 $\{a_1$, a_2, a_3, $\cdots$, a'_j, $\cdots$, $a_n\}$ 作为下一个决策期改进的起点，否则恢复原来的特征结构 $\{a_1$, a_2, a_3, $\cdots$, $a_n\}$，等待下一期改进。

（2）同业品牌联盟和异业品牌联盟提升模式。假设某个决策期品牌的特征结构为 $\{a_1$, a_2, a_3, $\cdots$, a_i, $\cdots$, a_j, $\cdots$, $a_n\}$，特征结构为 $\{b_1$, b_2, b_3, $\cdots$, b_i, $\cdots$, b_j, $\cdots$, $b_n\}$，新的特征结构为 $\{a_1$, a_2, a_3, $\cdots$, b_i, $\cdots$, b_j, $\cdots$, $a_n\}$，若 $E = E(a_1$, a_2, a_3, $\cdots$, b_i, $\cdots$, b_j, $\cdots$, $a_n) > E = E(a_1$, a_2, a_3, $\cdots$, a_i, $\cdots$, a_j, $\cdots$, $a_n)$，品牌采用新的特征结构 $\{a_1$, a_2, a_3, $\cdots$, b_i, $\cdots$, b_j, $\cdots$, $a_n\}$ 作为下一期改进的起点，否则恢复原来的特征结构 $\{a_1$, a_2, a_3, $\cdots$, a_i, $\cdots$, a_j, $\cdots$, $a_n\}$，等待下一期改进。

综上所述，本书依据企业跨国并购的影响因素和 NK 模型提出我国企业跨国并购后企业品牌的三种品牌选择类型：选择 1，并购方品牌；选择 2，被并购方品牌；选择 3，新创建品牌。

5.2.2 中国企业跨国并购后品牌选择的相关性分析

为了进一步分析各个因素对各条联合类别的相关性，换言之，何种条件决定选择发展何条路径，我们依据统计数据对其进行相关性分析。本书选取 Pearson 相关系数的双侧（two-tailed）检验方法，其检验结果如下表所示。统

计数据来源于我们在 2014 年 5～9 月，采用方便抽样的方法在北京、上海、广州、深圳、天津五个城市发出 2000 份问卷，回收 1886 份，其中有效的问卷 1769 份，有效问卷占比 76.13%。样本中企业员工占 37%，企业中层及以上领导占 55%，消费者占 8%。男性占比 46.53%，女性占比 53.47%，18 岁以下的人群占比 6%，18～30 岁人群占比 40%，31～40 岁人群占比 32%，41～50 岁人群占比 13%，51 岁以上人群占比 9%。第一类因子为产品生产因素，包括企业制度因素（a1）、企业的生产和经营资源因素（a2）、企业产品因素（a3）、企业核心竞争力因素（a4）；第二类因子为市场因素，包括产品品牌营销环境（b1）、产品品牌的市场需求状况（b2）、产品市场品牌的竞争程度（b3）；第三类因子为文化价值因素，包括民族主义（c1）、文化差异（c2）和价值多元化因素（c3），企业绩效（d1）。类别变量为：类别 1，发展企业并购前的品牌（c1）；类别 2，发展被并购后企业的品牌（c2）；类别 3，发展新的产品品牌（c3）。

　　我们在不同的品牌选择类型下研究各个因素之间的相关关系，尤其是其对企业绩效的相关关系。这样可以明确得出在不同的因素组合下，企业在跨国并购之后品牌选择哪一条联合类别最企业绩效最有利，即企业可以根据自身所有的因素的丰富程度选取最理想的企业品牌选择类型。

　　根据表 5.6～表 5.8 我们可以得出，在不同的类别变量下，即不同的联合类别下，各个因素之间的相互影响关系，并且可以明确地得出各个因素与企业绩效的相关关系。当品牌发展也是为了企业绩效的提升时，我们可以根据各个因素与企业绩效的相关关系得出，当企业可以计算出自身因素的丰富程度时选取何种路径进行品牌发展，并且这种选择是唯一的。

表 5.6　　　　　　　　　　　类别变量 1 下 Pearson 相关系数分析

		a1	a2	a3	a4	b1	b2	b3	c1	c2	c3
b1	pc	0.35	0.91**	0.68*	0.62*						
	sig	0.02	0.04	0.65	0.31						
b2	pc	0.51	0.62*	0.63*	0.35						
	sig	0.00	0.11	0.01	0.00						

续表

		a1	a2	a3	a4	b1	b2	b3	c1	c2	c3
b3	pc	0.65 *	0.66 *	0.81 *	0.69 *						
	sig	0.46	0.84	0.80	0.03						
c1	pc	0.63 *	0.51	0.93 **	0.35	0.88 **	0.88 **	0.78 *			
	sig	0.04	0.00	0.00	0.05	0.00	0.00	0.00			
c2	pc	0.62 *	0.35	0.92 **	0.23	0.65 *	0.89 **	0.73 *			
	sig	0.12	0.00	0.00	0.11	0.00	0.00	0.00			
c3	pc	0.86 **	0.55	0.45	0.91 **	0.93 **	0.56	0.87 **			
	sig	0.24	0.26	0.30	0.91	0.59	0.41	0.42			
d1	pc	0.66 *	0.65 *	0.68 *	0.67 *	0.60 *	0.68 *	0.63 *	0.90 **	0.88 *	0.89 *
	sig	0.46	0.84	0.80	0.03	0.57	0.79	0.74	0.00	0.01	0.00

注: pc 为 Pearson 相关系数, sig 为双侧 (two-tailed) 检验系数, * 为在 0.05 水平下显著, ** 为在 0.01 水平下显著。

表 5.7　　　　　　　　　类别变量 2 下 Pearson 相关系数分析

		a1	a2	a3	a4	b1	b2	b3	c1	c2	c3
b1	pc	0.18	0.68 *	0.73 *	0.76 *						
	sig	0.13	0.00	0.00	0.09						
b2	pc	0.17	0.76 *	0.71 *	0.39						
	sig	0.00	0.00	0.13	0.00						
b3	pc	0.89 **	0.93 **	0.67 *	0.95 **						
	sig	0.35	0.01	0.12	0.00						
c1	pc	0.96 **	0.21	0.68 *	0.01	0.63 *	0.63 *	0.68 *			
	sig	0.68	0.02	0.04	0.65	0.01	0.13	0.04			
c2	pc	0.82 *	0.50	0.81 *	0.23	0.75 *	0.60 *	0.67 *			
	sig	0.17	0.01	0.03	0.17	0.00	0.04	0.02			
c3	pc	0.94 **	0.76 *	0.80 *	0.82 *	0.63 *	0.58	0.72 *			
	sig	0.23	0.00	0.00	0.12	0.01	0.00	0.00			
d1	pc	0.78 *	0.74 *	0.86 **	0.82 *	0.85 **	0.81 *	0.76 *	0.90 **	0.92 **	0.90 **
	sig	0.06	0.06	0.01	0.01	0.40	0.00	0.01	0.00	0.03	0.00

注: pc 为 Pearson 相关系数, sig 为双侧 (two-tailed) 检验系数, * 为在 0.05 水平下显著, ** 为在 0.01 水平下显著。

表 5.8 类别变量 3 下 Pearson 相关系数分析

		a1	a2	a3	a4	b1	b2	b3	c1	c2	c3
b1	pc	0.47	0.76*	0.95**	0.96**						
	sig	0.43	0.01	0.01	0.77						
b2	pc	0.36	0.94**	0.89**	0.36						
	sig	0.11	0.00	0.16	0.00						
b3	pc	0.81*	0.83*	0.88**	0.82*						
	sig	0.00	0.12	0.00	0.01						
c1	pc	0.78*	0.21	0.81*	0.07	0.80*	0.83*	0.86			
	sig	0.25	0.00	0.00	0.07	0.01	0.00	0.00			
c2	pc	0.76*	0.47	0.67*	0.53	0.92**	0.80*	0.92**			
	sig	0.28	0.00	0.00	0.14	0.00	0.00	0.00			
c3	pc	0.65*	0.97**	0.91**	0.65*	0.83*	0.45	0.33			
	sig	0.06	0.00	0.00	0.11	0.03	0.00	0.00			
d1	pc	0.92**	0.94**	0.82*	0.87**	0.84*	0.93*	0.94*	0.91**	0.88**	0.89**
	sig	0.31	0.00	0.00	0.12	0.00	0.00	0.00	0.02	0.02	0.00

注：pc 为 Pearson 相关系数，sig 为双侧（two-tailed）检验系数，* 为在 0.05 水平下显著，** 为在 0.01 水平下显著。

可以根据 Pearson 系数将各个因素对企业绩效的相关系数和各个因素之间的其相关性系数进行排序，由高到低，高的称为强相关性，中的称为中强相关性，低的称为弱相关性，相关性越强表明其发展此条路径需要更加关注这种因素，换句话说即此种因素越多其越容易发展此类品牌选择类型。其关系如表 5.9 所示。

表 5.9 品牌选择类型与相关因素之间的关系

因素 品牌选择类型	企业内在因素				外部市场因素			文化价值因素		
	a1	a2	a3	a4	b1	b2	b3	c1	c2	c3
选择 1	较差	较差	较差	较差	丰富	较差	丰富	较差	较差	丰富
选择 2	适中	较差	适中	适中	较差	适中	适中	适中	丰富	较差
选择 3	丰富	适中	丰富	丰富	适中	丰富	较差	丰富	适中	适中

资料来源：本书研究整理。

可以看出，企业跨国并购后的品牌国际化三个品牌选择类型各有其各自的要求，要想保留原来的企业销售业绩，最好的方法是发展自己原有的品牌，在外界资源、销售环境和政策比较支持的时候可以根据其实际情况发展并购的企业的品牌，或者是发展新的产品品牌。

5.2.3　中国企业跨国并购后品牌选择类型的假设

根据第4章分析可得，影响中国企业跨国并购后品牌选择类型的因素主要有十个：企业制度因素、企业的生产和经营资源因素、企业产品因素、企业核心竞争力因素、产品品牌营销环境、产品品牌的市场需求状况、产品市场品牌的竞争程度、民族主义、文化差异和价值多元化因素。这些因素可以分成三类影响因子：第一类因子为产品生产因素，包括企业制度因素、企业的生产和经营资源因素、企业产品因素、企业核心竞争力因素；第二类因子为市场因素，包括产品品牌营销环境、产品品牌的市场需求状况、产品市场品牌的竞争程度；第三类因子为文化价值因素，包括民族主义、文化差异和价值多元化因素。各个因素对企业跨国并购后品牌选择类型都是至关重要的。根据上节三类典型的品牌选择类型和第四章所述因素对企业品牌国际化的影响机制，本书提出各个因素对联合类别的主要研究假设和研究模型。

影响因素与品牌选择类型的研究模型如图5.5所示。

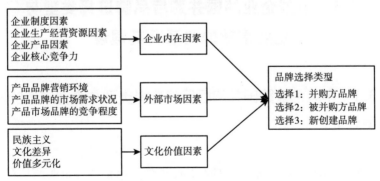

图5.5　企业内在因素、外部市场因素和文化价值因素与

品牌选择类型之间的相互影响关系

综上可见，企业内在因素、外部市场因素和文化价值因素对品牌选择类型相互影响。因此结合不同企业的实际情况，其品牌选择类型也不同，其基本假设如下：

H1 企业内在因素对品牌选择类型是有正向影响的。当并购企业在制度具有支持政策、企业拥有较多的生产和经营资源并且企业核心竞争力较强时，并购企业更倾向于选择1，即选择发展企业国际化并购之前选择的品牌类型；当被并购企业产品生产因素较优，则选择发展企业国际化并购之后的品牌；当二者皆不理想时，企业将选择结合企业并购前的品牌，创建新品牌。

H2 外部市场因素对品牌选择类型是有正向影响的。并购企业拥有有利的市场条件（产品品牌营销环境、产品品牌的市场需求状况、产品市场品牌的竞争程度）将会促使其选择发展企业国际化并购之前选择的品牌类别。若被并购企业的市场条件更佳，并购企业将会选择发展企业国际化并购之后的品牌；若二者皆不理想，则会选择3，即结合企业并购前的品牌，创建新品牌。

H3 文化价值因素对品牌选择类型是有正向影响的。当并购企业所在国与被并购企业所在国存在较大的文化价值差异时，并购企业更倾向于选择发展企业国际化并购之后的品牌，这是因为被并购企业原有品牌更易于被当地市场接受。

5.3 中国企业跨国并购后品牌选择类型与企业绩效的关系及其假设

5.3.1 中国企业跨国并购后品牌选择类型与企业绩效的 Hotelling 模型分析

豪泰林（1929）首次提出了 Hotelling 模型，用来解决企业产品存在差异条件下的价格竞争问题，为解开"伯川德悖论"提供了可行办法。此后，很多学者把 Hotelling 模型中的产品差异扩展到产品品牌差异，用来分析同类产品中存在品牌差异的情况下企业的价格竞争问题，以此来分析其对企业绩效的影响。自从 20 世纪 50 年代 Hotelling 模型得到了很多应用。克伦佩雷尔（Klemperer，1987）运用 Hotelling 两期博弈模型，分析消费者对品牌选择的转移成本；布洛赫（Bloch & Manceau，1999）将广告投资纳入 Hotelling 模型；马里诺斯和加西亚（Marinoso & Garcia，2001）利用 Hotelling 模型分析，得出成本竞争的结果是生产者最终生产兼容的品牌产品；哈特（Harter，2004）通过 Hotelling 模型研究得出产品的差异程度受品牌忠诚度的影响。国内很多学者也运用 Hotelling 模型做出了很多研究。蒋传海和夏大慰（2006）在 Klemperer 研究的基础上，分析了企业价格竞争和策略性行为在转移成本和产品品牌差异存在条件下的情况；刘志忠、张超和王耀中（2008）利用一期动态博弈 Hotelling 模型，引入 3 个差异品牌产品，分析跨国公司并购企业后的品牌选择类型；刁新军、杨德礼和任雅威（2013）引入纵向差异研究不同质量和转移成本的 2 个垄断厂商的品牌营销的竞争策略。

本书在 NK 模型的基础之上为了分析品牌选择类型和企业绩效之间的相关关系，因此，引入 Hotelling 模型。并且本书从两个方面对 Hotelling 模型作了扩展：第一，在不同的企业可以先后定价的假设条件下，用动态博弈替换 Hotelling 模型中的静态博弈；第二，品牌差异通过 Hotelling 模型中产品的空间位置差异来表示，并引入多品牌经营的维护成本，讨论一个只拥有单一品牌产品的企业与另一个拥有两种差异品牌产品的企业进行价格竞争的问题。

假定东道国市场上有 A、B 两企业，分别销售 A、B 两种不同品牌的同类产品，并且这两种产品除了存在品牌差异之外，是完全同质的。在这里的空间来表示这两个产品之间的品牌地位的差异，假设一个长度为 1 的市场，其所有的线性城市消费者均匀地分布在 [0，1] 区间里，分布密度为 1，两种品牌产品则分别位于城市的两端，A 品牌产品在 X = 0，B 品牌产品在 X = 1。单位产品的边际成本为零的企业，消费者在购买产品和旅行费用的比例从品牌产品的距离，每单位距离的成本为固定值 t。消费者认为两类产品的有效性的初步评价是 S，而且 S 足够大，以确保每一位消费者可以从该公司的产品之一买 1 个单位。

与斯坦克尔伯格（Stackelberg）寡头竞争类似，假定 A 企业可以先决定价格 p_A，而 B 企业在观测到 p_A 后，才选择自己的价格 p_B。令 A、B 两种品牌产品的需求函数用 D_A，D_B 来表示，如果对于 X 的消费者来说两种品牌产品都是无差异的，即 $S - P_A - tX = S - P_B - t(1 - X)$。那么，所有住在 X 左边的都将购买 A 品牌产品，而住在 X 右边的将购买 B 品牌产品，需求分别为：

$$D_A = X \qquad D_B = 1 - X$$

利润函数分别为：

$$\pi_A = \frac{P_A(P_B - P_A + t)}{2t} \qquad \pi_B = \frac{P_B(P_A - P_B + t)}{2t}$$

考虑给定 p_A 的情况下企业 B 的最优选择为：

$$\frac{\partial \pi_B}{\partial P_B} = 0 \qquad P_B = \frac{P_A + 1}{2}$$

在企业 A 预测到企业 B 的条件下将根据 p_A 选择 p_B，当把 p_B 代入 p_A 时，企业 A 的利润函数变可表示为：

$$\pi_A = \frac{P_A(3t - P_A)}{4t}$$

企业 A 的定价及最大化利润则变为：

$$P_A = \frac{3t}{2} \qquad \pi_A \frac{9t}{16}$$

并购后跨国公司的品牌策略。假设在某个时刻，一个销售同类产品，但不同品牌的跨国公司 A 的商业模式进入主机市场。由于产品品牌差异可以用来表示在空间位置的差异，所以，根据 A、B 品牌产品和差的程度，D 品牌产品位于线性城市 [0，1] 区间的 X_1（$0 < X_1 < 1$）位置。这样，跨国公司 F 就拥有了 A、D 两个不同品牌，它因此可以任意选择 A 品牌或 D 品牌经营的模式中的一种，还可以选择 A、D 两种品牌联合经营模式，但是后者需要花费维护成本为 C。同时，在 A 公司并购的跨国企业认为可以先确定价格后，B 企

业在观测到跨国公司的定价才选择自己的价格。

第一，A 品牌经营下跨国公司的均衡利润。当跨国公司 F 选择只销售 A 品牌产品时，令 π_F 表示跨国公司的均衡利润，跨国公司 F 与 B 企业之间价格竞争的纳什均衡，和基本模型中 A、B 两企业进行竞争的结果相同：

$$P_A^0 = \frac{3t}{2} \qquad \pi_F^0 = \frac{9t}{16}$$

第二，D 品牌经营下跨国公司的均衡利润。当跨国公司 F 选择只销售 D 品牌产品时，令 PD 表示 D 品牌产品的定价，D_D 表示 D 品牌产品的需求函数。如果在 [X_1，1] 区间内，所有消费者都购买 B 品牌产品，即 S - PD [S - t $(1 - X_1)$ - PB，那么，对于在 [0，X_1] 区间任意一位置 X_{11} 的消费者而言，其购买 D 品牌产品的效用都将不大于购买 B 品牌产品的效用，即 S - t(X_1 - X_{11}) - $P_D \leqslant$ S - t($1 - X_{11}$) - P_B。这意味着在 [0，1] 区间的所有消费者都将购买 B 品牌产品，跨国公司的 D 品牌产品没有任何需求，利润也为零。

因此，为了达到利润最大化，跨国公司必须使 D 品牌产品在 [X_1，1] 区间需求量大于 0。这时，在 [X_1，1] 区间内，假设两种品牌产品对于住 X_{12}($X_1 < X_{12} < 1$) 处的消费者是无差异的，即 S - t(X_{12} - X_1) - P_D = S - t($1 - X_{12}$) - P_B，那么，所有在 X_{12} 左边的都将购买 D 品牌产品，而在 X_{12} 右边的将购买 B 品牌产品。而对于在 [0，X_1] 区间内任意一位置 X_{13} 的消费者，因为购买 D 品牌产品的效用大于购买 B 品牌产品的效用，即 S - t(X_1 - X_{13}) - P_D > S - t($1 - X_{13}$) - P_B，因此他们都将购买 D 品牌产品。先考虑给定 P_D 的情况下，B 企业的两种选择：

第一种，在 [X_1，1] 区间内达到利润最大化。这时，B 品牌产品的需求函数为：

$$D_B = 1 - X_{12} = \frac{P_D - P_B - tX_1 + t}{2t}$$

B 企业的利润函数为：

$$\pi_B = \frac{P_B(P_D - P_B - tX_1 + t)}{2t}$$

解得 B 企业的定价及最大化利润为：

$$P_B^1 = \frac{P_D - tX_1 + t}{2} \qquad \pi_B^1 = \frac{(P_D - tX_1 + t)^2}{8t}$$

第二种，将价格 P_B 降低到使 $[X_1, 1]$ 区间内的所有消费者都购买 B 品牌产品，从而占领整个市场，达到利润最大化。这时，B 企业面临的需求为 1，且它至少要使住在 X_1 处的消费者购买 B 品牌产品的效用等于购买 D 品牌产品的效用，即：

$$S - P_D = S - t(1 - X_1) - P_B$$

这可解得 B 企业的定价及最大化利润为：

$$P_B^2 = P_D - tX_1 + t \qquad \pi_B^2 = P_D - tX_1 + t$$

再考虑跨国公司 F 的利润最大化。由于企业 B 的两种选择被预测到，跨国公司 F 为了保证 D 品牌产品在 $[X_1, 1]$ 区间内需求量大于零，就必须使 B 企业选择第一种利润方案，$\pi_B^1 \geq \pi_B^2$。得出：

$$P_D \leq tX_1 + 3t - 4t\sqrt{X_1}$$

D 品牌产品的需求函数为：

$$D_D = X_{12} = \frac{P_D(P_B - P_D + tX_1 + t)}{2t}$$

跨国公司 F 的利润函数为：

$$\pi_F = \frac{P_D(P_B - P_D + tX_1 + t)}{2t}$$

将 B 企业选择的价格 P_B^1 代入利润函数得：

$$\pi_F = \frac{P_D(-P_D + tX_1 + 3t)}{4t}$$

在 $P_D \leq tX_1 + 3t - 4t\sqrt{X_1}$ 式的约束条件下，可解得 $\pi_F = \frac{P_D(-P_D + tX_1 + 3t)}{4t}$

中跨国公司利润函数 PF 的最大值为:

当 $0 \leqslant X_1 \leqslant 29 - 8\sqrt{13}$ 时, $P_D^1 = \dfrac{tX_1 + 3t}{2}$; $\pi_F^1 = \dfrac{t(X_1 + 3)^2}{16}$;

当 $29 - 8\sqrt{13} \leqslant X_1 \leqslant 1$ 时, $P_D^2 = tX_1 + 3t - 4t\sqrt{X_1}$; $\pi_F^2 = tX_1\sqrt{X_1} + 3t\sqrt{X_1} - 4tX_1$。

且将 P_D^1 与 P_D^2 分别代入式子 $X_{12} = \dfrac{P_B - P_D + tX_1 + t}{2t}$, 都可得 $X_1 < X_{12} < 1$ 成立。

第三, A、D 品牌联合经营下跨国公司的均衡利润。当选择同时销售 A、D 两种品牌产品时, 跨国公司 F 维护多品牌经营需要花费成本为 C。同样, 如果在 [X_1, 1] 区间内, 所有消费者都购买 B 品牌产品, 那么, 对于在 [0, X_1] 区间的任意消费者而言, 其购买 D 品牌产品的效用都不大于购买 B 品牌产品的效用。这意味着在 [0, 1] 区间内, 所有消费者都不会购买 D 品牌产品, 跨国公司只销售单一的 A 品牌产品。因此, 跨国公司为了实现多品牌经营, 必须保证 D 品牌产品在 [X_1, 1] 区间内有大于零的需求量。这时, 在 [X_1, 1] 区间内, 如果 D、B 两种品牌产品对于 X_{14}($X_1 < X_{14} < 1$)处的消费者都是无差异的, 也就是 $S - t(X_{14} - X_1) - P_D = S - t(1 - X_{14}) - P_B$, 那么, 所有在 X_{14} 左边的都将购买 D 品牌产品, 而在 X_{14} 右边的将购买 B 品牌产品。先考虑给定 PA 和 PD 时, B 企业的两种选择:

第一种, 在 [X_1, 1] 区间内达到利润最大化。和单一 D 品牌经营下的情况一样, B 企业的定价及最大化利润为: $P_B^3 = \dfrac{P_D - tX_1 + t}{2}$; $\pi_B^3 = \dfrac{(P_D - tX_1 + t)^2}{8t}$。

第二种, 将价格 PB 降低到至少使 [X_1, 1] 区间内所有的消费者都购买 B 品牌产品, 即 $S - t(1 - X_1) - P_B \geqslant S - P_D$, 然后与 A 品牌产品进行价格竞争, 在 [0, X_1] 区间内达到利润最大化。解得:

$$P_D - t(1 - X_1) \geqslant P_B$$

如果 A、B 两种品牌产品对于 $X_{15}(0 < X_{15} < X_1)$ 处的消费者都是无差异的，即 $S - t(1 - X_{15}) - P_B \geqslant S - tX_{15} - P_A$，那么，所有在 X_{15} 左边的都将购买 A 品牌产品，而处在 X_{15} 右边的将购买 B 品牌产品，B 品牌产品的需求函数为：

$$D_B = \frac{P_A - P_B + t}{2t}$$

B 企业的利润函数为：

$$\pi_B = \frac{P_B(P_A - P_B + t)}{2t}$$

在 $P_D - t(1 - X_1) \geqslant P_B$ 式的约束条件下，可解得 $\pi_B = \frac{P_B(P_A - P_B + t)}{2t}$ 中 B 企业利润函数 P_B 的最大值为：

当 $P_D - t(1 - X_1) \leqslant \frac{P_A + t}{2}$ 时，$P_B^4 = P_D + tX_1 - t$；π_B^4

$$= \frac{(P_A - P_D - tX_1 + 2t)(P_D - tX_1 + t)}{2t}。$$

当 $P_D - t(1 - X_1) \geqslant \frac{P_A + t}{2}$ 时，$P_B^4 = P_D + tX_1 - t$；π_B^4

$$= \frac{(P_A - P_D - tX_1 + 2t)(P_D - tX_1 + t)}{2t}。$$

跨国公司 F 的利润最大化。由于企业 B 的两种选择已经被预测到，跨国公司 F 为了保证 D 品牌产品在 $[X_1, 1]$ 区间内有大于零的需求量，就必须使 B 企业选择第一种利润方案，也就是要使 B 企业第一种选择的利润大于或等于第二种选择的利润。

当 $P_D - t(1 - X_1) \leqslant \frac{P_A + t}{2}$ 时：

$$P_A = \frac{5P_D + 5t^2X_1^2 + 9t^2 + 6P_DtX_1 - 14t^2X_1 - 10P_Dt}{2t} \qquad \pi_B^3 \geqslant \pi_B^4$$

当 $P_D - t(1 - X_1) \geqslant \dfrac{P_A + t}{2}$ 时；

$$P_A = P_D - tX_1 \qquad \pi_B^3 \geqslant \pi_B^5$$

D 品牌产品在 $[X_1, 1]$ 区间内的需求函数为：

$$D_D^1 = \frac{P_B - P_D - tX_1 + t}{2t}$$

将 B 企业的定价 P_B 代入需求函数得：

$$D_D^1 = \frac{-P_D - 3tX_1 + 3t}{4t}$$

跨国公司的 D 品牌产品在 $[X_1, 1]$ 区间的利润函数为：

$$\pi_D^1 = P_D \frac{(-P_D - 3tX_1 + 3t)}{4t}$$

在 $[0, X_1]$ 区间内，如果 A、D 两种品牌产品对于处 $X_{16}(0 < X_{16} < X_1)$ 于的消费者都是无差异的，即 $S - tX_{16} - P_A = S - t(X_1 - X_{15}) - P_D$，那么，所有在 X_{16} 左边的都将购买 A 品牌产品，而在 X16 右边的将购买 D 欠牌产品，A、D 两种品牌产品的需求分别为：

$$D_A = \frac{P_D - P_A + tX_1}{2t}$$

$$D_D^2 = \frac{P_A - P_D + tX_1}{2t}$$

利润函数分别为：

$$\pi_A = P_D \frac{(-P_A + P_D + tX_1)}{2t}$$

$$\pi_D^2 = P_D \frac{(P_A - P_D + tX_1)}{2t}$$

跨国公司 F 的总利润函数为：

$$\pi_F = \pi_D^2 + \pi_D^2 + \pi_A - C$$

在 $P_A = \dfrac{5P_D + 5t^2X_1{}^2 + 9t^2 + 6P_DtX_1 - 14t^2X_1 - 10P_Dt}{2t}$、$P_A = P_D - tX_1$ 式的约束条件下，可解得 $\pi_F = \pi_D^2 + \pi_D^2 + \pi_A - C$ 式中跨国公司 F 的利润函数 π_F 的最大值为：

当 $0 \le X_1 \le 29 - 8\sqrt{13}$ 时，$\pi_F^3 = \dfrac{3359X_1{}^4 - 6030X_1{}^2 + 4956X_1{}^3 + 3852X_1 + 1287t}{4608X_1{}^2 + 3027X_1 + 512}$；

当 $29 - 8\sqrt{13} \le X_1 \le 1$ 时，$\pi_F^3 = \dfrac{24t\sqrt{X_1} + tX_1{}^2 - 32tX_1 + 8tX_1\sqrt{X_1}}{8}$。

且 P_D^3，P_A^3，P_A^4，P_D^4 分别都使 $X_1 < X_{14} < 1$，$0 < X_{16} < X_1$ 成立。

第四，跨国公司的品牌策略。经过前面分析基础，跨国公司 F 将从三种品牌经营模式中选择能实现其利润最大化的一种。

当多品牌经营的维护成本 C 很低时，跨国公司 F 的品牌策略为：

当 $0 < X_1 \le 0.413$ 时，$\pi_F^0 \le \pi_F^3$；$\pi_F^1 \le \pi_F^3$；$\pi_F^0 \le \pi_F^4$；$\pi_F^2 \le \pi_F^4$，跨国公司选择联合经营 A、D 两种品牌；

当 $0.413 < X_1 \le 1$ 时，$\pi_F^1 \le \pi_F^3 \le \pi_F^0$；$\pi_F^2 \le \pi_F^4 \le \pi_F^0$，跨国公司选择经营单一 A 品牌。

当多品牌经营的维护成本 C 很高时，跨国公司 F 的品牌策略为：

当 $0 < X_1 \le 0.382$ 时，$\pi_F^1 \ge \pi_F^0$；$\pi_F^1 \ge \pi_F^3$；$\pi_F^0 \le \pi_F^2$；$\pi_F^4 \le \pi_F^2$，跨国公司选择经营单一 D 品牌；

当 $0.382 < X_1 \le 1$ 时，$\pi_F^3 \le \pi_F^1 \le \pi_F^0$；$\pi_F^4 \le \pi_F^2 \le \pi_F^0$，跨国公司选择经营单一 A 品牌。

5.3.2 中国企业跨国并购后品牌选择类型与企业绩效的假设

以上 Hotelling 模型的分析表明，在不同条件下，收购东道国的跨国公司后，企业品牌发展有不同的策略。如果差异程度较小，与东道国的自主品牌跨国品牌的差异，更大程度在于与企业主的品牌竞争力，维护成本和多品牌经营是影响较小，跨国公司的收购将选择自己的品牌；当跨国公司的自有品牌与东道国品牌的差异程度较小，更大的差异在于与东道国竞争企业的品牌，多品牌经营需要很高的维护成本时，跨国公司并购后将选择单独经营自有品牌；当跨国公司的自有品牌与东道国品牌的差异程度较大，与东道国竞争企业的品牌差异程度较小时，跨国公司并购后将单独经营东道国品牌。在任何情况下，企业首先需要根据自身发展的因素来选择合适的品牌发展战略，从而推动品牌发展战略来提升经营业绩。因此，提出本书的品牌选择类型和企业绩效之间的假设为：

H4 品牌选择类型对企业绩效是有影响的。选择恰当的品牌类型将会提高企业绩效；反之，亦然。

5.4　本章总结与理论模型

5.4.1　本章总结

首先，本章总结了国际上进行企业跨国并购的主要方式，进一步对于中国企业跨国并购后品牌选择类型进行研究，总结中国企业跨国并购的路径和典型案例分析，总结提出中国企业跨国并购后品牌选择类型；其次，在此基础之上运用 NK 模型和相关性分析对品牌影响因素和品牌选择类型之间的相关关系进行分析；最后，研究品牌选择类型对企业绩效的影响。

其基本结论如下：

第一，中国企业跨国并购后品牌选择类型主要有如下三类：选择 1，并购方品牌；选择 2，被并购方品牌；选择 3，新创建品牌。

第二，中国企业跨国并购后品牌发展的影响因素与品牌选择类型的关系。企业内在因素、外部市场因素和文化价值因素对企业跨国并购后品牌选择类型有直接的影响作用，不同企业根据自身实际情况恰当选择品牌发展战略。

第三，品牌选择类型对企业绩效的作用关系。品牌选择类型对企业绩效有直接的影响作用，在不同的品牌选择类型下，企业内在因素、外部市场因素和文化价值因素对企业绩效有不同的影响作用，作用的程度大小亦不同。

5.4.2　本章研究模型与假设

1. 本章研究模型

本书的研究主要分为两个层次：第一，研究影响中国企业跨国并购后品牌发展的主要因素对品牌选择类型的影响作用；第二，品牌选择类型对企业绩效的作用关系。其模型如图 5.6 所示。

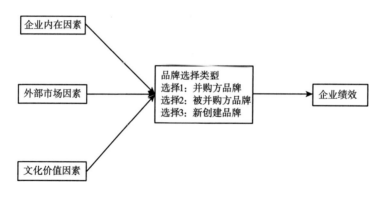

图 5.6　本章研究模型

2. 本章假设

本章主要的假设如下：

H1 企业内在因素对品牌选择类型是有正向影响的。当并购企业产品生产因素较优时，并购企业更倾向于选择发展企业国际化并购之前选择的品牌类别；当被并购企业产品生产因素较优时，则选择发展企业国际化并购之后的品牌；当二者皆不理想时，企业将选择结合企业并购前的品牌，创建新品牌。

H2 外部市场因素对品牌选择类型是有正向影响的。并购企业拥有有利的市场条件将会促使其选择发展企业国际化并购之前选择的品牌类别；若被并购企业的市场条件更佳，并购企业将会选择发展企业国际化并购之后的品牌；若二者皆不理想，则会选择 3，即结合企业并购前的品牌，创建新品牌。

H3 文化价值因素对品牌选择类型是有正向影响的。当并购企业所在国与被并购企业所在国存在较大的文化价值差异时，并购企业更倾向于选择发展企业国际化并购之后的品牌。这是因为被并购企业原有品牌更易于被当地市场接受。

H4 品牌选择类型对企业绩效是有影响的。选择恰当的品牌发展战略将会提高企业绩效；反之亦然。

第 6 章　影响因素、品牌选择类型和
企业绩效互动机制的实证研究

6.1　企业跨国并购影响因素对品牌选择
类型作用的实证分析

6.1.1　模型选择

1. 模型的选择——多分类逻辑回归模型

Logistic 回归模型，是为了对两分类的因变量进行回归分析而产生的，要求概率的取值在 0 – 1 之间，而一般的回归方程的应变量要求必须在实数集中，0 – 1 范围之外的不符合实际的情况会出现，因此，有人提出将概率进行 Logit 变换，可以满足取值区间为实数集的要求，其结果也会符合实际情况，因此得到了广泛应用的 Logistic 回归。后来，又出现了多分类 Logistic 模型、配对 Logistic 模型和随机效应的 Logistic 模型等。

由于数据的正态分布不是多元逻辑回归的限制条件，因而其参数估计要比多元判别分析更加可靠。在许多研究中运用多元逻辑回归方法时，没有很好地解决自变量的多重共线性问题，但是这并不说明 Lostic 回归本身有缺陷，该方法目前仍然广泛应用于判别、分析和研究领域。

多元逻辑回归模型的假设条件明显少于判别分析法，特别是没有关于分布类型、协方差阵等方面的限制。不过，许多研究虽然运用了多元逻辑回归，

却时常不去检验多重共线性对模型自变量的影响。Logistic 回归模型和一般多元回归方法一样，变量的多元共线性检测是无法躲避的。当因变量之间的相关性很高时，模型估计的方差将会明显增加；此外，系数对样本和模型设置要求非常高，模型设置的微小变动都会导致系数估计的剧烈变化。当模型引入过多自变量时，很容易出现部分变量之间存在明显的相关性，如果不对数据进行适当处理，将导致严重的多重共线性进而影响整个模型的可靠性。不过，国内外很多相关研究都忽略了这个问题，由此得出的判别模型，其稳定性和准确性都有待深究。

一般情况下，Logistic 回归的因变量只有两种取值（即二分类），而当其取值在两种以上时，就必须使用多分类 Logistic 回归分析（Multinomial Logistic Regression）。因变量 y 的取值可为 0，1，2，…（这里的数值可分为有序和无序的数量关系），X 表示一个解释变量群（协变量），假设 =3，则三类结果中的 Logistic 回归模型可表示为：

$$\text{logit} P_{1/0} = \ln\left[\frac{P(Y=1 \mid X)}{P(Y=0 \mid X)}\right] = a_1 + \beta_{11} + \cdots + \beta_{1k}X_k$$

$$\text{logit} P_{2/0} = \ln\left[\frac{P(Y=2 \mid X)}{P(Y=0 \mid X)}\right] = a_2 + \beta_{21} + \cdots + \beta_{1k}X_k$$

第一个 logit 函数表示第 1 类与第 0 类的比值，第二个表示第 2 类与第 0 类的比值。当改变一个单位时，第 1 类与第 2 类的 logit 比值可用上述两模型之差得到，即 $\log it\, P_{1/2} = g_1(X) - g_2(X)$，可见当结果为 3 分量时，总共有 3 种情况，总概率为 1，即 $P[0 \mid X] + P[1 \mid X] + P[2 \mid X] = 1$。可分别求出其条件概率为：

$$P_0 = P[0 \mid X] = \frac{1}{1 + e^{x_1(x)} + e^{x_2(x)}}$$

$$P_1 = P[1 \mid X] = \frac{e^{x_1(x)}}{1 + e^{x_1(x)} + e^{x_2(x)}}$$

$$P_2 = P[2 \mid X] = \frac{e^{x_2(x)}}{1 + e^{x_1(x)} + e^{x_2(x)}}$$

对于第 0 类型，第 1 类的相对概率为 $\frac{P(Y=1)}{P(Y=0)} = g_1(x)$。这样的幂指数值是协反应变量变化一个单位的相对危险度比值，其被称为相对危险度。这种分析不仅可用于经济学、管理学领域的研究，也可应用于社会学、医疗卫生等领域。

2. 变量的选取

本书设计的主要变量为企业跨国并购的影响因素和品牌选择类型，具体如表6.1所示。

表6.1   模型变量

阶段	输入/输出	变量名称	变量符号
企业跨国并购影响因素对品牌选择类型作用	自变量	企业制度因素	X1
		企业的生产和经营资源因素	X2
		企业产品因素	X3
		企业核心竞争力因素	X4
		产品品牌营销环境	X5
		产品品牌的市场需求状况	X6
		产品市场品牌的竞争程度	X7
		民族主义	X8
		文化差异	X9
		价值多元化因素	X10
	因变量	品牌选择类型	Y

资料来源：本书研究整理。

3. 模型假设

在不同的条件下，收购东道国的跨国公司后，企业品牌发展的品牌有不同的策略。如果差异程度较小，与东道国的自主品牌跨国品牌的差异，更大程度在于与企业主的品牌竞争力，维护成本，当品牌经营影响较小时，跨国公司的收购将选择自己的品牌；当跨国公司的自有品牌与东道国品牌的差异程度较小，更大程度在于与东道国竞争企业的品牌，当品牌经营需要很高的维护成本时，跨国公司并购后将选择单独经营自有品牌；当跨国公司的自有品牌与东道国品牌的差异程度较大，与东道国竞争企业的品牌差异程度较小时，跨国公司并购后将单独经营东道国品牌。并且可以根据 Pearson 系数将各个因素对企业绩效的相关系数和各个因素之间的其相关性系数进行排序，由高到低，高的称为强相关性，中的称为中强相关性，低的称为弱相关性，相关性越强表明其发展此条路径需要更加关注这种因素，换句话说即为这种因素越多，越容易发展此条路径。因此，对于不同的企业跨国并购影响因素对品牌选择类型的假设如下：

H1 企业内在因素对品牌选择类型是有正向影响的。当并购企业产品生产因素较优时，并购企业更倾向于选择发展企业国际化并购之前选择的品牌类别；当被并购企业产品生产因素较优时，则选择发展企业国际化并购之后的品牌；当二者皆不理想时，企业将选择结合企业并购前的品牌，创建新品牌。

H2 外部市场因素对品牌选择类型是有正向影响的。并购企业拥有有利的市场条件将会促使其选择发展企业国际化并购之前选择的品牌类别；若被并购企业的市场条件更佳，并购企业将会选择发展企业国际化并购之后的品牌；若二者皆不理想，则会选择 3，即结合企业并购前的品牌，创建新品牌。

H3 文化价值因素对品牌选择类型是有正向影响的。当并购企业所在国与被并购企业所在国存在较大的文化价值差异时，并购企业更倾向于选择发展企业国际化并购之后的品牌。这是因为被并购企业原有品牌更易于被当地市场接受。

6.1.2 数据来源与处理

1. 数据的来源

本书主要的数据来源于作者的调查问卷，统计数据来源于我们在 2014 年 5 ~ 9 月，采用方便抽样的方法在北京、上海、广州、深圳、天津五个城市发出 2000 份问卷，回收 1886 份，其中有效的问卷 1769 份，有效问卷占比

76. 13%。主要的调查人群为跨国并购企业的中层和高层管理人员，涉及总经理、副总经理和各个职能部门经理等。31～40岁人群占比32%，41～50岁人群占比33%，51岁以上人群占比45%。

2. 数据的处理

由于本书进行多分类逻辑回归，需要对进行实证回归的数据进行三方面的检验：多重共线性检验、描述性统计分析和自相关性检验，只有通过检验才能进行加入虚拟变量的多元回归。

（1）描述性统计分析。为了检验数据的分布是否为正态分布，因此需要多数据进行描述性统计，检验其数据的正态分布性，其结果如表6.2所示。

表6.2　　　　　　　　　数据描述性统计

变量	选择1 并购方品牌				选择2 被并购方品牌				选择3 新创建品牌			
	Min	Max	Mean	D	Min	Max	Mean	D	Min	Max	Mean	D
企业制度因素	2	5	3.32	1.59	2	5	3.31	1.79	2	5	3.35	1.54
企业的生产和经营资源因素	3	5	3.32	1.98	3	5	3.33	1.91	3	5	3.31	1.78
企业产品因素	2	5	3.21	1.56	2	5	3.24	1.22	2	5	3.20	1.58
企业核心竞争力因素	1	5	3.56	1.58	1	5	3.55	1.41	1	5	3.52	1.43
产品品牌营销环境	1	5	3.68	1.54	1	5	3.64	1.57	1	5	3.66	1.33
产品品牌的市场需求状况	3	5	3.31	1.68	3	5	3.32	1.63	3	5	3.35	1.86
产品市场品牌的竞争程度	3	5	3.21	1.76	3	5	3.22	1.86	3	5	3.26	1.66
民族主义	2	5	3.25	1.36	2	5	3.20	1.38	2	5	3.29	1.56
文化差异	1	5	3.01	1.42	1	5	3.21	1.41	1	5	3.06	1.58
价值多元化因素	1	5	2.98	1.48	1	5	2.91	1.44	1	5	2.93	1.25

资料来源：本书研究整理。

根据表 6.2 中的值我们可以知道其满足正态分布的特点，因此，可以进行数据的虚拟多元回归分析。

（2）自相关性检验。自相关检验是检验自变量之间的相关性的，这样可以避免回归时出现虚假的回归，因此需要首先对其进行自相关检验。

本书数据的残差图如图 6.1 和图 6.2 所示。

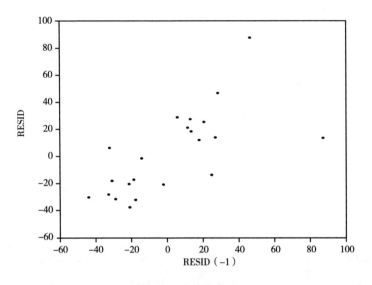

图 6.1　残差散点图

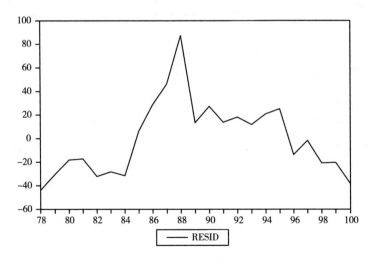

图 6.2　残差连线图

由图 6.1 和图 6.2 可知，方程不存在序列相关性。

为了进一步检验自相关性，我们进行 LM 检验，LM 检验的结果如表 6.3 所示。

表 6.3   **LM 检验**

Breusch-Godfrey Serial Correlation LM Test：			
F-statistic	7.584071	Probability	0.003791
Obs * R – squared	10.21031	Probability	0.006065
Test Equation：			
Dependent Variable：RESID			
Method：Least Squares			
Date：05/25/13　Time：10：54			
Presample missing value lagged residuals set to zero.			
R – squared	0.439755	Mean dependent var	– 1.65E – 15
Adjusted R – squared	0.261971	S. D. dependent var	28.82191
S. E. of regression	23.24819	Akaike info criterion	7.485238
Sum squared resid	14586.00	Schwarz criterion	8.172938
Log likelihood	– 102.9440	F-statistic	4.874971
Durbin-Watson stat	1.676451	Prob （F-statistic）	0.007445

根据上述的 LM 检验结果可以计算 LM （BG）自相关检验辅助回归方程式估计结果是 LM = 23 × 0.43 = 9.89。因为 LM = 9.89 > 3.84，所以，LM 检验结果也说明误差项存在一阶正相关。

（3）多重共线性检验。如表 6 – 3 所示，Durbin-Watson 值为 1.67，并且其 F 值为 4.87，说明变量之间不存在多重共线性，因此，可进行加入虚拟变量的多元线性回归分析。

6.1.3　模型估计

由于品牌选择类型不存在固定的数学模型，本书采用多元逻辑回归分析来研究品牌选择类型的影响因素特征。分析结果的整体似合优势检验值为159.71，显著性概率值为 0.000 小于 0.01，各项特征因素能解释品牌选择类型差异的 92.4%，偏回归系数的整体似然比检验均有统计学意义。

类别 1：发展并购之前品牌的多元逻辑模型拟合结果如表 6.4 所示。

表 6.4　　　　　　　　　　　类别 1 的多元逻辑模型拟合结果

	因素项	偏回归系数	标准误差	wald 卡方	显著性	优势比估计值	95% 置信区间	
选择 1 并购方 品牌	X1	0.256	0.612	11.856	0.002	3.478	1.11	18.377
	X2	0.270	0.612	3.932	0.016	3.293	2.951	9.562
	X3	0.212	0.315	39.141	0.000	18.454	12.461	23.412
	X4	0.155	0.289	28.563	0.000	0.917	0.132	0.123
	X5	0.669	0.569	127.547	0.000	7.653	3.324	15.243
	X6	0.112	0.212	29.469	0.000	5.761	1.214	7.254
	X7	0.874	0.478	151.221	0.023	4.562	2.231	8.543
	X8	0.239	0.223	13.459	0.013	0.343	0.299	0.753
	X9	0.245	0.874	9.245	0.003	0.532	1.243	3.643
	X10	0.524	0.245	134.245	0.002	3.649	0.785	11.257

注：本表数据来源于作者根据 SPSS 的多元逻辑模型回归结构总结而得。

其回归方程为：

$$\mathrm{logitP}_{0/0} = \ln\left(\frac{P(Y=0\mid X)}{P(Y=0\mid X)}\right) = a_1 + \beta_{11}X_1 + ,\cdots, + \beta_{1k}X_k$$

即：

$$\mathrm{logitP}_{1/0} = 0.234X_1 + 0.289X_2 + 0.221X_3 + 0.142X_4 + 0.678X_5$$
$$+ 0.169X_6 + 0.856X_7 + 0.235X_8 + 0.263X_9 + 0.698X_{10}$$

类别 2：发展并购之后被并购企业的品牌的多元逻辑模型的拟合结果如表6.5 所示。

表6.5 类别2的多元逻辑模型拟合结果

	因素项	偏回归系数	标准误差	wald 卡方	显著性	优势比估计值	95％置信区间	
选择 2 被并购 方品牌	X1	0.543	0.652	2.363	0.045	3.447	1.529	11.256
	X2	0.664	0.526	134.646	0.001	0.736	1.734	7.422
	X3	0.358	0.672	9.652	0.000	0.572	0.224	1.653
	X4	0.658	0.673	15.632	0.002	1.853	3.247	2.653
	X5	0.736	0.125	12.659	0.000	2.266	1.625	2.522
	X6	0.435	0.256	3.547	0.004	0.294	0.672	1.254
	X7	0.367	0.659	6.762	0.036	4.254	0.953	5.252
	X8	0.679	0.386	18.265	0.000	2.275	2.627	2.864
	X9	0.286	0.175	85.625	0.009	3.245	1.658	8.454
	X10	0.631	0.527	37.247	0.000	1.865	1.597	5.862

注：本表数据来源于作者根据 SPSS 的多元逻辑模型回归结构总结而得。

其回归方程为：

$$\text{logitP}_{1/0} = \ln\left(\frac{P(Y=1|X)}{P(Y=0|X)}\right) = a_1 + \beta_{11}X_1 + ,\cdots, + \beta_{1k}X_k$$

即：

$$\text{logitP}_{1/0} = 0.356X_1 + 0.112X_2 + 0.365X_3 + 0.442X_4 + 0.132X_5$$
$$+ 0.445X_6 + 0.369X_7 + 0.387X_8 + 0.689X_9 + 0.209X_{10}$$

类别3：发展一种新品牌的多元逻辑模型的拟合结果如表6.6所示。

表6.6 类别3的多元逻辑模型拟合结果

	因素项	偏回归系数	标准误差	wald 卡方	显著性	优势比估计值	95％置信区间	
选择 3 新创建 品牌	X1	0.252	0.653	87.025	0.001	4.635	1.526	7.622
	X2	0.345	0.763	7.622	0.000	3.673	1.282	7.483
	X3	0.256	0.795	114.753	0.035	2.339	2.654	5.528
	X4	0.665	0.773	132.864	0.002	2.268	1.262	8.652
	X5	0.841	0.632	7.833	0.07	3.572	1.742	3.432
	X6	0.256	0.924	87.265	0.000	2.742	1.859	7.913
	X7	0.478	0.256	29.562	0.004	0.293	2.625	5.758

	因素项	偏回归系数	标准误差	wald 卡方	显著性	优势比估计值	95% 置信区间	
选择 3 新创建 品牌	X8	0.622	0.525	126.875	0.007	6.429	2.792	8.522
	X9	0.542	0.126	48.758	0.000	4.725	2.682	3.538
	X10	0.498	0.497	12.863	0.001	2.862	1.826	4.649

注：本表数据来源于作者根据 SPSS 的多元逻辑模型回归结构总结而得。

其回归方程为：

$$\text{logitP}_{2/0} = \ln\left(\frac{P(Y=2\,|\,X)}{P(Y=0\,|\,X)}\right) = a_1 + \beta_{11}X_1 + ,\cdots, + \beta_{1k}X_k$$

即：

$$\text{logitP}_{1/0} = 0.556X_1 + 0.345X_2 + 0.687X_3 + 0.665X_4 + 0.452X_5$$
$$+ 0.689X_6 + 0.211X_7 + 0.663X_8 + 0.396X_9 + 0.462X_{10}$$

6.1.4　模型结果分析

根据上表我们可知：

类别 1：发展并购之前的品牌的多元逻辑模型的拟合结果分析。

首先，我们可知在类别 1 下，企业跨国并购影响因素和品牌选择类型的回归公式为：

$$\text{logitP}_{0/0} = \ln\left(\frac{P(Y=0\,|\,X)}{P(Y=0\,|\,X)}\right) = a_1 + \beta_{11}X_1 + ,\cdots, + \beta_{1k}X_k$$

即：

$$\text{logitP}_{1/0} = 0.234X_1 + 0.289X_2 + 0.221X_3 + 0.142X_4 + 0.678X_5$$
$$+ 0.169X_6 + 0.856X_7 + 0.235X_8 + 0.263X_9 + 0.698X_{10};$$

其次，根据上述检验结果，依表中的 wald 卡方值和显著性得出类别 1 的主要特征为 X5、X7 和 X10，即为：价值多元化因素、产品市场品牌的竞争程度、产品品牌营销环境。

类别2：发展并购之前的品牌的多元逻辑模型的拟合结果分析。

首先，我们可知在类别2下，企业跨国并购影响因素和品牌选择类型的回归公式为：

$$logitP_{1/0} = \ln\left(\frac{P(Y=1|X)}{P(Y=0|X)}\right) = a_1 + \beta_{11}X_1 + \cdots, + \beta_{1k}X_k$$

即：

$$logitP_{1/0} = 0.356X_1 + 0.112X_2 + 0.365X_3 + 0.442X_4 + 0.132X_5$$
$$+ 0.445X_6 + 0.369X_7 + 0.387X_8 + 0.689X_9 + 0.209X_{10};$$

其次，根据上述检验结果，依表中的 wald 卡方值和显著性得出类别1的主要特征为 X2 和 X9，即为企业的生产和经营资源因素和文化差异因素。

类别3：发展并购之前的品牌的多元逻辑模型的拟合结果分析。

首先，我们可知在类别3下，企业跨国并购影响因素和品牌选择类型的回归公式为：

$$logitP_{2/0} = \ln\left(\frac{P(Y=2|X)}{P(Y=0|X)}\right) = a_1 + \beta_{11}X_1 + \cdots, + \beta_{1k}X_k$$

即：

$$logitP_{1/0} = 0.556X_1 + 0.345X_2 + 0.687X_3 + 0.665X_4 + 0.452X_5$$
$$+ 0.689X_6 + 0.211X_7 + 0.663X_8 + 0.396X_9 + 0.462X_{10};$$

其次，根据上述检验结果，依表中的 wald 卡方值和显著性得出类别1的主要特征为 X_1、X_3、X_4、X_6 和 X_8，即为民族主义、企业产品因素、企业核心竞争力因素、产品品牌的市场需求状况、企业制度因素。

综上所述，我们可知企业跨国并购后品牌选择类型各有其各自要求，要想保留原先的企业销售业绩，最好的方法是发展自己原有的品牌，在外界的资源、销售环境和政策比较支持的时候可以根据其实际情况发展并购企业的品牌，或者为发展新的产品品牌。各个企业应该根据自身的因素的丰富程度决定发展何种品牌选择类型，其类别和各个因素之间的关系如表6.7所示。

表6.7　　　　　　　　　　　　　因素和类别关系

因素	产品生产因素				市场因素			文化价值因素		
选择	a1	a2	a3	a4	b1	b2	b3	c1	c2	c3
类别1	较差	较差	较差	较差	丰富	较差	丰富	较差	较差	丰富
类别2	适中	较差	适中	适中	较差	适中	适中	适中	丰富	较差
类别3	丰富	适中	丰富	丰富	适中	丰富	较差	丰富	适中	适中

资料来源：本书研究整理。

此外，我们还可以证明表6.8所示的结果。

表6.8　　　　　　　　　　　　　假设检验结果

假设	假设内容	验证结果
H1	企业内在因素对发展企业并购前品牌的选择是有影响的；	成立
	企业内在因素对发展被并购企业的品牌的选择是有影响的；	成立
	企业内在因素对企业发展一个全新的品牌的选择是有影响的；	成立
H2	外部市场因素对并发展企业并购前品牌的选择是有影响的；	成立
	外部市场因素对发展被并购企业的品牌的选择是有影响的；	成立
	外部市场因素对企业发展一个全新的品牌的选择是有影响的；	成立
H3	文化价值因素对发展企业并购前品牌的选择是有影响的；	成立
	文化价值因素对发展被并购企业的品牌的选择是有影响的；	成立
	文化价值因素对企业发展一个全新的品牌的选择是有影响的；	成立

6.2　品牌选择类型对企业绩效作用的实证分析

6.2.1　模型选择

1. 模型的选择——虚拟变量回归

在实际模型建立的过程中，不但定量变量会影响到解释变量，而且定性变量也会有影响作用，这些因素也被纳入模型中。

（1）基本概念。由于定性变量是用来描述某种特征的有和无，所以通常用1或0来代表。这种变量称作虚拟变量，也叫做哑元变量、定性变量等，通常用字母 D 或 DUM 来表示。

用1表示具有某一"品质"或属性，用0表示不具有该"品质"或属性。虚拟变量的使用可以把我们需要研究却无法定量的变量纳入模型中。而且在模型中对虚拟变量的回归系数的估计与检验方法，与定量变量并没有区别。

通常情况下有以下两种情况：一是对两类情况分别进行回归，然后比参数的区别；二是把所有变量放在一个模型中，虚拟变量来表示定性因素的影响。

（2）虚拟变量设置要求。

第一，"0"和"1"选取原则。虚拟变量取"1"或"0"的原则，必须是通问题的本质要求来加以选择。从理论上讲，虚拟变量取"0"值一般表示对照类型；而虚拟变量取"1"值通常代表用来比较研究的一类。例如，比较就业率时研究性别的作用。当研究男性就业率是否高于女性时，把女性作为对照，那么男性选择用"1"，女性取"0"。

第二，属性（状态、水平）因素与设置虚拟变量数量的关系。定性因素的属性既可能为两种状态，也可能为多种状态。例如，性别（男、女两种）、季节（4种状态）、地理位置（东、中、西部）、行业归属、所有制、收入的分组等。

虚拟变量数量的设置规则：一是若定性变量有 m（m≥2）个完全独立的几个水平，有截距的回归模型项只需要引入 m−1 个虚拟变量；二是当不需要截距项时，可引入 m 个虚拟变量，不然，就会出共线性问题。

在计量经济学中，通常引入虚拟变量的方式分为加法方式和乘法方式两种：即：

$$Y_t = a_0 + \beta x_t + u_t + a_t D$$

$$Y_t = a_0 + \beta_1 x_t + u_t + \beta_2 x_t D$$

实质上，采用加法方式的虚拟变量对截距产生影响；乘法方式的虚拟变量对斜率产生影响。

第一，加法类型。一个两种属性定性解释变量而无定量变量的情形：

$$Y_t = f_t(D_t) + u_t \rightarrow a = a_0 + a_1 D_1$$

包含一个定量变量、一个定性变量模型：

$$y_t = \beta_0 + \beta_1 x_t + \beta_2 D + u_t$$

其中，y_t、x_t为定量变量；D 为定性变量。当 D = 0 或 1 时，上述模型可表达为：

$$y_t = \begin{cases} \beta_0 + \beta_1 x_t + u_t & (D = 0) \\ (\beta_0 + \beta_2) + \beta_1 x_t + u_t & (D = 1) \end{cases}$$

D = 1 或 0 表示是否存在某种特征。反映在模型中，两个函数的截距不同。若 β_2 显著不为零，说明截距不同；若 β_2 为零，说明这种分类没有明显差异。

需要特别注意的是，不论虚拟变量中的哪个类别取 0 都不会对检验结果产生影响。但解释模型时一定分清楚 1 和 0 的确切意义。定性变量中取值为 0 所对应的类别称作对照类别。具体如图 6.3 所示。

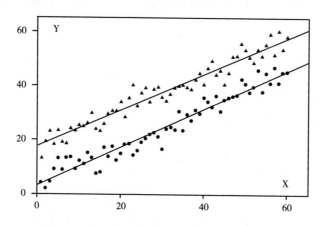

图 6.3　假加法类型的加入虚拟变量的多元回归

对于多类别的定性变量，需要先设一个虚拟变量，而对其他类别采取不同以赋值。如：

$$D = \begin{cases} 1 & （小学） \\ 0 & （中学） \\ -1 & （大学）。 \end{cases}$$

一个定性解释变量（两种以上属性）和一个定量解释变量的情形：

$$Y_t = f_t(D_1, \cdots, D_t) + u_t$$

第二，乘法类型。基本思想：以乘法方式引入虚拟变量时，是在建立的模型中，将虚拟解释变量与其他解释变量的乘积替换原有的解释变量，用来调整设定模型斜率的系数。也可以用虚拟变量的函数来代表模型斜率系数。

乘法引入方式：（A）截距不变；（B）截距和斜率均发生变化。分析手段：仍然是条件期望。

以上只考虑了定性变量影响截距，并没有加入对斜率的影响，也就是回归系数的不同。当考虑斜率时，可建立模型：

$$y_t = \beta_0 + \beta_1 x_t + \beta_2 D + \beta_3 x_t D + u_t,$$

其中，x_t 为定量变量；D 为定性变量。当 D = 0 或 1 时，上述模型可表达为：

$$y_t = \begin{cases} (\beta_0 + \beta_2) + (\beta_1 + \beta_3)x_t + u_t, & (D = 1) \\ \beta_0 + \beta_1 x_t + u_t, & (D = 0) \end{cases}$$

因此模型斜率可以通过检验 β_3 是否为零来分析。

第三，虚拟解释变量综合应用。

（A）结构变化分析。结构变化是用来分析同一模型在样本期内是否发生变化。我们知道，平行回归、共点回归、不同的回归三个模型是不同的模型。平行回归模型要求斜率保持不变，共点回归模型要求截距保持不变，不同的回归的模型的要求是截距、斜率都是变动的。

（B）交互效应分析。交互作用：一个解释变量的边际效应有时可能要依赖于另一个解释变量。为此，克莱因和摩根（Klein & Morgen，1951）提出了

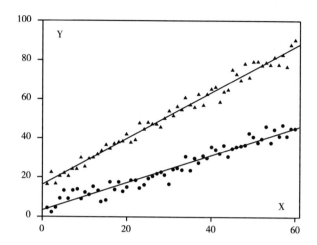

图 6.4　情形 1（不同类别数据的截距和斜率的变化情况）

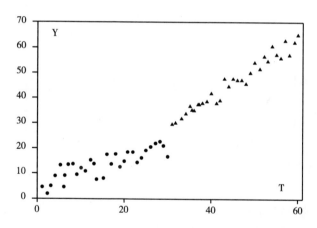

图 6.5　情形 2（不同类别数据的截距和斜率的变化情况）

有关收入和财产在决定消费模式上相互作用的假设。他们认为消费的边际倾向不仅依赖于收入，而且也依赖于财产的多少——较富有的人可能会有不同的消费倾向。由于 YZ 捕获了收入和财产之间的相互作用而被称为交互作用项。显然，刻画交互作用的方法，在变量为数量（定量）变量时，是以乘法方式引入虚拟变量的。

　　（C）分段回归分析。作用是提高模型的描述精度。虚拟变量也可以用来代表数量因素的不同阶段。分段线性回归就是类似情形中常见的一种。

2. 变量的选取

本书设计的主要变量为企业跨国并购的影响因素、品牌选择类型和企业绩效，具体的如表6.9所示。

表6.9   模型变量

阶段	输入/输出	变量名称	变量名称
品牌选择类型对企业绩效的影响作用	自变量	企业制度因素	X1
		企业的生产和经营资源因素	X2
		企业产品因素	X3
		企业核心竞争力因素	X4
		产品品牌营销环境	X5
		产品品牌的市场需求状况	X6
		产品市场品牌的竞争程度	X7
		民族主义	X8
		文化差异	X9
		价值多元化因素	X10
	虚拟变量	品牌选择类型	Z
	因变量	企业绩效	Y

资料来源：本书研究整理。

3. 模型的设定与假设

在不同的条件下，跨国公司并购东道国企业后，对于企业品牌发展会有不同的品牌策略。无论如何，企业首先需要根据自身的因素选择合适自身发展的品牌发展策略，这样才能促使品牌发展战略提升企业的绩效。因此提出本书的品牌选择类型和企业绩效之间的假设为：

H4 品牌选择类型对企业绩效是有影响的。

本书的实证分析模型设定为：

$$y_t = \beta_1 + \beta_2 D_{2t} + \beta_3 D_{3t} + u_t$$

其中，各变量符号的意义如下：

y_t：企业绩效（因变量）；β_1：截距；β_2，β_3 分别为 D_{2t}，D_{3t} 的回归系数，其中 D_{2t}，D_{3t} 为虚拟变量。

$$D_{2t} = \begin{cases} 1, \text{选择一} \\ 0, \text{其他选择} \end{cases};$$

$$D_{3t} = \begin{cases} 1, \text{选择二} \\ 0, \text{其他选择} \end{cases};$$

$$D_{2t} = D_{3t} = 0, \text{表示选择三}$$

6.2.2　数据来源与处理

1. 数据的来源

本书主要的数据来源于作者的调查问卷，统计数据来源于我们在 2014 年 5 月到 9 月，采用方便抽样的方法在北京、上海、广州、深圳、天津五个城市发出 2000 份问卷，回收 1886 份，其中有效的问卷 1769 份，有效问卷占比 76.13%。主要的调查人群为跨国并购企业的中层和高层管理人员，涉及总经理、副总经理和各个职能部门经理等。31～40 岁人群占比 32%，41～50 岁人群占比 33%，51 岁以上人群占比 45%。

2. 数据的处理

本节需要的数据和第一节相似，因此数据的处理也如第一节一致，在此不再赘述。

6.2.3　模型估计

根据模型的假设和上述数据的检验，我们可知本节可以进行加入虚拟变量的多元回归分析，其加入虚拟变量的多元回归分析结果如表 6.10 所示。

表 6.10   加入虚拟变量的回归分析结果

变　　量			系数		
			类别 1	类别 2	类别 3
常数项	C	常数项	0.081 *	0.073 **	0.088 *
自变量	X1	企业制度因素	0.32 **	0.30 **	0.46 ***
	X2	企业的生产和经营资源因素	0.33 ***	0.39 *	0.39 *
	X3	企业产品因素	0.25 *	0.21 ***	0.37 **
	X4	企业核心竞争力因素	0.29 ***	0.33 ***	0.42 **
	X5	产品品牌营销环境	0.34 *	0.42 **	0.39 **
	X6	产品品牌的市场需求状况	0.39 **	0.51 **	0.28 ***
	X7	产品市场品牌的竞争程度	0.45 **	0.33 **	0.36 **
	X8	民族主义	0.14 **	0.11 **	0.22 ***
	X9	文化差异	0.24 *	0.21 **	0.26 *
	X10	价值多元化因素	0.13 ***	0.10 ***	0.18 **
因变量	Y	企业绩效			
虚拟变量	Z	品牌选择类型	0.46 ***	0.56 ***	0.53 ***
R – squared			0.87	0.86	0.88
Adjusted R – squared			0.79	0.81	0.75
Durbin-Watson stat			1.99	2.01	1.97
F-statistic			5.06	12.32	8.65
Prob（F-statistic）			0.009	0.010	0.004

注：* 表示系数在 90% 的置信区间内显著；** 表示系数在 95% 的置信区间内显著；*** 表示系数在 99% 的置信区间内显著。

6.2.4　模型结果分析

根据表 6.11 中的计量结果可知：

首先，根据总体的估计指标，类别 1 – 3 的 R – squared 分别为 0.87、0.86 和 0.88，类别 1 – 3 的 Adjusted R – squared 分别为 0.79、0.81 和 0.75，说明加入虚拟变量的多元回归结果较好，并且由类别 1 – 3 的 F-statistic 分别为 5.06、12.32 和 8.65 可以看出其变量的显著性检验通过，模型的检验结果可信。

其次，类别 1 – 3 的企业制度因素、企业的生产和经营资源因素、企业产品因素、企业核心竞争力因素、产品品牌营销环境、产品品牌的市场需求状况、产品市场品牌的竞争程度、民族主义、文化差异、价值多元化因素通过类别变量品牌选择类型对企业绩效的作用程度分别为：0.081、0.32、0.33、0.25、0.29、0.34、0.39、0.45、0.14、0.24、0.13、0.073、0.30、0.39、0.21、0.33、0.42、0.51、0.33、0.11、0.21、0.10、0.088、0.46、0.39、0.37、0.42、0.39、0.28、0.36、0.22、0.26、0.18。

最后，类别 1 – 3 的品牌选择类型对企业绩效的作用力程度为：0.46、0.56 和 0.53。因此可以证明 H4：品牌选择类型对企业绩效是有影响的是成立的。

第7章 品牌契合度和制造来源国效应的调节作用分析

7.1 品牌契合度对影响因素、品牌选择类型和企业绩效三者之间的调节作用分析

7.1.1 品牌契合度

品牌的契合度是指母品牌与延伸产品之间的相似度，主要是以二者之间的相似性来描述。关于品牌契合度的研究不同的学者有不同的定义主要表述如表7.1所示。

表7.1 品牌契合度

研究者	年份	特征	定义
陶伯（Tauber）	1988	品牌的价值（内在文化价值，外在使用价值），品牌的价格，品牌所属的类别等	消费者在消费产品品牌时对一种新产品的认识度和接受度，这种认识度和接受度是和原来的同种类别的其他品牌的比较而得
阿克尔和凯勒（Aaker and Keller）	1990	品牌的互补性（羽毛球和羽毛球拍）；品牌的替代性（麦片和牛奶）；品牌的转移性（技术、文化、价值取向等等）	（1）两种品牌可以使得使用者满足某种需要的程度；（2）两种品牌可以使使用者满足某种替代的程度；（3）两种品牌可以使使用者满足某种转移需要的程度

研究者	年份	特征	定义
帕克（Park）	1991	产品特性的相似性；品牌概念间的一致性（Timex & Rolex①）	两个品牌之间存在感知的相似度
米尔贝格（Milberg）	2006	企业资源的相似度，销售渠道的相似度，购买人群的相似度	品牌之间性能的相关度和企业生产销售资源的相关度
劳森（Lawson）	2013	价值取向相似（奢侈品或者为生活必需品），文化包含相同（个性外扬，个性内敛；亚洲文化，希腊神话）	品牌的价值文化相关度

资料来源：本书研究整理。

7.1.2　关于品牌契合度的假设

综上所述，本书的品牌契合度作为调节变量的假设如下：

H5 品牌契合度在企业内在因素对品牌选择类型影响中有正向调节作用；

H6 品牌契合度在外部市场因素对品牌选择类型影响中有正向调节作用；

H7 品牌契合度在文化价值因素对品牌选择类型影响中有正向调节作用；

H8 品牌契合度在品牌选择类型对企业绩效的影响中有正向调节作用。

7.2　制造来源国效应对影响因素、品牌选择类型和企业绩效三者之间的调节作用分析

7.2.1　制造来源国效应

制造来源国效应指的是生产者如何结合自身因素和并购之后所得企业的

---

① Timex（天美时）和 Rolex（劳力士），虽然这两个牌子都是手表，但他们对于消费者来说却意味着不同的含义：Timex 更强调产品运行的表现能力，而 Rolex 更强调一种身份和地位。研究结果表明，产品特性相似性和品牌概念一致性都对延伸产品的评价有较大的影响，也就是说，拥有较高品牌概念一致性和较高产品相似特性的品牌延伸都会获得较高的评价。本研究中，我们也将使用知觉契合度（perception fit）这个概念，即消费者所感知的，所认为的关于原品牌和延伸产品的相似度。

资源，根据消费者的需求品牌去制造品牌的适合程度。由于企业自身因素、发展路径、价值取向、外在环境的诸多因素的相互影响，导致了很多生产者虽然并购了一个品牌契合度很高的企业，但是当生产过程中却因为制造来源国效应很低导致了品牌竞争的失败。并且由于文化、地域和政治因素的影响，很多消费者会把品牌和国家的形象结合在一起，这就造成了一定的歧视。从而影响企业品牌的发展，进而影响企业的绩效。对于制造来源国效应的研究，其具体的情况主要如表7.2所示。

表7.2　　　　　　　　　　　　　制造来源国效应

研究者	年份	特征	定义
宏和怀尔 （Hong and Wyer）	1989	信号作用	制造来源国效应是指被当作一个独立的信息，成为消费者初步判断一个产品好坏的主要指标
宏和怀尔 （Hong and Wyer）	1992	品牌消费信息	制造来源国效应是指被当作一个独立的信息与其他信息构成整个产品的评价
李和怀 （Li and Wye）	1994	品牌评价的指标之一	制造来源国效应是指被当作一个重要的因素与其他因素构成整个产品的评价因素体系
斯库勒 （Schoole）	2005	国家形象是非常重要的因素之一，政治干预的效果严重	制造来源国效应与国家的形象和政治因素有很大的联系
宏 （Hong）	2009	企业自身的品牌战略的制定、实施和调整	制造来源国效应是并购后的企业根据自身品牌战略所做出的品牌调整策略
怀尔 （Wyer）	2012	企业的文化和并购品牌具有的价值取向的耦合作用	制造来源国效应是指企业所要生产的品牌和想要销往的地区的消费者的文化内涵和价值取向相同

资料来源：本书研究整理。

7.2.2　关于制造来源国效应的假设

综上所述，本书的制造来源国效应作为调节变量的假设如下：

H9 制造来源国效应在企业内在因素对品牌选择类型影响中有正向调节

作用；

H10 制造来源国效应在外部市场因素对品牌选择类型影响中有正向调节作用；

H11 制造来源国效应在文化价值因素对品牌选择类型影响中有正向调节作用；

H12 制造来源国效应在品牌选择类型对企业绩效的影响中有正向调节作用。

7.3 理论模型与研究假设

7.3.1 本书研究模型

本节主要研究加入调节变量分析中国企业跨国并购后品牌发展的主要因素对品牌选择类型的调节作用和品牌选择类型对企业绩效的调节作用，其模型如图 7.1 所示。

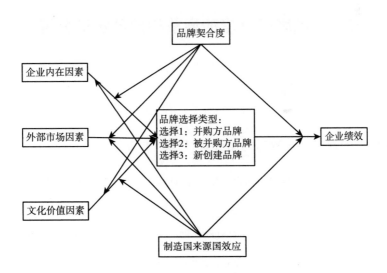

图 7.1 本章研究模型

7.3.2 本章的假设

本章主要的假设如下：

H5 品牌契合度在企业内在因素对品牌选择类型影响中有正向调节作用；

H6 品牌契合度在外部市场因素对品牌选择类型影响中有正向调节作用；

H7 品牌契合度在文化价值因素对品牌选择类型影响中有正向调节作用；

H8 品牌契合度在品牌选择类型对企业绩效的影响中有正向调节作用；

H9 制造来源国效应在企业内在因素对品牌选择类型影响中有正向调节作用；

H10 制造来源国效应在外部市场因素对品牌选择类型影响中有正向调节作用；

H11 制造来源国效应在文化价值因素对品牌选择类型影响中有正向调节作用；

H12 制造来源国效应在品牌选择类型对企业绩效的影响中有正向调节作用。

7.4 品牌契合度的调节作用的实证分析

7.4.1 模型选择

1. 模型的选择——数据包络分析（DEA）

关于控调节制变量作用的研究方法主要有以下八种方法：面板数据模型[①]

---

① Ben Ma，Guojun Song，Richard C. Smardon，Jing Chen. Diffusion of solar water heaters in regional China：Economic feasibility and policy effectiveness evaluation. Energy Policy. 2014，72：23～34. SHEN Min，WU He-cheng. Effectiveness of Real Estate Regulation Policy Based on Variable Structure Cointegration Model. Systems Engineering. 2013，31（2）：70～76. XING Fei，ZHANG Jianhua. Innovation Policies in China：Theoretical Analysis and Effectiveness Test. Modern Economic Science. 2009，31（4）：63～69.

（Panel Data Model，PDM）（Ma et al. 2014；Shen，Wu，2013；Xing，Zhang，2009）、向量误差修正模型①（Vector Error Correction Model，VEC）（Hui，Wang，2014；Hua，Jing，2014）、生命周期评价②（Life Cycle Assessment，LCA）（Ng，Bernard et al.，2014；Yang，Chen，2014；Wang et al.，2014）、截断式回归模型③（Tobit Model）（Shen，2009）、灰色预测模型④（Grey Models，GM）（Zare、Azali、Habibullah，2014；Wang et al.，2014）、成本收益分析⑤（Cost-Effective）（Over，Eelco et al.，2014；Zhang，2010）、线性回归模型⑥（Liner Regress）（Yao、Liu、Yan，2011）、

① Hui，Eddie C. M.；Wang，Ziyou. Price anomalies and effectiveness of macro control policies：Evidence from Chinese housing markets. LAND USE POLICY. 2014，39：96 ~ 109. Qiuing Hua，Tinfeng Jiang. Comparative study on the effectiveness of monetary policy in China and Japan. Statistics and Decision. 2014，416（20）：169 ~ 171.

② Ng，Bernard J. H.；Zhou，Jin；Giannis，Apostolos；Chang，Victor W. – C.；Wang，JingYuan. Environmental life cycle assessment of different domestic wastewater streams：Policy effectiveness in a tropical urban environment. JOURNAL OF ENVIRONMENTAL MANAGEMENT. 2014，140：60 ~ 68. J. Yang，B. Chen. Extended exergy-based sustainability accounting of a household biogas project in rural China. Energy Policy. 2014，68：264 ~ 272. Xiaolong Wang，Yuanquan Chen，Peng Sui，Wangsheng Gao，Feng Qin，Xia Wu，Jing Xiong. Efficiency and sustainability analysis of biogas and electricity production from a large-scale biogas project in China：an energy evaluation based on LCA. Journal of Cleaner Production. 2014，65：234 ~ 245.

③ Shen Cheng. On Rural Energy Consumption and Energy Policy In China. HUAZHONG AGRICULTURAL UNIVERSITY PHD DISSERTATION. 2009.

④ Yuhong Wang，Jianrong Tang，Xiaozhong Li，Sifeng Liu. ENERGY SAVINGS EFFECT MEASUREMENT OF ENERGY POLICIES FROM 1999 TO 2004 IN JIANGSU PROVINCE. ECONOMIC COMPUTATION AND ECONOMIC CYBERNETICS STUDIES AND RESEARCH. 2014，48（2）：271 ~ 286. Zare，Roohollah；Azali，M.；Habibullah，M. S. Monetary policy effectiveness and stock market cycles in ASEAN-5. APPLIED ECONOMICS. 2014，46（20）：2362 ~ 2374.

⑤ Over，Eelco A. B.；Feenstra，Talitha L.；Hoogenveen，Rudolf T，et al. Tobacco Control Policies Specified According to Socioeconomic Status：Health Disparities and Cost-Effectiveness. NICOTINE & TOBACCO RESEARCH. 2014，16（6）：725 ~ 732. Zeyi Zhang. Research on the affectivity of industrial Policy. BEIJING JAOTONG UNIVERSITY PHD DISSERTATION. 2010.

⑥ Xi-Long Yao，Yang Liu，Xiao Yan. A quantile approach to assess the effectiveness of the subsidy policy for energy-efficient home appliances：Evidence from Rizhao，China. Energy Policy. 201，73：512 ~ 518.

数据包络分析[①]（Data Envelopment Analysis，DEA）（Peter，Carlos，2014；Kent，2013，Wang，2014；Wu et al.，2014）。本书在前有学者研究的基础之上，结合实际情况，从调节变量有效性的视角出发，运用改进的 DEA 方法检验沼气补助政策的有效性：（1）改进的 DEA 方法比传统的黑盒子的 DEA 方法在测试政策的有效性方面更加有效；（2）解决前后两个阶段不相互独立的关系；（3）第二阶段的输入不只是第一阶段的输出，还可考虑其他输入。

数据包络分析方法（Data Envelopment Analysis，DEA）是由 Cooper 和 Rhodes 在 1978 年共同提出的基于相对效率的多投入、多产出分析法[②]。DEA 具有非参数估计、可计算出投入、产出的权重、剔除主观因素影响、数据不需要统一的无量纲化处理等优势，被应用到很多领域，例如：金融机构效率（2014；Kent[③]，2014；Thanh，Roca，Sharma[④]，2014），企业经营发展效率分析（Lozano，Gutierrez[⑤]，2014；Toloo，Kresta[⑥]，2014），公共政策、事业管

① Wu, Hua-qing; Shi, Yan; Xia, Qiong; et al. Effectiveness of the policy of circular economy in China: A DEA-based analysis for the period of 11th five-year-plan. RESOURCES CONSERVATION AND RECYCLING. 2014, 83: 163~175. Peter Wanke, Carlos Barros. Two-stage DEA: An application to major Brazilian banks. Expert Systems with Applications. 2014, 41: 2337~2344. Kent Matthews. Risk management and managerial efficiency in Chinese banks: A network DEA framework. OMEGA-INTERNATIONAL JOURNAL OF MANAGEMENT SCIENCE. 2013, 41: 207~215. Ke Wang, Wei Huang, Jie Wu, Ying-Nan Liu. Efficiency measures of the Chinese commercial banking system using an additive two-stage DEA. OMEGA-INTERNATIONAL JOURNAL OF MANAGEMENT SCIENCE. 2014, 44: 5~20. Huang, Chin-wei; Ho, Foo Nin; Chiu, Yung-ho. Measurement of tourist hotels'productive efficiency, occupancy, and catering service effectiveness using a modified two-stage DEA model in Taiwan. OMEGA-INTERNATIONAL JOURNAL OF MANAGEMENT SCIENCE. 2014, 48: 49~59.

② Cooper C A, Rhodes E. Measuring the efficiency of decision making units [J]. European Journal of Operational Research, 1978, 2 (6): 429~444.

③ Kent Matthews. Risk management and managerial efficiency in Chinese banks-A network DEA framework [J]. Omega. 2013, 1: 207~215.

④ Thanh Pham Thien Nguyen; Roca, Eduardo; Sharma, Parmendra. How efficient is the banking system of Asia's next economic dragon? Evidence from rolling DEA windows [J]. APPLIED ECONOMICS. 2014, 46 (22): 2665~2684.

⑤ Lozano, Sebastian; Gutierrez, Ester. A slacks-based network DEA efficiency analysis of European airlines [J]. TRANSPORTATION PLANNING AND TECHNOLOGY. 2014, 37 (7): 623~637.

⑥ Toloo, Mehdi; Kresta, Ales. Finding the best asset financing alternative: A DEA-WEO approach [J]. MEASUREMENT. 2014, 55: 288~294.

理（Du，Wang，Chen[①]，2014；Mar-Molinero，Prior，Segovia[②]）；Ati、Abdes-satar、Elleuch 和 Nadia M′ Hiri（2013）运用 DEA 研究了中小企业的联盟和经济效率；Sherman，H. 和 Zhu，Joe（2006）研究低成本的优质服务策略；Wang，Ying-Ming 和 Chin，Kwai-Sang（2009）先进制造技术的选择；何彬（2013）大学科研效果转换影响因素研究；张丹（2013）中国城市知识资本的发展水平；林宇（2013）房地产企业资金融资的效率；李超显（2012）政府社会职能管理效率评价；王珊珊（2011）研究了中国制造业全要素能源效率变动。

假设有 s 个部门或决策单元（Decision Making Units，DMU），这 s 个决策单元都是具有可比性的。每个决策单元都有 m 种类型的"输入"（表示该决策单元对"资源"的耗费，类似于微观经济学中的生产要素）和 n 种类型的"输出"（它们是决策单元在消耗了资源之后表明成效的一些指标，例如经济效益指标或产品质量的指标）。DMU_j，$j \in \{1, 2, 3, \cdots, s\}$ 为第 j 个决策单元，x_{ij} 为第 j 个 DMU 的第 i 种投入指标的投入量，$X_j = (x_{1j}, x_{2j}, \cdots, x_{mj})^T$；$y_{rj}$ 为第 j 个 DMU 的第 r 种产出指标的产出量，$Y_j = (y_{1j}, y_{2j}, \cdots, y_{sj})^T$；$v_i$ 为第 i 种投入指标的权重系数；u_r 为第 i 种产出指标的权重系数；$v = (v_1, v_2, \cdots, v_m)^T$；$u = (u_1, u_2, \cdots, u_s)^T$；$t = \dfrac{1}{v^T X_0}$，$\varpi = tv$，$\mu = tu$，产出导向的 DEA 模型如下。

C^2R 模型规划：

$$(p) \begin{cases} \max V_P = \mu^T y_0 \\ \text{s. t. } \varpi^T x_j - \mu^T y_j \geqslant 0 (1 \leqslant j \leqslant n) \\ \varpi^T x_0 = 1 \\ \varpi \geqslant 0, \mu \geqslant 0 \\ i = 1, 2, \cdots, m; j = 1, 2, \cdots, n; r = 1, 2, \cdots, p \end{cases}$$

---

① Du, Juan；Wang, Justin；Chen, Yao. Incorporating health outcomes in Pennsylvania hospital effi-ciency: an additive super-efficiency DEA approach [J]. ANNALS OF OPERATIONS RESEARCH, 2014, 221 (1): 161～172.

② Mar-Molinero, Cecilio；Prior, Diego；Segovia, Maria-Manuela. On centralized resource utilization and its reallocation by using DEA [J]. ANNALS OF OPERATIONS RESEARCH, 2014, 221 (1): 273～283.

$$v = (v_1, v_2, \cdots, v_m)^T; u = (u_1, u_2, \cdots, u_p)^T; t = \frac{1}{v^T x_0}, \varpi = tv, \mu = tu。$$

在实际当中由于上述规划难以求解，查恩斯·库珀和罗德（A. Charnes, W. W. Cooper & E. Rhodes）将非阿基米德无穷小量引入到上述规划中，构造单纯形，利用单纯形方法求解上述线形规划问题，从而判断 DMU 的 DEA 有效性。设 ε 是非阿基米德无穷小量。在广义实数域内，ε 表示一个小于任何正数且大于零的数。考虑带有非阿基米德无穷小量 ε 的 C^2R 模型：

$$(p_\varepsilon) \begin{cases} \max \mu^T y_0 = V_P \\ s.\ t.\ \varpi^T x_j - \mu^T y_j \geq 0 (1 \leq j \leq n) \\ \varpi^T x_0 = 1 \\ \varpi \geq \varepsilon \hat{e}^T, \mu \geq \varepsilon\, e^T \end{cases}$$

其对偶规划为：

$$(D_\varepsilon) \begin{cases} \min[\theta - \varepsilon(\hat{e}^T S^- + e^T S^+)] \mu^T y_0 = V_D \\ s.\ t.\ \sum_{j=1} x_i \lambda_j + S^- = \theta_{x0} \\ \sum_{j=1}^n y_j \lambda_j - S^+ = y_0 \\ \lambda_j \geq 0, S^- \geq 0, S^+ \geq 0 (1 \leq j \leq n) \end{cases}$$

其中，$\hat{e}^T = (1, \cdots, 1)$ 的 m 维的向量；$e^T = (1, \cdots, 1)$ 的 p 维的向量；松弛变量为 $S^- = (S_1^-, \cdots, S_m^-)$, $S^+ = (S_1^+, \cdots, S_m^+)$。

C^2R 模型的评价准则如表 7.3 所示。

表 7.3　　　　　　　　　　　　　C^2R 模型的评价准则

准则	判定指标	效率	备注
准则 1	$\theta_0 = 1$, $S^{0-} = 0$, $S^{0+} = 0$	DEA 有效（企业技术和规模同时有效）	资源配置最优化，得到充分利用，产出效果最佳，规模最佳

续表

准则	判定指标	效率	备注
准则 2	$\theta_0 = 1$ 和至少一个 $S_i^{0-} > 0$ or $S_r^{0+} > 0$	DEA 弱有效（企业技术和规模不能同时有效）	当 $S_i^{0-} > 0$ 表示第 i 种投入指标有 S_i^{0-} 没有充分利用；某 $S_r^{0+} > 0$ 表示第 r 种产出指标与最大产出值尚有某个 S_r^{0+} 的不足
准则 3	$\theta_0 < 1$	DEA 低效（企业技术和规模同时低效）	假设 $k = \dfrac{1}{\theta_0} \sum\limits_{j=1}^{n} \lambda_j^0$，若 $k < 1$ 规模效益递减；若 $k > 1$ 规模效益递增。当投入产出指标（x，y）变为 $(x^0 \theta_0 - S^{0-}, y^0 + S^{0+})$ 时，DEA 是有效的

资料来源：本书研究整理。

2. 变量的选取

本书设计的主要变量为企业跨国并购的影响因素、品牌选择类型和企业绩效，以及调节变量品牌契合度，具体的如表7.4所示。

表 7.4　　　　　　　　　　　　　　　**模型变量**

阶　　　段	输入/输出	变量名称
品牌契合度对企业跨国并购影响因素对品牌选择类型的调节作用	输入变量	企业制度因素
		企业的生产和经营资源因素
		企业产品因素
		企业核心竞争力因素
		产品品牌营销环境
		产品品牌的市场需求状况
		产品市场品牌的竞争程度
		民族主义
		文化差异
		价值多元化因素
	输出变量	品牌选择类型
品牌契合度对品牌选择类型对企业绩效的调节作用	输入变量	品牌选择类型
	输出变量	企业绩效

阶　段	输入/输出	变量名称
品牌契合度对企业跨国并购影响因素对品牌选择类型的调节作用	调节变量	品牌契合度
品牌契合度对品牌选择类型对企业绩效的调节作用	调节变量	品牌契合度

资料来源：本书研究整理。

3. 模型的设定与假设

本节涉及的主要假设为如下：

H5 品牌契合度在企业内在因素对品牌选择类型影响中有正向调节作用；

H6 品牌契合度在外部市场因素对品牌选择类型影响中有正向调节作用；

H7 品牌契合度在文化价值因素对品牌选择类型影响中有正向调节作用；

H8 品牌契合度在品牌选择类型对企业绩效的影响中有正向调节作用。

7.4.2　数据来源与处理

本书主要的数据来源于作者的调查问卷，统计数据来源于我们在 2014 年 5~9 月，采用方便抽样的方法在北京、上海、广州、深圳、天津五个城市发出 2000 份问卷，回收 1886 份，其中有效的问卷 1769 份，有效问卷占比 76.13%。主要的调查人群为跨国并购企业的中层和高层管理人员，涉及总经理、副总经理和各个职能部门经理等等。31~40 岁人群占比 32%，41~50 岁人群占比 33%，51 岁以上人群占比 45%。本书选取 14 个企业进行分析，企业绩效数据来源于这 14 个公司的年报统计而得。由于本书选取的数据单位不统一，所以我们对上述数据进行标准化处理。

7.4.3 模型估计

1. 品牌契合度对企业跨国并购影响因素对品牌选择类型的调节作用实证分析

本书运用 DEA 的 CCR 模型对没加入品牌契合度下的和加入品牌契合度下的企业跨国并购影响因素对品牌选择类型的影响进行分析，结果如表 7.5 所示。

表 7.5   DEA 评价结果

DMU	没加入品牌契合度下的 DEA 分析				加入品牌契合度下的 DEA 分析			
	Crste	Vrste	Scale	C	Crste	Vrste	Scale	C
1	0.826	0.839	0.885	irs	0.912	0.921	0.965	irs
2	0.852	0.861	0.866	—	1.000	1.000	1.000	—
3	0.755	0.813	0.855	drs	0.935	1.000	0.914	drs
4	0.762	0.887	0.773	irs	0.847	0.947	0.807	irs
5	0.813	0.834	0.879	irs	0.932	0.972	0.951	irs
6	0.886	0.789	0.852	—	1.000	1.000	1.000	—
7	0.803	0.798	0.703	irs	0.945	1.000	0.945	irs
8	0.884	0.801	0.884	drs	0.975	1.000	0.936	drs
9	0.836	0.868	0.867	irs	0.911	0.986	0.923	irs
10	0.801	0.774	0.766	—	1.000	1.000	1.000	—
11	0.865	0.888	0.877	irs	0.943	0.948	0.921	irs
12	0.798	0.755	0.742	—	1.000	1.000	1.000	—
13	0.777	0.841	0.833	irs	0.856	0.944	0.911	irs
14	0.797	0.864	0.895	irs	0.835	0.934	0.956	irs

注：Crste 为总效率；Vrste 为技术效率；Scale 为规模效率；C 为规模报酬。

2. 品牌契合度对品牌选择类型对企业绩效的调节作用实证分析

本书运用 DEA 的 CCR 模型对没加入品牌契合度下的和加入品牌契合度下

的品牌选择类型对企业绩效的影响进行分析，结果如表7.6所示。

表7.6 DEA 评价结果

DMU	没加入品牌契合度下的 DEA 分析				加入品牌契合度下的 DEA 分析			
	Crste	Vrste	Scale	C	Crste	Vrste	Scale	C
1	0.726	0.839	0.885	irs	1.000	0.921	0.965	irs
2	0.882	0.861	0.866	—	1.000	1.000	1.000	—
3	0.855	0.813	0.855	drs	0.955	1.000	0.914	drs
4	0.862	0.887	0.773	irs	0.947	0.947	0.807	irs
5	0.853	0.834	0.879	irs	1.000	0.972	0.951	irs
6	0.986	0.789	0.852	—	1.000	1.000	1.000	—
7	0.903	0.798	0.703	irs	0.945	1.000	0.945	irs
8	0.824	0.801	0.884	drs	0.975	1.000	0.936	drs
9	0.836	0.868	0.867	irs	0.911	0.986	0.923	irs
10	0.801	0.774	0.766	—	1.000	1.000	1.000	—
11	0.855	0.888	0.877	irs	0.943	0.948	0.921	irs
12	0.798	0.755	0.742	—	1.000	1.000	1.000	—
13	0.877	0.841	0.833	irs	0.856	0.944	0.911	irs
14	0.897	0.864	0.895	irs	0.835	0.934	0.956	irs

注：Crste 为总效率；Vrste 为技术效率；Scale 为规模效率；C 为规模报酬。

7.4.4 模型结果分析

实证模型结果分析如下：

第一，品牌契合度对企业跨国并购影响因素对品牌选择类型的调节作用实证结果分析。通过 DEA 的 CCR 模型对没加入品牌契合度下的和加入品牌契合度下企业跨国并购影响因素对品牌选择类型的影响结果显示，虽然没加入品牌契合度下的和加入品牌契合度下的企业跨国并购影响因素对品牌选择类型影响结果（Crste 值）都没达到 1，但是我们可以明显地看出 DMU1 ～ DMU14 加入品牌契合度所得到的 Crste 值都高于没加入品牌契合度所得到的

Crste 值，因此，可以得出品牌契合度有助于提高企业跨国并购影响因素对品牌选择类型的影响。

第二，品牌契合度对品牌选择类型对企业绩效的调节作用实证结果分析。通过 DEA 的 CCR 模型对没加入品牌契合度下的和加入品牌契合度下的品牌选择类型对企业绩效的影响结果显示，虽然没加入品牌契合度下的和加入品牌契合度下的品牌选择类型对企业绩效影响结果（Crste 值）都没达到 1，但是我们可以明显地看出 DMU1 ~ DMU14 加入品牌契合度所得到的 Crste 值都高于没加入品牌契合度所得到的 Crste 值，因此，可以得出品牌契合度有助于提高品牌选择类型对企业绩效的影响。

综上，实证分析结果可知加入品牌契合度的 DEA 分析结果比没加入品牌契合度的 DEA 分析结果要高，这就说明品牌契合度对企业跨国并购影响因素对品牌选择类型的调节作用和对品牌选择类型对企业绩效的调节作用起到促进作用。具体如表 7.7 所示。

表 7.7　　　　　　　　　　　　　　假设验证表

假设	假设内容	验证结果
H5	品牌契合度在企业内在因素对品牌选择类型影响中有正向调节作用	成立
H6	品牌契合度在外部市场因素对品牌选择类型影响中有正向调节作用	成立
H7	品牌契合度在文化价值因素对品牌选择类型影响中有正向调节作用	成立
H8	品牌契合度在品牌选择类型对企业绩效的影响中有正向调节作用	成立

资料来源：本书研究整理。

7.5　制造来源国效应的调节作用实证分析

7.5.1　模型选择

1. 模型选取

由于本节选取的变量是企业跨国并购的影响因素、品牌选择类型和企业绩效，研究制造来源国效应对两个阶段的调节作用，因此本节选取的研究模型是数据包络分析（DEA），分别研究再加入调节变量（制造来源国效应）的情况下对其作用效率的提升程度。

2. 变量的选取

本书设计的主要变量为企业跨国并购的影响因素、品牌选择类型和企业绩效，以及调节变量制造来源国效应，具体的如表7.8所示。

表7.8　　　　　　　　　　　　　　模型变量

阶段	输入/输出	变量名称
品牌契合度对企业跨国并购影响因素对品牌选择类型的调节作用	输入变量	企业制度因素
		企业的生产和经营资源因素
		企业产品因素
		企业核心竞争力因素
		产品品牌营销环境
		产品品牌的市场需求状况
		产品市场品牌的竞争程度
		民族主义
		文化差异
		价值多元化因素
	输出变量	品牌选择类型
品牌契合度对品牌选择类型对企业绩效的调节作用	输入变量	品牌选择类型
	输出变量	企业绩效
品牌契合度对企业跨国并购影响因素对品牌选择类型的调节作用	调节变量	制造来源国效应
品牌契合度对品牌选择类型对企业绩效的调节作用	调节变量	制造来源国效应

资料来源：本书研究整理。

3. 模型的假设

本节主要的模型假设为如下：

H9 制造来源国效应在产品生产因素对品牌选择类型影响中有正向调节作用；

H10 制造来源国效应在市场因素对品牌选择类型影响中有正向调节作用；

H11 制造来源国效应在文化价值因素对品牌选择类型影响中有正向调节作用；

H12 制造来源国效应在品牌选择类型对企业绩效的影响中有正向调节作用；

7.5.2　数据来源与处理

本书主要的数据来源于作者的调查问卷，统计数据来源于我们在 2014 年 5～9 月，采用方便抽样的方法在北京、上海、广州、深圳、天津五个城市发出 2000 份问卷，回收 1886 份，其中有效的问卷 1769 份，有效问卷占比 76.13%。主要的调查人群为跨国并购企业的中层和高层管理人员，涉及总经理、副总经理和各个职能部门经理等。31～40 岁人群占比 32%，41～50 岁人群占比 33%，51 岁以上人群占比 45%。本书选取 14 个企业进行分析，企业绩效数据来源于这 14 个企业的年报统计而得。由于本书选取的数据单位不统一，所以我们对上述数据进行标准化处理。

7.5.3　模型估计

1. 制造来源国效应对企业跨国并购影响因素对品牌选择类型的调节作用实证分析

本书运用 DEA 的 CCR 模型对没加入制造来源国效应下的和加入制造来源国效应下的企业跨国并购影响因素对品牌选择类型的影响进行分析，结果如表 7.9 所示。

表 7.9   加入调节变量的 DEA 分析结果

DMU	没加入制造来源国效应下的 DEA 分析				加入制造来源国效应下的 DEA 分析			
	Crste	Vrste	Scale	C	Crste	Vrste	Scale	C
1	0.812	0.856	0.822	irs	0.901	0.962	0.966	irs
2	0.800	0.852	0.812	—	1.000	1.000	1.000	—
3	0.778	0.845	0.841	drs	0.903	1.000	0.932	drs
4	0.763	0.858	0.745	irs	0.820	0.977	0.825	irs
5	0.821	0.885	0.874	irs	0.945	0.985	0.925	irs
6	0.832	0.788	0.852	—	1.000	1.000	1.000	—
7	0.852	0.787	0.789	irs	0.952	1.000	0.966	irs
8	0.841	0.856	0.841	drs	0.910	1.000	0.943	drs
9	0.811	0.865	0.832	irs	0.932	0.982	0.986	irs
10	0.803	0.785	0.726	—	1.000	1.000	1.000	—
11	0.867	0.817	0.847	irs	0.985	0.911	0.982	irs
12	0.707	0.733	0.775	—	1.000	1.000	1.000	—
13	0.799	0.851	0.814	irs	0.888	0.921	0.987	irs
14	0.765	0.861	0.868	irs	0.854	0.912	0.967	irs

注：Crste 为总效率；Vrste 为技术效率；Scale 为规模效率；C 为规模报酬。

2. 制造来源国效应对品牌选择类型对企业绩效的调节作用实证分析

本书运用 DEA 的 CCR 模型对没加入制造来源国效应下的和加入制造来源国效应下的品牌选择类型对企业绩效的影响进行分析，结果如表 7.10 所示。

表 7.10   加入调节变量的 DEA 分析结果

DMU	没加入制造来源国效应下的 DEA 分析				加入制造来源国效应下的 DEA 分析			
	Crste	Vrste	Scale	C	Crste	Vrste	Scale	C
1	0.839	0.856	0.822	irs	0.962	0.822	0.966	irs
2	0.861	0.852	0.812	—	1.000	0.812	1.000	—
3	0.813	0.845	0.841	drs	1.000	0.841	0.932	drs
4	0.887	0.858	0.745	irs	0.977	0.745	0.825	irs
5	0.834	0.885	0.874	irs	0.985	0.874	0.925	irs

DMU	没加入制造来源国效应下的 DEA 分析				加入制造来源国效应下的 DEA 分析			
	Crste	Vrste	Scale	C	Crste	Vrste	Scale	C
6	0.789	0.788	0.852	—	1.000	0.852	1.000	—
7	0.798	0.787	0.789	irs	1.000	0.789	0.966	irs
8	0.801	0.856	0.841	drs	1.000	0.841	0.943	drs
9	0.868	0.865	0.832	irs	0.982	0.832	0.986	irs
10	0.774	0.785	0.726	—	1.000	0.726	1.000	—
11	0.888	0.817	0.847	irs	0.911	0.847	0.982	irs
12	0.755	0.733	0.775	—	1.000	0.775	1.000	—
13	0.841	0.851	0.814	irs	0.921	0.814	0.987	irs
14	0.864	0.861	0.868	irs	0.912	0.868	0.967	irs

注：Crste 为总效率；Vrste 为技术效率；Scale 为规模效率；C 为规模报酬。

7.5.4　模型结果分析

第一，制造来源国效应对企业跨国并购影响因素对品牌选择类型的调节作用实证结果分析。通过 DEA 的 CCR 模型对没加入制造来源国效应下的和加入制造来源国效应下的企业跨国并购影响因素对品牌选择类型的影响结果显示，虽然没加入制造来源国效应下的和加入制造来源国效应下的企业跨国并购影响因素对品牌选择类型的影响结果（Crste 值）都没达到 1，但是我们可以明显地看出 DMU1～DMU14 加入制造来源国效应所得到的 Crste 值都高于没加入制造来源国效应所得到的 Crste 值。因此，可以得出制造来源国效应有助于提高企业跨国并购影响因素对品牌选择类型影响。

第二，制造来源国效应对品牌选择类型对企业绩效的调节作用实证结果分析。通过 DEA 的 CCR 模型对没加入制造来源国效应下的和加入制造来源国效应下的品牌选择类型对企业绩效的影响结果显示，虽然没加入制造来源国效应下的和加入制造来源国效应下的品牌选择类型对企业绩效的影响结果（Crste 值）都没达到 1，但是我们可以明显地看出 DMU1～DMU14 加入制造来源国效应所得到的 Crste 值都高于没加入制造来源国效应所得到的 Crste 值，因此，可以得出制造来源国效应有助于提高品牌选择类型对企业绩效的影响。

综上，实证分析结果可知加入制造来源国效应的 DEA 分析结果比没加入制造来源国效应的 DEA 分析结果要高，这就说明制造来源国效应对企业跨国并购影响因素对品牌选择类型的调节作用和对品牌选择类型对企业绩效的调节作用起到促进作用。具体如表 7.11 所示。

表 7.11　　　　　　　　　　　　**假设检验**

假设	假设内容	验证结果
H9	制造来源国效应在产品生产因素对品牌选择类型影响中有正向调节作用	成立
H10	制造来源国效应在市场因素对品牌选择类型影响中有正向调节作用	成立
H11	制造来源国效应在文化价值因素对品牌选择类型影响中有正向调节作用	成立
H12	制造来源国效应在品牌选择类型对企业绩效的影响中有正向调节作用	成立

资料来源：本书研究整理。

7.6　模型估计的结果讨论

品牌选择类型与绩效关系的检验结果讨论如下。中国企业跨国并购后的品牌选择的主要影响因素主要有以下三个方面：企业内在因素方面、外部市场因素方面和文化价值因素方面。其中企业内在因素方面主要包括企业制度、企业产品、企业品牌、企业资源和企业核心竞争力；外部市场因素方面包括国际营销环境、国内外需求和国内外竞争；文化价值因素方面包括文化认同、价值取向和政策支持。并且它们三者之间还相互影响，市场因素对企业产品生产因素产生影响，企业产品生产因素和市场因素都对文化价值因素产生影响。中国企业跨国并购后的品牌选择主要有三种类型：选择 1，并购方品牌；选择 2，被并购方品牌；选择 3，新创建品牌。企业选择哪一类型取决于企业自身的资源因素。选择 1 下，市场因素对企业自身因素的影响作用为：0.21、0.32、0.25、0.36、0.42，企业产品生产因素对文化价值因素的影响作用为：

0.24、0.03、0.53、0.23、0.29，市场因素对文化价值因素的影响作用为：0.11、0.21、-0.32；选择 2 下，市场因素对企业产品生产的影响作用为0.32、0.42、0.52、0.53、0.58，企业产品生产因素对文化价值因素的影响作用为：0.32、0.001、0.0.43、0.19、0.29，市场因素对文化价值因素的影响作用为：-0.5、0.632、-0.06；选择 3 下，市场因素对企业产品生产因素的影响作用为0.62、0.63、0.67、0.75、0.71，企业产品生产因素对文化价值因素的影响作用为：0.26、0.002、0.0.47、0.2、0.5，市场因素对文化价值因素的影响作用为：-0.5、0.826、0.22。

为了更好地研究每个品牌选择类型下企业绩效的影响作用，我们引入品牌契合度和制造来源国效应两个调节变量。研究表明，在三个不同的品牌选择类型下，品牌契合度对企业绩效的提升都显示正向地促进作用，制造来源国效应对企业绩效的提升都显示正向地促进作用。在不同的中国企业跨国并购后的品牌选择情况下，企业产品生产因素方面、市场因素方面和文化价值因素方面对企业绩效的影响程度也不同。选择 1 下，企业产品生产因素方面对企业绩效的影响程度为 0.27、0.64、0.5、0.2、0.44，市场因素方面对企业绩效的影响程度为 0.64、0.61、0.96，文化价值因素方面对企业绩效的影响程度为 0.3、0.385、0.545；选择 2 下，企业产品生产因素方面对企业绩效的影响程度为 0.28、0.67、0.54、0.21、0.004，市场因素方面对企业绩效的影响程度为 0.78、0.72、-0.11，文化价值因素方面对企业绩效的影响程度为 0.42、0.635、0.555；选择 3 下，企业产品生产因素方面对企业绩效的影响程度为 0.4、0.07、0.52、0.27、0.55，市场因素方面对企业绩效的影响程度为 0.80、0.66、0.12，文化价值因素方面对企业绩效的影响程度为 0.54、0.525、0.6。

第8章　中国企业跨国并购后品牌选择及其对企业绩效影响案例分析

8.1　联想集团并购 IBM PC 业务案例

8.1.1　并购双方基本情况

1. 联想集团基本情况

个人电脑细分行业龙头企业联想集团成立于 1984 年，由中科院计算所投资 20 万元人民币、11 名该领域核心技术人员共同创办成立。联想集团的企业经营范围涵盖笔记本电脑、台式电脑、一体机电脑、掌上电脑等系列产品，以及电脑主板、服务器、手机、打印机等产品的研发、生产和销售，为全球客户提供安全可靠的电脑和相关服务。1996 年开始，联想电脑的销量一直在国内市场处于领先地位，国内电脑市场占有率第一。联想集团 2004 年收购美国国际商用机器公司（IBM）的 PC（personal computer，个人电脑）事业部。2013 年联想电脑销售业绩取得重大突破，全球个人电脑市场占有率排名第一，成为全球范围内规模最大的 PC 生产厂商。2014 年 10 月，联想集团完成对摩托罗拉移动的收购。联想集团依托创新的技术和产品、管控高效的供应链、科学合理的发展战略和坚决而迅速的执行力，目前已发展成为一家在信息产业内多元化发展、富有创新性的国际化大型企业集团，联想集团的客户遍布全球 160 多个国家。2014 年 5 月 21 日，联想集团发布 2013 财年的经营业绩情况和重要财务指标，2013 财年，联想集团营业收入合计 387 亿美元，较 2012 年增长 14.3%；全年净利润合计 8.17 亿美元，较 2012 年增长 28.7%。2014 财年，联想电脑产品板块的销售量为 5500 万台，同比增长 5%；智能手机板块的销售量创下历史新高，超过 5000 万台，同比增长 72%；平板电脑板块的销售量超过 900 万台，为 2013 年销售量的 4 倍。联想集团个人电脑业务及相关业务收入为 318.35 亿美元，同比增长 7%；移动设备的销售额同比上升 86%，为 56.57 亿美元；其他产品及服务的收入为 12.15 亿美元。

2. IBM 公司简介

全球性信息技术和业务解决方案公司 IBM 公司（又名"国际商业机器公司"）于 1911 年在美国创立，为全球客户提供领先的云计算、企业移动应用、大数据分析、信息安全、社交商务等解决方案。IBM 公司首创的个人计算机标准沿用至今，长期成为计算机行业的领导者，自 1950 年以来席卷全球计算机市场，并在全球市场占据主导地位。20 世纪 90 年代后，公司业务重点发生转移，逐渐从利润相对微薄的 PC 业务转移到利润较为丰厚的芯片技术及企业解决咨询、服务、软件和硬件。据统计，IBM 公司在美国共注册有 7534 项专利，是全球专利最多的公司之一。2014 年全球营业收入高达 928 亿美元，业务覆盖 170 多个国家和地区。

3. 本次并购的背景和动机

（1）PC 制造行业分析。PC 自身具备的信息处理功能，使其成为人类文明史上一次重大变革，并广泛而深入地改变着人类的生活方式。纵观 PC 制造业的发展历史，该行业历经三次重大变革：第一次变革是"笔记本电脑"概念的诞生，1985 年东芝生产制造的 T1000 标志着"笔记本电脑"概念由此诞生；第二次变革是 Intel486 TX DX CPU 微处理器的诞生，使电脑开始从命令执行转变到鼠标操作；第三次变革是 PC 服务器的诞生促使计算机的使用普及至全球。20 世纪 90 年代中期，Internet 技术得到广泛地推广和运用，PC 服务器由此诞生，由此计算机的使用普及至全世界，越来越多的家庭和企业开始使用计算机。

从行业发展的上、中、下游产业链来看，PC 制造业上游是 PC 技术研发商，PC 技术的研发是该行业发展的核心，属知识密集型产业，市场进入门槛极高，Microsoft 公司和 Intel 公司分别拥有微软的视窗操作系统和中央微处理芯片，控制着 PC 软件和硬件的标准；PC 制造业的中游主要是 PC 配件的生产商，科技含量相对较低且技术日益成熟，属于劳动密集型产业；PC 制造业的下游主要是 PC 的销售商，主要包括电脑装配和销售代理等，通过赚取产品差价获取利润。

PC 行业存在微笑曲线，微笑曲线左右两边分别是"研发"和"营销"，"制造"位居中间。当前全球制造行业市场整体供大于求，制造环节的利润低于研发和营销环节，因此 PC 产业未来发展趋势是朝"微笑曲线"的两端发展，PC 行业的企业发展的重点应在研发创新和客户导向的营销与服务，才能获取利润回报和生存空间。

并购 IBM PC 个人电脑业务前，联想集团的制造能力相对突出，技术研发实力相对一般，销售能力在国内市场具有一定的竞争优势，处在 PC 行业的中下游水平，位于"微笑曲线"的中下部分（见图 8.1）。

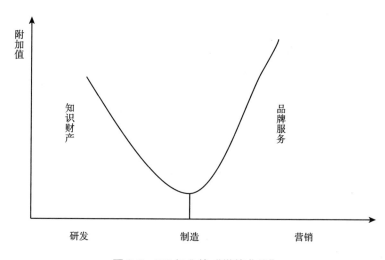

图 8.1　PC 行业的"微笑曲线"

（2）联想并购前经历了三次战略转型：

第一次是从 PC 向互联网转型。深受全球互联网大潮的刺激和影响，2000年联想集团开始进行第一次战略转型，即联想集团由信息产品技术向网络技术和信息服务全面转型。当年推出 FM365 网站后，又以 293 亿元人民币的有形资产控股赢时通，成为当时中国网络行业最大一笔并购案。

第二次是从互联网转型至服务。第一次转型后不到一年时间，杨元庆上任联想公司新总裁。上任后第一件事就是对外宣布联想将由 PC 厂商转型为 IT 服务提供商，以期用三年的时间成为国内 IT 服务业重量级企业，主营业务收入力争达到 IBM 水平。为此 2001～2002 年的两年间进行了一系列的并购重组与整合，公司先后并购了汉普咨询、中望商业机器有限公司等，与智软计算机系统开发公司成立合资公司共同开发保险领域内的 IT 服务。受到各种因素的影响，2002 年来自 IT 服务的全部收入仅占联想集团全年总收入的 1% 左右，上述并购和扩张活动并没有给联想集团带来较大的预期收益。

第三次是回归主业 PC。面对当时的困难，2004 年联想集团将公司的核心业务重新确定为 PC 业务，之后公司重点发展 PC 业务，IT 服务开始沦为公司的附属业务并于 2004 年 7 月被联想集团彻底出售。

（3）本次并购的动机。在两次战略转型失败、多元化发展受阻的情况下，联想集团决定回归主业，沿着以个人电脑为主、手机次之的战略思想发展。并购 IBM PC 业务前，联想集团制造能力相对突出，研发实力相对一般，技术含量相对较低，销量在国内市场具有一定的竞争优势，但品牌不具有竞争优势，处于 PC 行业中下游水平。随着国内 PC 市场价格竞争的日趋白热化，联想集团的利润空间不断被压缩。至此联想集团确定坚持不断提高研发水平、提高产品科技含量、创造高品质产品，进而提升品牌竞争优势，才能在竞争激烈的 PC 市场中占据一席之地，这也成为驱使联想集团谋求跨国并购的一个强大内在动力。虽然联想集团内部高管柳传志对外宣称是因为看重 IBM 公司强大的研发实力和先进的管理技术才决定收购 IMB PC 业务，但纵观本次并购过程和结果，我们认为联想集团跨国并购的根源是受到联想集团战略利益的驱动，联想集团与 IBM PC 业务间在地缘和产品两方面均存在很强互补性，

IBM PC 业务虽然亏损，但其已经具备联想缺乏且迫切需要弥补的品牌、销售人员、销售渠道、管理团队、售后服务体系等多方面竞争力要素，同时本次并购使联想集团可以在 IBM 已经搭建好的平台基础上迅速拓展国际业务，同时联想可以通过 IBM 更好地学习国际先进的企业管理经验和市场运作经验，所以本次跨国并购对于当时一心想走国际化路线的联想集团来说确实是最佳选择。

4. IBM 缘何剥离 PC 业务

（1）PC 业务已成为 IBM 的负担。20 世纪 80 年代 IBM 将个人电脑带入主流市场，同时也成为个人电脑的缔造者。但随着个人电脑的普及，其价格也持续走低，此时劳动力成本直接决定着个人电脑的生产成本。日益走低的市场价格，居高不下的用工成本，使 IBM 的 PC 业务利润逐年减少，最终呈现亏损状态。在 PC 行业日渐萧条的背景下，IBM 必然会剥离已成为负担的 PC 业务。

（2）IBM 战略转型的要求。一直以来 IBM 仅把 PC 业务看作是一项非战略性业务，仅希望以 PC 业务带动软件、其他硬件的销售以及相关服务的增长。1990 年 IBM 由于陷入巨亏，技术创新及服务逐渐转变为其经营核心，逐渐淡出 PC 业务市场，业务重心放在向企业客户提供 IT 相关服务以及商业流程建议等方面的服务。随着 PC 市场日趋衰落，IBM 公司战略转型后，决定出售其 PC 业务，以免其拖累公司的整体发展。

8.1.2 本次并购的过程

1. 并购内容

历经 13 个月的谈判沟通，联想集团于 2004 年 12 月 8 日正式宣布收购 IBM 公司 PC 业务的重大协议，联想以现金 6.5 亿美元和当时价值 6 亿美元的联想股票收购 IBM 的全球 PC 业务，收购范围包括 ThinkPad 品牌及相关专利、笔记本电脑业务、台式机业务相关的技术和渠道，以及位于美国和日本的研发中心等。本次跨国并购后，IBM 持有联想 18.9% 的股权和 9.9% 的投票权，联想获得了 IBM 的全球 PC 业务、商标及相关技术并承担 IBM 的相关债务（5亿美元）。

2. 并购结果

本次并购后，新联想由联想控股持股 45.9%、IBM 持股 18.9% 和公众股东持股 35.2% 构成，当时联想董事局副主席、总裁兼 CEO 杨元庆担任新联想董事局主席，当时的 IBM 高级副总裁兼 IBM 个人系统事业部总经理史蒂夫·沃德担任新联想 CEO。并购后联想集团获得 IBM PC 业务的数百项专利、品牌效应、遍布全球的营销网络和巨大的海外市场份额，年收入超过百亿美元，成为世界第三大 PC 生产商。新联想集团的总部由北京迁至美国纽约，在北京和美国北卡罗来纳州罗利市设立新联想两大运营中心，并在全球各地设立销售办事处。

8.1.3　跨国并购后品牌整合效果分析

按照交易协议约定，新联想集团在收购日起五年内可无偿使用 IBM 品牌，并获得"Think"个人电脑系列的全部商标和相关技术，其中收购后一年半内单独使用 IBM 的 PC 品牌；收购后一年半到五年期间，IBM 和联想这两个品牌同时运营；收购五年后则主推联想品牌。

交易协议之所以做出这样的品牌选择，源于有相当历史沉淀的 IBM 品牌已经被市场认同为高科技含量、高品质的品牌，然而联想品牌尚未具备 IBM 品牌同样的品牌效应，因此，跨国并购后联想寄希望借用 IBM 高品牌价值、高科技含量品牌效应，以主打产品 ThinkPad 笔记本电脑和 Think Center 桌面产品进入全球市场，以 Lenovo 品牌产品和 IBM 品牌产品分别主打中国的家用电脑市场和商用电脑市场，以期望借助 IBM 的品牌效应来带动 Lenovo 品牌的拓展和提升，迅速扩大全球市场份额。同时借助都灵和北京奥运的契机，联想增强了自有品牌 Lenovo 的宣传力度，从而提高了 Lenovo 品牌在全球市场的知名度，加快了 Lenovo 品牌向世界性知名品牌过渡的步伐，这样联想也逐步实现成为全球 PC 市场份额居首位的国际性公司目标。

8.1.4 联想集团并购 IBM PC 业务后多品牌战略定位

由于联想品牌和 Think 品牌的历史和特性不同，因此提升联想（Lenovo）品牌的美誉度及提高 Think 品牌的忠诚度这两方面成为联想集团品牌建设的重点。

1. 提升联想品牌的美誉度

联想在并购前还只是一个年轻品牌，跨国并购后联想品牌建设的重点无疑是提升品牌美誉度，其实施步骤可归纳为：

（1）严格执行质量标准。客户对于品牌美誉来源于公司所提供的产品质量和服务水平。联想想成为著名品牌，在产品生产和提供服务过程中都必须建立严格的、科学的质量标准体系，并且严格遵守执行，以确保产品及服务的质量。在继承原 IBM 高质量标准体系的前提下，联想应将产品质量和服务水平作为企业的立身根本，进一步完善和遵守严格的质量管控体系，保持联想生产产品和提供服务的高质量和可靠性，建立和维护联想品牌的美誉度。

（2）品质改进上的技术创新。在产品同质化较为严重的 PC 行业，只有不断提升产品品质，才能在激烈的市场竞争中立于不败之地。因此，联想在并购后应加大新技术的研发投入，不断研发出符合消费者需求的新产品，形成与同行差异化的产品和服务，这样才能提高联想品牌在交易型客户中的影响力。

（3）建立顾客回声系统（ECHO）。随着 PC 市场的飞速发展和消费者观念的更新，早期电脑制造生产商仅关注产品质量的思想观念已逐渐与市场发展不相适应，PC 消费者对个人电脑的性能要求和期望越来越高。除了需要生产满足消费者需求的电脑产品，还需为消费者提供专业高效的整体问题解决方案。因此联想应保持和客户的随时沟通，不断提高产品和服务的质量和水平，倾听消费者的意见和建议。出于上述想法，联想建立了客户回声系统，针对交易型客户建立一套客户体验及反馈体系，从产品研发设计之初到产品上市后都重视不同类型消费者的意见和建议，不断总结经验和教训，致力于提供消费者满意的产品和服务。

（4）提供消费者满意的产品和服务。消费者满意的产品和服务，可塑造和保持品牌的美誉度，产生忠实的用户群体。当联想品牌被消费者普遍接受和认可、视之为值得信赖的品牌时，联想产品的品质就能被越来越多的消费者所接受。因此，联想应坚持不懈地为消费者提供高质量的产品和高水平的服务，只有具备向消费者提供满意产品和服务的能力，联想品牌与消费者的关系才能拉近并得到增强，增加客户黏性，培养联想忠实的消费群体，提升联想品牌的美誉度。

2. 提高 Think 品牌忠诚度

并购前 Think 品牌已经创立多年并且已经拥有广泛的用户，因此提高品牌忠诚度无疑成为 IBM 旗下 Think 品牌建设的重点。提高 Think 品牌忠诚度可通过以下四个主要途径实现。

（1）树立以顾客为中心的经营理念，识别企业核心顾客。由于企业的人力、物力和财力相对有限以及每个关系型客户对 Think 品牌的忠诚度以及对企业业绩贡献度不同，因此，联想可通过客户对 Think 品牌的忠诚度以及客户对企业业绩贡献度，细分关系型客户，识别出哪些客户是 Think 品牌的核心顾客，集中精力为这些核心客户提供更高的消费价值。

（2）不断提升产品品质和企业形象，并广泛宣传。Think 品牌对于客户来说是高质量产品的代名词，客户对 Think 品牌的忠诚度无论何时都会以质量为根本。因此联想应不断提高产品质量和服务品质，打造高质量产品和高水平服务制造者的企业形象，并广泛宣传，让越来越多的消费者知晓并认同 Think 品牌。

（3）建立 Think 品牌俱乐部，提高 Think 品牌产品忠诚度。通过建立品牌俱乐部为购买联想产品和服务的客户构建一个交流平台，方便客户间对联想产品的使用心得进行沟通和交流，促进提升联想产品和服务品质，同时，拉近联想品牌与客户间的关系，培养客户对联想品牌的忠诚度和依赖感。基于全球已经拥有众多 ThinkPad 笔记本电脑的用户，建议 Think 品牌俱乐部先通过 ThinkPad 为切入点，以期将 ThinkPad 产品的忠诚度转化为对 Think 品牌忠诚度。

（4）让顾客确定产品的品质、价格、产品形象和价值标准。顾客是 Think 品牌产品和服务的最终消费者和体验者，如果新的产品和服务不能够满足顾客需求或者达不到顾客满意和期望，那么新产品和新服务就存在立即被市场淘汰的风险。为降低新产品开发风险，联想开发新产品或新服务需与顾客的需求紧密相连，邀请顾客参与新产品或新服务的开发及试用，听取并搜集顾客的反馈意见，让顾客确定产品的品质、价格、产品形象和价值标准。这样不但可以降低新品开发风险，并开发出顾客满意的产品和服务，还可增强顾客对新产品的认同感和依赖感，培养顾客对 Think 品牌的忠诚度。

历经跨国收购后多年整合和发展，2013 年联想电脑销量在全球电脑市场蝉联榜首，已经发展为全球最大的 PC 生产商。同时联想集团已逐步发展成为一家在信息产业内多元化发展的大型企业集团，富有创新性、国际化、高科技等优势已经使联想品牌成为全球知名的中国民族品牌。

8.2　吉恩镍业并购案探究

虽然近年来中国矿产资源的对外依存度随着中国经济的迅猛发展不断攀升，但是国际矿产资源价格的话语权却由发达国家跨国矿业巨头掌握，国际矿产资源价格的巨幅波动已经使中国矿产资源企业苦不堪言。为保证企业的正常运转，需要掌握更多的海外矿产资源。因此，通过跨国并购掌握更多的海外矿产资产，已经成为中国矿产企业发展的目标之一。

8.2.1　背景介绍

1. 吉恩公司概况

吉林镍业集团有限责任公司（现已改制重组为吉林昊融有色金属集团有限公司）集中优势资源发起设立了吉林吉恩镍业股份有限公司（简称"吉恩镍业"），经过多年的发展，吉恩镍业已成为一家由集采矿、选矿、冶炼、化工于一体的现代化冶金上市公司，公司的营销网络已经遍布全球。公司是吉林省重点扶持企业、国家高新技术企业，公司拥有的国家级企业技术中心已通过 ISO9001 质量管理体系和 ISO14001 环保的体系认证。

2. 吉恩镍业近几年来经济运行情况及所处行业分析

依托公司的羰基系列产品建设和 1.5 万吨镍冶炼系统技术改造工程，镍铜钴板块业务被定为"十二五"期间吉恩镍业的经营和发展重点。加快技术升级、结构优化，力争将公司建成具有国际竞争力和强大影响力的有色金属工业基地和高成长性企业。但由于镍资源的稀缺性已经制约了吉恩镍业的发展，因此，吉恩镍业为实现跨越式发展希望通过跨国并购掌握优质的镍资源。为了获得境外镍金属储量超过 40 万吨的相关权益，公司通过在加拿大设立的子公司吉恩国际投资有限公司先后收购了加拿大黄金溪谷风险勘探开发项目、加拿大 Liberty 矿业公司 51% 股权以及皇家矿业（加拿大上市公司）100% 股权。通过上述一系列跨国并购整合，吉恩镍业获得了优质且丰富的镍资源，资产总额突破 198 亿元，从而保障了公司健康稳定发展。

8.2.2　加拿大皇家矿业项目

1. 本次收购动因

为有效提升原材料镍资源储备，充分发挥公司在镍金属采选的技术优势，加快公司国际化发展战略，增强方式盈利能力，吉恩镍业决定与合作伙伴加拿大 Goldbrook ventures Inc. 共同联手通过要约收购方式收购了加拿大上市公司皇家矿业 100% 股权。

2. 收购目标及相关公司概况

（1）皇家矿业概况。公司总部位于加拿大魁北克省蒙特利尔的加拿大皇家矿业公司（Canadian Royalties）是一家在加拿大多伦多证券交易所上市的矿业上市公司，皇家矿业拥有采矿权许可证，先后发现 10 个镍矿床 TK、Mesamax、Tootoo、Expo、Mequillon、Ivakkak、Allammaq、Kehoe、Puimajuq 和 Giraffe，该公司的发展目标是成为一个独立的中型镍金属生产商。皇家矿业所属的勘查区内已探明具有加拿大 NI43 – 101 评价标准的 Mesamax、Expo、Ivakkak、Mequillon、Tk、Allammaq 6 个矿床，符合矿业权开发利用所需资质条件以及加拿大行业准入的相关条件，资源总量为矿石量 2534 万吨，镍金属量 22.8 万吨，铜金属量 27.7 万吨。2008 年皇家矿业获得 Mesamax、Expo、Mequillon 和 Ivakkak 四个矿权的开采权和废料场许可。截至 2008 年末，皇家矿业已斥资约 1.99 亿加元进行设计和购置采矿设备等采矿工程的相关准备工作，预计投产两年后年采矿量达到 11800 吨镍精矿、17600 吨铜精矿、425 吨钴精矿、14500 盎司铂和 78600 盎司钯（均为金属量）。然而 2008 年受金融危机影响，公司突然决定暂停矿山的建设，计划在经济恢复后再重新开工，矿山随即进入维护状态。

（2）加拿大 GBK 公司概况。创立于 1983 年 5 月的黄金溪谷公司（Goldbrook Ventures Inc.）在魁北克努那维克地区镍矿带拥有 4200 平方公里探矿权，是一家持有两项极优秀工程的小型采矿上市公司。该公司主要从事镍硫化物矿床的矿产勘探，勘探活动主要集中在全球最赚钱的镍—铜—铂系元素金属矿山之一的魁北克省北部拉格伦区（Raglan 矿区）。经双方协商一致，Goldbrook 旗下的 Raglan 矿区由吉恩镍业与 Goldbrook 共同勘探和开发，其中吉恩镍业在合作后的三年内需要投入资金 4500 万加元对 Raglan 矿区进行勘探，取得 Raglan 矿区 50% 权益。吉恩镍业与 GBK 业务合作已有多年默契，且作为加拿大上市公司的 GBK 有着很强的管理团队和丰富的谈判经验，加之熟悉加拿大法律，能很好的规避收购风险。

8.2.3　交易概况

2009 年 3 月，吉恩加拿大矿业公司成立，其中吉恩镍业持股 75%，Goldbrook 持股 25%。而后吉恩加拿大矿业公司在二级市场以每股 0.28 加元的价格收购了皇家矿业 9.84% 的股份（即 1046.1 万股）。

为了进一步取得皇家矿业控制权，2009 年 8 月 7 日吉恩镍业与黄金溪谷（GBK）签署了《股东联合竞标和运营协议》，共同收购皇家矿业 100% 股权。在《股东联合竞标和运营协议》中约定，吉恩镍业需要提供用于收购皇家矿业股票、债券及相关费用（合计 1.485 亿加元）。其中吉恩加拿大矿业公司以每股 0.60 加元价格购买皇家矿业 100% 股权，以每 1000 加元面值的债券出价 600 加元，收购皇家矿业全部 2015 年 3 月 31 日到期的 7% 可转换高级无担保债。《股东联合竞标和运营协议》签署后，双方开始启动对皇家矿业收购工作。

2009 年 8 月 10 日，吉恩镍业对外发布公告称将通过其子公司吉恩加拿大矿业公司要约收购加拿大上市公司皇家矿业 100% 股权。2009 年 8 月 25 日，吉恩镍业要约计划被皇家矿业董事会拒绝，董事会认为吉恩镍业股权对价相对较低。此后双方接触不断加深，皇家矿业董事会态度渐渐扭转，2009 年 10 月 14 日双方签署友好收购支持协议。2009 年 10 月初，吉恩镍业的收购资金全部到位，经中国国家发改委核准后，汇出至吉恩加拿大矿业公司的银行账户。2009 年 10 月 17 日，吉恩镍业对外公告，皇家矿业已经同意按修订后的收购价格（即每股 0.8 加元、债券收购价格 800 加元）进行收购，收购要约也展期至 2009 年 10 月 27 日。2009 年 10 月 19 日吉恩镍业代表赴加拿大最后敲定收购合同，双方完成股权转让手续及相关许可工作，标志着跨国并购的第一阶段交易已经成功。随后，收购进入第二阶段交易程序，即收购剩余普通股权和可转换债券。

2010 年 1 月 13 日，吉恩镍业委派代表进入皇家矿业董事会，派驻经营管理团队，重新启动努那维克项目（Nunavik）的开发及该区域的勘探工作，为努那维克镍矿项目提供或筹措全部开发资金，计划项目建设完成于 2012 年 11 月，自 2013 年始开始投入镍和铜精矿的生产。吉恩镍业仅持有皇家矿业 75% 股权，GBK 持有剩余的 25% 股权。为了达到 100% 控股皇家矿业，吉恩镍业展开对 GBK 公司收购。

2012 年 1 月 20 日，《公司要约收购加拿大 Goldbrook Ventures Inc. 100% 股权》的议案经吉恩镍业第四届董事会第二十次（临时）会议审议通过，标志着吉恩镍业对 GBK 公司收购的开始。2012 年 5 月 28 日吉恩镍业成功取得皇家矿业 100% 股东权益，大大提高了皇家矿业下属矿产项目的建设效率。

吉恩镍业成功收购皇家矿业，标志着中国企业第一次按照加拿大市场规则以私有化目的的公开收购一家加拿大上市公司。伴随着本次收购完成，吉恩镍业获得皇家矿业雄厚的镍矿资源储量，续建的努那维克铜镍矿建设项目可产镍精矿 71874 吨，大大增加了吉恩镍业矿产资源储备，提高吉恩镍业在全球市场的地位与品牌影响力，同时也为国内其他资源类企业开展跨国并购提供良好的成功经验。

8.2.4　吉恩镍业跨国并购后品牌整合策略

吉恩镍业完成对加拿大皇家矿业跨国并购，不仅控制了战略资源、进军海外市场，而且提高了中国民族品牌的影响力和竞争力，创造了良好的国际形象。但跨国并购只是第一步，跨国收购后的资源、技术、人员、销售渠道等的整合成败以及发展战略和品牌策略将直接影响跨国并购的效果及企业绩效。

第一，坚持自主品牌。吉恩镍业在跨国并购过程中首先设立吉恩加拿大矿业公司，然后以吉恩加拿大矿业公司为主体收购皇家矿业与 GBK 公司的 100% 股东权益，坚持了自主品牌"吉恩"，本次跨国并购也是中国企业第一次按照加拿大市场规则以私有化目的公开收购一家加拿大上市公司，直接提高"吉恩"品牌在国内外市场的知名度，提升中国民族品牌的影响力和国际形象。

第二，明晰战略意图。在并购后，吉恩镍业与皇家矿业高级管理人员通过广泛沟通与交流，制定了有利于企业未来发展的战略构想和经营策略，包括公司的未来发展愿景、经营目标、实现经营目标的关键计划、组织机构的变革和整合，经营战略从企业原料自给型上升转变为资源保障型。此外，吉恩镍业积极与斯特拉塔（Xstrata）等知名矿产企业沟通，优化矿产资源的配置，形成以斯特拉塔（Xstrata）在近邻俄罗斯远东资源为支点，解决吉恩镍业原料需求和可靠供给。同时将加拿大皇家矿业等资源予以互补，达成全球物流整合的效果，实现利益最大化。

第三，强化执行管理。跨国并购后整合过程中，吉恩镍业密切关注所有的整合工作，强化执行管理，提高利益相关者工作的积极性，加强企业的人文关怀，为皇家矿业的员工创造优良的工作条件，发挥皇家矿业员工的主观能动性，人尽其才、才尽其用，确保并购后的皇家矿业维持好的发展势头。

第四，保持平稳过渡。为确保被收购企业的平稳过渡，吉恩镍业每次重大收购后都建立和健全稳定的管理计划和问题解决机制。为尽量减少管理震动对经营带来的不利影响，吉恩镍业在并购后整合过程中，对重点不合作的员工果断解聘，对个别不合作的高级管理人员进行微调，与员工进行友好沟通，提拔优秀员工至重要岗位，保障吉恩镍业在收购后经营能够平稳过渡。

第五，重视整合中外文化。吉恩镍业跨国并购后重视对被并购公司所在国家文化的理解与研究，对被并购公司的企业文化、价值观进行系统的研究与分析，通过各种沟通工作，让皇家矿业的员工更深入地了解中国文化以及吉恩镍业的公司文化、发展目标和管理机制，确保双方文化得到有机融合。

8.2.5 吉恩镍业跨国并购的启示

吉恩镍业成功收购皇家矿业，标志着中国企业第一次按照加拿大市场规则以私有化目的公开收购一家加拿大上市公司。跨国并购后的整合工作是一项系统的工程，并购后整合的效果直接决定了被并购公司的命运。吉恩镍业跨国并购后通过坚持自主品牌、明晰战略意图、强化执行管理、保持平稳过渡和重视中外文化整合等一系列的并购整合工作，在战略、制度、机制、组织和文化方面让并购双方达成一致意见并协同运作，双方的核心竞争力得到增强，在此过程中也不断提升了"吉恩"品牌在国内外市场的知名度和影响力。

8.3　荣威汽车案例

8.3.1　上海汽车工业总公司与罗孚汽车公司简介

1. 上海汽车工业总公司简介

上海汽车工业总公司（简称"上汽集团"）是中国三大汽车集团之一，主要从事乘用车、商用车以及相关汽车零部件的投资、开发、生产、销售以及相关的汽车服务贸易和相关金融业务。创立至今，上汽集团一致秉承自主开发与对外合作并举的发展理念，深入推进合资品牌和自主品牌共同发展的格局：一方面加强与全球著名汽车公司（如美国通用、德国大众等）的战略合作，不断推动上海通用、上海大众、上汽双龙、上汽通用五菱、上海中沃等合资汽车品牌相关系列产品的后续发展，经过多年发展已经取得了卓越成效；另一方面加快技术创新，通过集成全球资源，顺利实现国内首款自主研发中高级轿车——荣威750的成功上市，创立了自主研发车辆的良好品牌形象。

2. 罗孚汽车集团简介

罗孚汽车集团旗下曾拥有诸多汽车品牌，如罗孚、MG、捷豹、陆虎、mini等，其中P5曾成为包括哈罗德·威尔逊首相、撒切尔首相以及英国女王的私人用车。1986 年罗孚被英国航空公司买下所有出品的新车都可以使用罗孚 Rover 标志。由此罗孚的品牌价值大大削减罗孚从女王专用车变成了随处可见的经济型轿车。英国航空曾将其卖给宝马，最终宝马对罗孚失去信心，2005 年 4 月 8 日在未获政府的拯救贷款之后罗孚汽车集团申请破产保护。

3. 并购动因

20 世纪末以来中国汽车工业出现了高速增长，特别是自 2002 年"入世"以来中国汽车出现了稳步增长，2005 年全国汽车业实现累计产销 570.77 万辆和 575.82 万辆。于是在国际汽车巨头纷纷进入国内设厂生产，国内汽车市场已经成为全球第二大汽车消费市场的时候，本土汽车却湮没无声、没有自主技术，中国汽车企业逐渐成为跨国汽车集团在中国的装配车间。没有自主知识产权市场换技术等于零自主知识产权、自主品牌成为中国汽车业的"阿基里斯之踵"。因此，在国际巨头和国内市场的双重挤压下，中国汽车企业"走出去"就更加显得值得一试，通过收购先进的欧美企业获得技术、品牌和管理经验等核心能力就成为迅速拉近中国汽车与国际汽车差距的可行办法。

在这种心态与背景下，2004 年 12 月在英国老牌汽车制造商罗孚（ROVER）破产前，上汽集团以 6700 万元购入罗孚 75 型、25 型两款车型知识产权（上汽基于罗孚的车型荣威已上市），而随后 2005 年 7 月罗孚破产后，南汽集团以 5300 万英镑收购了 MG 品牌罗孚和 ZT、ZR、TF 三个车型以及发动机生产分部（南汽集团基于罗孚的车型名爵已上市），而罗孚品牌则落入了美国福特手中。

8.3.2　并购的过程

2003 年 6 月 16 日，上汽集团与罗孚汽车集团签署了关于开发新型车、拓展罗孚全球汽车市场尤其是中国市场的战略合作协议。2004 年 11 月 22 日，罗孚汽车集团公开表示上汽集团正与其谈判共建合资公司，其中，上汽集团拟出资 10 亿英镑收购罗孚汽车集团部分核心资产，罗孚汽车集团将以现有的技术研发平台、工厂等与上汽集团共同出资成立合资公司。2004 年 12 月，罗孚汽车集团同意以 6700 英镑的价格出售其全部技术核心的知识产权给上汽集团，包括罗孚 1.1L～2.5L 全系列发动机、75 型和 25 型两个核心技术平台。2005 年 2 月，上汽集团和南京汽车集团有限公司达成共同收购罗孚汽车集团的合作协议。2005 年 4 月 7 日，罗孚汽车集团宣告破产，上汽集团随即申明已取得罗孚汽车集团的部分核心资产，将不再收购罗孚汽车集团的全部资产，普华永道会计师事务所托管破产后的罗孚汽车集团。2005 年 7 月，上汽集团与 Magma 公司及福特前欧洲总裁兼首席运营官马丁·利奇及联合对外宣布，对方签署了共同竞标罗孚汽车集团及动力系统公司的联合管理权的合作意向书。2005 年 7 月，南京汽车集团有限公司单独提出收购罗孚汽车集团全部资产的收购要约。2005 年 7 月 22 日，普华永道宣布罗孚汽车集团的全部资产已被南京汽车集团有限公司收购。2006 年 9 月，福特汽车行使对罗孚品牌的优先收购权，福特汽车获得罗孚的品牌。

8.3.3 上海汽车工业总公司并购罗孚汽车集团部分资产后的品牌选择

基于对于合资汽车模式的抱怨以及中国国家发改委要求上汽集团推进自主品牌的压力，上汽集团打造自主品牌的计划由来已久。当初，为与大众汽车设立合资公司，上汽集团被迫放弃自主品牌"上海"，创立上汽集团自主品牌之梦没有实现。2005 年，收购罗孚汽车集团部分核心资产后，上汽集团得到了罗孚 1.1L～2.5L 全系列发动机、75 型和 25 型两个核心技术平台，成为上汽集团开发自主品牌的汽车的基础条件，加之通用泛亚的支持，上汽集团推出自主品牌的技术、人才的储备已经完成。经过综合分析汽车行业外部市场环境与上汽集团内部资源，上汽集团最终决定将新的自主品牌定位在英系风格，希望通过"第四级"概念打开市场。

从外部市场环境来看。德系、美系、日系这三大阵营的合资品牌深受中国国内消费者青睐，消费者已经熟知英系轿车，但国内市场上的英系轿车只有顶级品牌如劳斯莱斯、宾利以及捷豹，中高端市场中英系车的影响力还不够强。同时，2005 年前后中国自主品牌的轿车还没有得到中高端客户接受，如华晨、红旗在当年高调上市后均折戟沉沙。

从公司内部资源分析。首先，跨国并购后上汽集团已拥有罗孚汽车集团的核心技术，未来推出的自主车型必定有"英国基因"与英国血统；其次，上汽集团拥有通用泛亚设计团队的班底，已经具备推出符合中国国内中高端市场要求产品的能力；再次，在和大众汽车、通用汽车多年合资经营的过程中，上汽集团已经积累了 20 年的营销经验，完全有能力做好新自主产品的市场营销工作；最后，上汽集团已经拥有大量经验丰富的技术工人，可以确保未来新产品的生产能力满足市场的需求。

因此，综合分析和研究外部市场环境和公司内部资源后，上汽集团最终决定在中国国内中高端市场推出一个蕴含英国血统基因的全新自主品牌——荣威。荣威品牌的汽车技术承继了上汽集团之前收购的罗孚汽车集团，所以新品牌取了与罗孚 Rover 发音相近的 Roewe。2006 年 10 月 12 日上汽集团正式对外宣布，其自主品牌定名为"荣威（ROEWE）"，取意"创新殊荣、威仪四海"，荣威品牌口号为"品位，科技，实现"。"荣威（ROEWE）"品牌在进入市场后的四年时间里迅猛发展，"荣威（ROEWE）"品牌系列产品覆盖中国国内的中高级车市场，"科技化"已经成为"荣威（ROEWE）"品牌系列汽车的品牌标签，"荣威（ROEWE）"也成为消费者耳熟能详的中高端汽车品牌。

第 9 章　结论及政策建议

9.1　结　论

本书研究结论如下：

1. 因素分析方面中品牌

影响中国企业跨国并购后品牌选择的因素包括企业制度因素、企业的生产和经营资源因素、企业产品因素、企业核心竞争力因素、产品品牌营销环境、产品品牌的市场需求状况、产品市场品牌的竞争程度、民族主义、文化差异和价值多元化因素等。这十个因素可以分成三类影响因子：第一类因子为企业内在因素，包括企业制度因素、企业的生产和经营资源因素、企业产品因素、企业核心竞争力因素；第二类因子为外部市场因素，包括产品品牌营销环境、产品品牌的市场需求状况、产品市场品牌的竞争程度；第三类因子为文化价值因素，包括民族主义、文化差异和价值多元化因素。

2. 影响因素对品牌选择类型作用方面

中国企业跨国并购后的品牌选择主要有三种品牌选择类型：选择1，并购方品牌；选择2，被并购方品牌；选择3，新创建品牌。企业选择哪种品牌选择类型要结合企业自身的实际情况。不同品牌选择类型下，企业内在因素、外部市场因素和文化价值因素这三类影响因素的情况不同。具体如表9.1所示。

表9.1 中国企业跨国并购后的品牌选择与相关因素之间的关系

因素	企业内在因素					外部市场因素			文化价值因素		
选择	a1	a2	a3	a4	a5	b1	b2	b3	c1	c2	c3
选择1	较差	较差	较差	较差	较差	丰富	较差	丰富	较差	较差	丰富
选择2	适中	适中	较差	适中	适中	较差	适中	适中	适中	丰富	较差
选择3	丰富	丰富	适中	丰富	丰富	适中	丰富	较差	丰富	适中	适中

资料来源：本书研究整理。

类别1：发展并购之前的品牌的多元逻辑模型的拟合结果分析。

首先，我们可知在类别1下，企业跨国并购影响因素和品牌选择类型的回归公式为：

$$\text{logitP}_{0/0} = \ln\left(\frac{P(Y=0|X)}{P(Y=0|X)}\right) = a_1 + \beta_{11}X_1 + ,\cdots, + \beta_{1k}X_k$$

即：

$$\text{logitP}_{1/0} = 0.234X_1 + 0.289X_2 + 0.221X_3 + 0.142X_4 + 0.678X_5$$
$$+ 0.169X_6 + 0.856X_7 + 0.235X_8 + 0.263X_9 + 0.698X_{10}$$

其次，根据上述检验结果，依表中的 wald 卡方值和显著性得出类别1的主要特征为 X_5、X_7 和 X_{10}，即为：价值多元化因素、产品市场品牌的竞争程度和产品品牌营销环境。

类别2：发展并购之前的品牌的多元逻辑模型的拟合结果分析。

首先，我们可知在类别2下，企业跨国并购影响因素和品牌选择类型的回归公式为：

$$\text{logitP}_{1/0} = \ln\left(\frac{P(Y=1|X)}{P(Y=0|X)}\right) = a_1 + \beta_{11}X_1 + ,\cdots, + \beta_{1k}X_k$$

即：

$$\text{logitP}_{1/0} = 0.356X_1 + 0.112X_2 + 0.365X_3 + 0.442X_4 + 0.132X_5$$
$$+ 0.445X_6 + 0.369X_7 + 0.387X_8 + 0.689X_9 + 0.209X_{10}$$

其次，根据上述检验结果，依表中的 wald 卡方值和显著性得出类别1的

主要特征为 X_2 和 X_9，即为企业的生产和经营资源因素和文化差异因素。

类别 3：发展并购之前的品牌的多元逻辑模型的拟合结果分析。

首先，我们可知在类别 3 下，企业跨国并购影响因素和品牌选择类型的回归公式为：

$$\text{logitP}_{2/0} = \ln\left(\frac{P(Y=2\,|X)}{P(Y=0\,|X)}\right) = a_1 + \beta_{11}X_1 + ,\cdots, + \beta_{1k}X_k$$

即：

$$\text{logitP}_{1/0} = 0.556X_1 + 0.345X_2 + 0.687X_3 + 0.665X_4 + 0.452X_5$$
$$+ 0.689X_6 + 0.211X_7 + 0.663X_8 + 0.396X_9 + 0.462X_{10}$$

其次，根据上述检验结果，依表中的 wald 卡方值和显著性得出类别 1 的主要特征为 X_1、X_3、X_4、X_6 和 X_8，即为民族主义、企业产品因素、企业核心竞争力因素、产品品牌的市场需求状况和企业制度因素。

3. 品牌选择类型对企业绩效方面

在不同的中国企业跨国并购后的品牌选择类型 1~3 下，品牌选择类型对企业绩效的作用程度分别为 0.46、0.56 和 0.53。企业制度因素、企业的生产和经营资源因素、企业产品因素、企业核心竞争力因素、产品品牌营销环境、产品品牌的市场需求状况、产品市场品牌的竞争程度、民族主义、文化差异和价值多元化因素通过类别变量品牌选择类型 1~3 对企业绩效的作用程度分别为：0.081、0.32、0.33、0.25、0.29、0.34、0.39、0.45、0.14、0.24、0.13；0.073、0.30、0.39、0.21、0.33、0.42、0.51、0.33、0.11、0.21、0.10；0.088、0.46、0.39、0.37、0.42、0.39、0.28、0.36、0.22、0.26 和 0.18。

4. 调节变量（品牌契合度和制造来源国效应）的调节作用方面

研究表明，在不同的品牌选择类型下，品牌契合度和制造来源国效应对企业跨国并购后品牌选择，以及品牌选择类型对企业绩效的作用都有显著的正向促进作用。具体而言，品牌契合度在企业内在因素对品牌选择类型影响中有正向调节作用；品牌契合度在外部市场因素对品牌选择类型影响中有正向调节作用；品牌契合度在文化价值因素对品牌选择类型影响中有正向调节作用；品牌契合度在品牌选择类型对企业绩效的影响中有调节作用。制造来源国效应在企业内在因素对品牌选择类型影响中有正向调节作用；制造来源国效应在外部市场因素对品牌选择类型影响中有正向调节作用；制造来源国效应在文化价值因素对品牌选择类型影响中有正向调节作用；制造来源国效应在品牌选择类型对企业绩效的影响中有正向调节作用。

9.2　管理启示

9.2.1　理论启示

首先，本书提升了对中国企业跨国并购后品牌选择问题的研究理论。目前，如何更加系统、全面研究并购后品牌类型选择的书籍并不多。很多研究主要是分析并购发生以后的品牌策略问题，对于企业并购后品牌选择类型和其对企业绩效作用机制的研究不多。本书的研究方法、研究思路以及研究内容都有一定的创新性，对该方向的研究作出了些许贡献。

其次，本书研究成果对于完善品牌管理理论有一定的帮助。本书结合系统学和管理学的有关理念，在并购后品牌选择类型和其对企业绩效作用机制进行分析研究，实证分析企业并购后品牌选择类型和其对企业绩效作用的影响程度，对传统品牌理论的补充。

9.2.2　实践启示

1. 中国品牌跨国并购后的品牌发展选择的品牌管理策略①

企业的产品品牌自身包含巨大的市场价值力量，对于企业的发展和企业

---

① 品牌管理，是指对品牌进行有机的管理，以达到使品牌运营在整个企业运营中起到良好的驱动作用的目的，同时不断提高企业的核心价值和品牌资产。

绩效的提升有很大的帮助作用。然而，根据相关学者的研究就可以得出结论，品牌和品牌自身的价值二者有其内在的缺陷，即其自身价值的脆弱性。品牌和品牌自身的价值会受到其他外来因素的影响，例如，品牌的消费者、品牌的购买和生产市场，这些因素导致了其品牌价值的波动，时升时降。因此，想要更好地确保和提升企业的品牌价值就需要企业自身对品牌进行全面的管理和控制，这样才能维护并提升企业品牌的整体价值。

综合分析世界上知名的品牌并购案例，市场上这些知名的国际品牌之所以能保持其品牌价值的相对稳定和市场上强大的竞争力，主要原因是知名品牌的企业在生产和销售过程中对品牌进行了精心管理。例如，Coca-Cola、Apple phone、Baiweiser beer 和 BMW 都对企业的生产和销售环节的品牌管理做到了极致。世界最著名的品牌公司和商业周刊杂志的调查结果显示，世界前 100 个著名国际品牌排行榜中，2001 年品牌价值下降的有 41 个，到 2014 年品牌价值下降的有 58 个。其主要的原因就是企业对品牌的精细化管理不高，导致了企业品牌价值的下降。

中国品牌跨国并购后的品牌发展选择的品牌管理策略主要有三个方面：企业品牌的相关法律法规的保护作用、企业品牌价值的危机管理体系和面向中国企业跨国并购之后品牌发展选择路径的品牌管理模式。

（1）企业品牌的相关法律法规的保护作用。对于中国品牌跨国并购后的品牌发展选择的品牌管理策略，首先要有法律法规的相关保护意识。从国际上知名品牌的法律法规处理办法的经验来看，知名品牌对于其自身品牌的法律法规的要求很详细，他们会利用合法的途径来保护自身品牌的价值，包括商标的注册、域名的注册和知识产权的法律保护等。对于一些侵犯行为，这些知名品牌也会运用相关的法律法规对侵犯行为进行强有力的回击，以此来保护自身的合法权益从而保护自身品牌的价值不被损害。关于品牌的法律和法规的保护涉及很多单位之间的相关关系，主要有企业自身之间的关系、企业各个部门之间的关系、国家和国家之间的关系和企业和国家之间的关系，需要我们处理好各个部门之间的相关关系，这样才能更好地把企业品牌价值的法律法规保护工作落实到位。关于企业品牌的相关法律法规的保护作用主要可有以下两个方面进行：企业品牌的商标管理和企业品牌的域名注册管理。其主要的内容如表 9.2 所示。

表9.2 企业品牌的相关法律法规的保护作用

名称	企业品牌的商标管理①	企业品牌的域名注册管理
措施	第一，需要加强企业在国外发展品牌时的品牌商标注册意识； 第二，各个企业要积极采取相关的、成体系的商标注册保护措施	第一，树立相关的域名注册的法律意识； 第二，加强企业域名和网站的管理； 第三，按照相关规定进行相应的管理
意义	商标品牌的选择对跨国并购类发展起着决定性的作用。商标注册已经为这些企业创造了良好的条件进军国际市场，有效地保护这些企业在国际市场上的合法地位。一旦该商标注册完成后不是就可以一劳永逸，企业应加强商标管理意识，时刻关注使用该商标，如果发现不恰当使用自己的商标，企业应采取有效措施，正确的行为来维护自己的品牌形象，否则很可能让自己的品牌遭受无法估量的损失	随着计算机技术和网络技术的迅速发展，企业也逐渐地从报纸宣传转变为电子媒体宣传，这时企业域名网站就显得格外的重要。很多消费者都去品牌网站直接获取相关信息，因此，品牌网站的设计是非常重要的。但是近年来关于企业品牌域名的问题也来越成为写着研究的重要课题。主要是因为在注册企业品牌域名时出现了很多问题。虽然，各国政府对互联网域名的注册制定了一系列的法律法规，但是还是出现了很多问题。在电子商务盛行的时代，特别是国际贸易的开放化，导致了企业品牌域名注册的重要性是实用性
案例	家电企业海信集团②	中文域名抢注案例③

资料来源：本书研究整理。

---

① 在商品经济长期的发展过程中，各个国家都逐渐形成了一整套关于商标的法律法规，国际上也形成了有关的国际组织和国际公约，这些法律或法规都直接或间接地影响到商标的设计、使用和保护。

② 1999年，博世—西门子集团公司在德国注册了"license"商标，虽然该商标与海信的"lisense"商标只有细微差别，但也足够以"保护商产权"的名义将海信的产品拒之欧盟市场的门外。起初海信只顾和国内的同行们拼你死我活，根本无暇顾及海外市场的拓展。等到海信以高清、变频等技术优势树立起自己的行业地位、准备放手在海外一搏时，才发现这个眼熟得像孪生兄弟般的"Hisense"已经成为无法逾越的鸿沟。而且按照"保护工业产权巴黎公约"的规定，如果海信在近似商标出现的5年内没有找到充足的证据证明博世—西门子公司是不正当竞争行为的话，将不能得到这一国际公约的保护，只能通过巨额资金来赎回商标或者干脆放弃、另起炉灶。此时，留给海信的时间已经不多了。虽然海信西门子商标争议最终以和解落幕，但这一事件对致力于开拓海外市场的海信刺激很大，为了避免在其他市场如北美、大洋洲等地区在遭到恶意侵权，海信已经开始着手建立一套专业、严谨的知识产权保护系统，在最大程度上保证不会再由类似的问题在其他市场出现。

③ 京媒体报道，"团团"、"圆圆"一经公布，便在网络域名抢注领域引起轩然大波，"团团""圆圆"的中文和英文重要域名全部被有心人抢注。据上海的彭先生介绍，春节晚会上"团团""圆圆"这两个名字公布后的几秒内，他就已经把与两只大熊猫有关的16个域名全部注册到了自己名下，他共抢注了16个相关域名，并抛出了333万元出售的天价。16个域名分别为"团团.com""圆圆.com"等，每一个的最低拍卖价都在10万元人民币以上，而最贵的要88万元。奥运吉祥物"五福娃"揭晓当晚，"五福娃"的.cn和.com域名就已经被抢注。部分域名随后在淘宝、易趣等网上热卖，一度被拍到5万元的天价。卖家们这样解释它的昂贵："此名称在未来三年内绝对升值潜力无限。"在"神六"发射前，"shen6"域名已被抢先注册，并被转让，最高报价达13万元。我国的私人域名这两年增加迅猛，已从2002年的12万个增加到2005年底的109万个。

（2）企业品牌价值的危机管理体系。现今的时代是科技和信息的时代，科技和信息成为一把"双刃剑"，科技的迅速发展和信息的大量化给企业带来了无限的机遇，但是同时也带来了很多弊端。首先，科技的迅速发展和信息的大量化增加了企业产品自身的复杂性，这就可能导致企业很难控制产品的瑕疵和其可能导致的问题；其次，科技的迅速发展和信息的大量化会导致企业的任何一点小的失误都会引发轩然大波。因此，企业不仅要充分的利用科技的迅速发展和信息的大量化，而且还需要及时、准确、全面地考虑到科技的迅速发展和信息的大量化带来的弊端，例如，市场竞争和销售环境的变化可能引发品牌危机。只有这样才能更好地实现中国企业品牌跨国并购后的品牌的国际化发展，从百事可乐的案例就可以窥见企业品牌价值的危机管理体系的重要性。

总体而言，中国企业品牌跨国并购之后要做好品牌的危机管理工作，应该格外的注意以下四个方面：第一，企业要树立自身良好的品牌形象；第二，持续提升消费者对品牌的忠诚度；第三，不断激发企业全体员工的危机风险意识；第四，对企业全体员工进行危机训练、建立有效的、全面的、详细的企业品牌危机的预警体系和快速的危机反应处理，具体如表9.3所示。

表9.3　　　　　　　　企业品牌价值的危机管理体系

	企业品牌价值的危机管理体系			
名称	树立企业自身良好的品牌价值形象，同时不断地提升消费者对品牌的忠诚度	逐步地唤起企业全体员工的危机风险意识，对企业全体员工进行危机训练	建立有效的、全面的、详细的企业品牌危机的预警体系	快速的危机反应处理
措施	第一，通过各种传播手段树立企业品牌良好的形象。第二，不断的维护企业的品牌形象。第三，维护消费者对企业品牌的忠诚度	第一，逐步地唤起企业全体员工的危机风险意识，将品牌危机管理的意识渗透到企业整个脉络中。第二，建设并确定生产相关因素里面品牌危机，监测、跟踪和预警系统的运作。第三，对员工培训和预案的演练	第一，分析企业品牌相关的影响因素。第二，分析各个因素之间的相关关系。第三，确定各个指标之间的权重。第四，建立全面的危机预警体系	第一，对快速的危机反应建立应急小组。第二，对于各个小组分配不同的任务。第三，训练各个小组的危机处理迅速反应

续表

		生于忧患，死于安乐，品牌危机管理的重点不是如何应对这场危机已经发生，而是如何识别企业的品牌管理过程中哪些因素潜伏危机，如何未雨绸缪，做好准备。品牌危机处理应该有意识，警惕破坏性因素，密切关注未来可能会导致对危机造成影响的信息，并尝试做各种准备工作	为了有效地防止了危机，我们必须建立健全危机预警体系，清晰的沟通渠道。打造品牌的自检自诊断系统，定期或不定期的方式从不同的层面、不同的角度检查，分析和评价，在第一时间找到薄弱环节，及时采取措施，以减少甚至消除诱因危机，为了防止问题通过检查发生	虽然公司早前警惕，品牌危机仍有可能爆发。品牌危机一旦爆发，它会迅速破坏品牌形象，因此，企业必须采取紧急行动，及时果断地作出科学的、有效的决策，一项全面的战略能使企业从调整自己的品牌在危机中尽快恢复，总结出品牌危机的管理经验，重建品牌和良好的企业形象
意义	树立了良好的品牌形象，培育和提升消费者的忠诚度构成了企业健康发展的前提。品牌信誉是品牌的重要因素，这是靠企业每一点一滴建立起来的信任、忠诚			
案例	可口可乐的案例①	银行的员工培训	国有企业重大事故预防体系	中国的双汇视频的肉蛆事件②

资料来源：本书研究整理。

——————————

① 1993年6月10日，百事可乐集团接到顾客投诉说在"节食百事"饮料罐中发现一个注射器针头。可乐生产厂对自己的生产相当自信，立即调查证明这种情况是不可能发生的。但"注射器事件"还是通过媒体传遍了美国。在不到12个小时后，另一个地方又报告同样的事件发生。这个事件立即引起消费者的疑虑。此时情况十分危急，在北美百事可乐公司危机管理小组的支持下，当地饮料厂管理层及时与新闻媒体和消费者进行了沟通，公司站在公众安全和关注消费者的立场上，公开邀请美国食品和药物管理局和新闻记者对工厂生产设备及质量检测过程，进行全面的访问和检查，并摄制了该过程的录像带在电视台播放，饮料的先进的设备和完善的质量控制体系给公众留下了深刻的印象。6月14日晚，百事可乐集团公司北美总裁惠特里与美国食品和药物管理局该事务的负责人一致认为，"节食百事"中发现注射器不符合常规。惠特里还在15日参加了6个电视节目，沉稳地解释了注射器不会出现在"节食百事"的原因，当天晚上，食品和药物管理局就抓到一名谎报嫌疑犯，在电视中向公众解释和澄清百事可乐饮料生产质量的可靠性。使广大消费者消除了"节食百事有异物"的想法。此事件直至6月21日，百事公司在全美12家全国性报纸上刊登全页广告，各地饮料厂也在300份至400份地方报纸上刊登广告，告诉读者事情的真相及政府调查的结果，使百事可乐的信誉回升。由于百事集团应对有方，短短的10天内解决了一次意外的恶性事件，受到了饮料行业专家的好评。1993年的销售量得到了较快的增长。

② 一个消费者购买了肋排后用热水烫出8只白色的肉蛆，随后连锅带购物小票一同带回双汇专卖店欲索赔。双汇专卖店负责人说"有人专门吃这个"，消费者不服大闹后，一名自称区域经理的人出现称猪肉肋排里有肉蛆是自然现象，所有的猪肉中都有，后又主动在现场做了实验，实验失败后翻供称"有的猪有，有的猪没有"，消费者无法相信该名经理所言续向双汇公司电话投诉，消费者没有接受双汇公司的意见，将此事通报媒体曝光，自此整个事件回放完毕。此次双汇肉蛆事件一共经历了四个阶段，每个阶段都没有处理好，所以导致事件逐步升级，最后演变为全国性的大讨论，舆论持续发酵，对双汇连锁店的销售造成了一定程度的影响，对双汇连锁店实行的品牌建设造成后退。

（3）面向中国企业跨国并购之后品牌发展选择的品牌管理模式。对于实施品牌国际化的企业来说，有意识地、积极地培养跨文化管理者就显得非常必要。对于面向中国企业跨国并购之后品牌发展选择的品牌管理模式主要通过以下两个方面进行分析：品牌的全球化管理模式和品牌区域经理负责制度。其主要内容如表9.4所示。

表 9.4 品牌管理模式

名称	品牌的全球化管理模式	品牌区域经理负责制度
措施	第一，定期的问卷调查、内部员工的正式和非正式会议和聚会、聘请外来教授的讲解、实地的考察学习，以此在公司所有分支中来分享推广企业品牌的全球理念和经验。 第二，制定通行的全球性品牌规划程序。（使用规范词汇和分析框架；制定内部交流计划；设定品牌评估标准）。 第三，员工的职责分明，实现企业跨国协作。对各个分公司需要专人负责，努力实现分公司品牌管理者之间的协调	第一，跨国企业的公司总部掌控核心，其他权限下放给各个分公司经理管辖。 第二，在企业的营销预算和品牌的营销方式上，总公司下方其权限给分公司。 第三，将企业的品牌形象要素形成清单，固定那些必须遵守那些可以调整，给予分公司的经理调整各个要素的权限
意义	美国品牌管理学教授艾克教授的调查研究表明跨国企业在创建全球性品牌时，都会自发地建立公司自己的品牌定位，推广自己的公司品牌管理和控制	首先，地区的消费者可以要求区域经理，根据其权力快速响应；其次，区域各个分公司的经理有自主的能动性，可以自主的进行二次创新，更好地促进企业品牌价值的提升
案例	Nestle coffee; panasonic; procter & gamble; Coca-Cola	SONY; Toshiba corp. ; South Korea's hyundai; BMW

资料来源：本书研究整理。

2. 中国品牌跨国并购后的品牌选择及条件方面

（1）将企业并购之后的品牌发展作为企业长期发展目标，分阶段实现品牌国际化目标。在企业跨国并购之后，对品牌发展影响最大的就是品牌发展策略，即品牌发展的选择类型。品牌发展的国际创业导向和创新可以使得企业并购之后的品牌国际化发展更加可行。企业跨国品牌的发展作为一项长期的战略目标，不是短期内可以实现的路径，需要长期的规划和运营。在企业品牌国际化进程中，企业应制定不同的策略来实施分阶段目标。在品牌发展的初期，企业要结合并购之前和之后两个品牌的资源确定自身的联合类别，只有确定适合自身发展的路径才能更好地发挥自身的优势，才能实现品牌的国际化。

（2）强化企业并购之后的跨文化管理，是文化和价值因素成为品牌选择类型上的重要因素。在品牌国际化的过程中，企业经营管理理念转向传统文化，为企业掌握文化上的差异有更大的意义。此外，您还可以了解当地市场，并参与日常管理的文化，减轻文化制约并且提高对于地方需求的反应能力。

（3）不断完善创新技术，加强企业品牌在国际市场上的竞争力。企业品牌的技术创新能力与品牌发展密不可分。企业品牌的创新生产技术是企业最核心的竞争优势。纵观国际品牌的公司，都有其共性，高、精、尖综合技术非常强，因而有更高的品牌收益。我国企业跨国并购之后要提高自主创新能力，掌握更多的自主知识产权，提升产品的竞争地位，使企业在日趋激烈的国际竞争中打造自己的品牌并占据主动地位。

（4）构建企业核心品牌，护航企业无形资源。清晰的品牌定位可以让消费者感受到产品的独特性。具体地讲，品牌定位可以在消费者需求、产品使用所带来的优点、目标消费群体的特性、产品所属的领域以及品牌自身的特征等多个方面来综合考虑。同时，可以通过扩大品牌知名度与提高产品的质量从而在消费者心中建立良好的品牌形象。另外，开拓国际市场，可通过赞助海外市场的优秀活动来增强国际市场的品牌知觉和品牌认识。

（5）建立营销资源网络与渠道进行产品和服务的海外市场渗透。缺少有效地营销渠道与资源对于企业进入国外市场是不可想象的，只有建立了良好的营销资源才有可能打开国外市场。

首先，通过与国际市场中的企业建立良好战略合作关系，借此增加自身的营销资源。不仅可以增加自身的财务收益，扩大市场容量，也能够帮助企业累计国外市场的营销知识，获得新业务的拓展机会。其次，要在海外市场积累良好的企业信誉。"中国制造"在发达国家市场常常是低端产品的代名词，带有一定的负面的色彩，因此，在当地消费者心目中建立良好的品牌形象和企业形象是企业实现品牌国际化的先决条件。加强与当地政府的合作后，不仅可以提升企业负责服务的形象，还能够获得一定的优惠政策，进一步扩大当地的市场，实现双方的共同发展与进步。

9.2.3　创新点

本书主要的创新点有以下四个方面：

1. 研究视角创新

首先，本书选择的研究主题是中国品牌跨国并购后的品牌选择类型及其对企业绩效作用机制问题。对于企业跨国并购问题，大多数学者将研究方向放在了其影响因素和预测其发展趋势上，在研究品牌时也更加关注品牌的销售和营销，对于中国品牌跨国并购后的品牌选择类型及其对企业绩效作用机制研究较少，而且一些关于品牌国际化联合类别及其作用机制的研究也是针对一个特定企业的研究，譬如服装产业、石油行业等等，对于总的品牌跨国并购后的品牌选择类型及其对企业绩效作用机制研究较少。因此综上所述，本书将研究主题定为中国品牌跨国并购后的品牌选择类型及其对企业绩效作用机制，弥补现阶段我国对自己国家中国品牌跨国并购后的品牌选择及其对企业绩效的作用机制问题的研究空白。

2. 研究方法创新

首先，在对于影响中国品牌跨国并购后的品牌选择类型及其对企业绩效作用机制的因素分析时，按照系统分析的理论方法，运用因子分析和聚类分析，将影响中国品牌跨国并购后的品牌选择类型及其对企业绩效作用机制的因素分为企业自身因素、外部环境因素和品牌联盟因素，并且在分析时，充分考虑各个子系统相互之间的影响。本书运用 NK 模型和相关性分析模型，分析了中国品牌跨国并购后的品牌选择类型。从理论模型角度论证中国品牌跨国并购后的品牌选择类型及其企业如何根据自身的资源选择何种品牌选择类型，为更好地解释中国品牌跨国并购后的国际化做出理论分析范式。并且根据本书的理论分析结果相应的提出切实可行的政策建议。

3. 对于影响中国品牌跨国并购后的品牌选择类型的因素的研究

对于影响中国品牌跨国并购后的品牌选择类型的因素的研究，多数研究者都是针对单一因素或者研究因素之间的线性关系。本书不但研究因素众多，而且研究多个因素之间的相关关系，当研究其对企业绩效的关系时，为了避免多重共线性的问题本书选取结构方程模型对其估计。

4. 对于调节变量对品牌选择类型对企业绩效的调节作用

对于中国企业并购之后企业品牌选择类型对企业绩效的影响关系时加入调节变量，而且对于调节变量的回归分析，本书摒弃以前的0-1假设和联立方程模型，选取数据包络分析，将其作为输入变量，根据其总效率的变化值判断调节变量是否起作用。这样既可避免了变量的标准化而造成的误差，而且还可避免联立方程模型造成的虚假回归，使对调节变量的估计更加准确。

9.3 政策建议

本书的政策和建议如下：

1. 中国政府的政策建议方面

政府在企业品牌国际化过程中的作用具体说来有以下四部分。

（1）完善企业国际运营的监管体系和管理部门。多头审批管理是中国企业国际化管理体制中最突出的一个问题。相互推诿、互不负责的现象比较严重。主要涉及企业国际化运营的管理部门有发改委、商务部、财政部、国资委、外汇管理局、中国人民银行、各级地方政府等，部门较多、层级繁杂。

另外部门职能上存在交叉、管理内容重叠也是突出的问题，各部门各自为政，独立工作，缺乏一个权威的机构来负责统一协调，造成权责不统一，审批手续烦琐。中国企业品牌国际化管理体系的健康高效的发展，离不开部门的清晰职责、健全的管理体系和宏观的统筹。

（2）健全中国品牌国际化的法律法规体系。我国企业品牌国际化方面的法律水平不足以为企业活动提供充足的保障，现阶段我国企业品牌国际化的依据都是行政管理政策，缺乏对应的法律依据。单纯地依靠行政法规远远不能满足企业在海外市场的发展壮大，一部能够从总体上指导我国企业品牌国际化运营的法律才能从根本上解决问题，这样才能为中国企业的对外经济活动提供坚实的法律保障。

同时，国际政策协调机制也是必不可少的：一方面要完善我国企业对外经营的双边、多边安全体系，进一步落实双边投资保护协定和避免双重征税协定的商签、修订和履行的工作；另一方面加大宣传推广力度，推动更多的企业利用"多边投资担保机构公约"提供的支持，并充分发挥"关于解决国家与其他国家国民之间投资争端公约"来保护自身的利益。

（3）建立中国品牌国际化的风险防范体系。建立风险预警信息网络，通过政府来构建平台，为中国品牌提供所在国的政治、社会、产业等各方面的信息咨询。该平台提供的多方面的服务，有助于帮助企业进行项目评估、代办有关境外投资手续和涉外法律服务、为企业寻找合作伙伴和投资项目提供咨询服务。通过分支机构大使馆和商会等的巨大的互动信息网络，以提高外国市场的透明度，并减少国际品牌的风险。

构建境外投资担保①制度。对于国际品牌公司，政治风险是海外投资的一个很大的风险，而且有可能是致命的，这导致了很多企业都有自己成熟或国际市场的机会，却仍旧不愿采取国际化的步伐。

（4）搭建中国企业品牌国际化的支持和服务体系。首先，在外交战线上

---

① 境外投资担保是指资本输出国政府对本国的境外投资者在国外可能遭到的政治风险，提供保证或保险。

充分发挥政府间交流与合作中的作用。发挥各种国家间的友好合作关系，为中国企业创造了良好市场环境。充分发挥现有的政府间组织以促进经济交流，良好的服务和协调为中国企业提供保障。鼓励和支持境外带中国海外协会、民间商会、协会、精英人群，以帮助中国企业品牌推广。其次，在金融服务领域，政府应该加大资金规模，以便它可以扩大贷款对应的优惠贷款和利息支付的规模和范围。政府应设立外国投资基金，建立和完善资金支持体系。同时，政府应拓宽国际企业融资，贷款担保放宽限制，并支持符合条件的企业上市和发行债券在境外资本市场，强调商业银行的作用，鼓励银行与企业之间的合作。最后，加强在产业政策的金融和税收方面的服务，引导那些试图建立自己的品牌的中国企业，政府应加大财税金融支持。提高税收抵免的现行制度，以补充运营间接抵免和加速折旧、递延税款、间接激励的具体方法。建立损失准备金，并在我国相继出台其他税收法律，最终建立完善的中国品牌的国际化支持和服务体系。

2. 中国企业的政策建议方面

如果企业纵向并购，企业品牌战略不会有太大的调整。其他类型的并购，都必须基于公司的品牌战略、品牌延伸、行业特点等，使该公司的品牌组合战略决策。并购后品牌组合战略的流程图如图9.1所示。

（1）市场调研和分析。并购后的企业进行品牌组合首先要做的就是市场调研。进行市场调研主要从以下五个方面入手。

第一，消费者。并购后，双方的品牌知名度，品牌的消费群体，购买行为和产品的特性和消费者等各方面的真实需求。

第二，市场。并购后双方品牌的品牌宣传、营销渠道、消费场合等。

第三，行业形势。并购后的替代产品的发展趋势，在行业内地位，竞争对手的行为和潜在进入者的品牌战略定位。

第四，自身实力。企业资源水平、企业管理水平等。

第五，企业发展战略。企业并购目的、企业品牌策略等。

经过市场调研，需要深入分析市场调研结果，为并购后企业进行品牌组

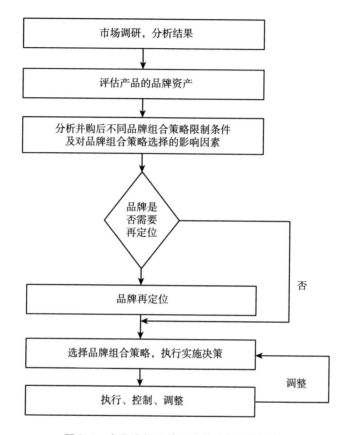

图9.1 企业进行品牌组合策略选择的流程

合策略提供依据。主要分析项目包括行业品牌价值核心、并购后双方品牌的冲突、品牌的可复制性、企业战略、企业综合实力等。

（2）评估并购后双方品牌资产。分析完市场调研的原始数据后，应对双方品牌的资产价值进行评估，包括对目前状态的品牌资产的评估，及更注重对品牌资产今后发展的预期。品牌价值评估是并购后企业进行品牌组合策略选择的基础。

（3）品牌组合策略。品牌组合策略的通常分为两个步骤：首先，根据企业并购类型选择适合自己的品牌策略；其次，综合考虑行业品牌价值核心品牌的多种因素在第一步基础上进行选择。

企业并购重组后，采用不同的品牌组合策略限制因素。并购重组后，企业决定使用统一的品牌战略时需要注意：首先，应评估该品牌是否能延伸，是否甚至能放弃该品牌代表的领域；其次，应该准备好采用的品牌在市场上已经有一定的知名度，否则不会将新产品快速推向市场；最后，准备采用该品牌的原产品与品牌代表的产品应该有一个一致的市场定位、产品定位和品质定位。

并购重组后，如使用一个单独的品牌战略，需要企业拥有雄厚的经济实力，能够承受培育一个新品牌的高成本，这也需要品牌战略在各个细分市场的实施，品牌有足够的市场容量。另外，使用单独的品牌战略，需要有一个较高的企业品牌管理能力和品牌管理方面拥有丰富的经验。当合并后的公司采取分品牌战略，企业首先必须有一个强大的品牌，否则它不会是主要的品牌优势；其次，新产品的收购和生产后，具有独特的特点和优势，不然达不到未使用副品牌策略的目的。如果收购双方企业都在同行业中，但生产和经营的产品是不能用单一的品牌和品牌延伸统一来代表，那么可以采取分类品牌战略。当已经设立的企业为扩大生产经营结构并购的范围，为了不损害品牌形象的目的，通常选择分类品牌战略。此外，企业并购如果作为纯投机行为，公司将采取分品牌战略，它能够避免更高的价格被收购时给自己带来的不利影响。

（4）品牌再定位。品牌重新定位是基于并购与并购市场条件的副产物，原有的品牌定位调整，该品牌产品从一个细分市场到另一个细分市场。品牌重新定位战略的实施，是因为一般消费者的喜好发生大的变化，市场对品牌产品需求下降，或者由于竞争对手的新产品更贴近企业的产品定位，共享的产品吞噬一部分市场。在并购后的公司需要进入市场的产品定位和市场潜力进行重新评估，并决定是否对原有品牌重新定位。1985年宝洁收购理查逊—维克斯公司时，潘婷作为收购的一部分，但也只是一个微不足道的品牌，仅限于销售的百货公司，并采取高定价策略，并伴随着一种神秘感。后来，潘婷品牌核心定位于健康与美容相结合，并相应调整了渠道和价格，从而让潘婷获得了前所未有的成功。

（5）制定品牌决策，并进行控制、调整。基于上述分析，企业应该制定品牌决策，同时要求品牌战略的监测情况和效果，及时发现并调整偏差，以提高企业的品牌价值。市场瞬息万变，要求企业不断研发新技术，调整或改变。

9.4 研究不足与展望

9.4.1 本书的研究不足

虽然本书对中国品牌跨国并购后的品牌选择类型及其对企业绩效作用机制做出了深入、仔细、严谨的分析研究，但是由于时间限制和其他一些方面的原因，本书还有以下四点不足：

第一，由于时间原因，难以得到 5 年以上的可以依据 AHP-DEA 理论建立的研究影响中国品牌跨国并购后的品牌选择类型及其对企业绩效作用机制的数据，难以建立全面的影响中国品牌跨国并购后的品牌选择类型及其对企业绩效作用机制的指标体系。本书只能运用相关性分析和 NK 模型建立理论分析模型进行分析，但是也不失其作为研究影响中国品牌跨国并购后的品牌选择类型及其对企业绩效作用机制的理论指导性。

第二，本书在运用多元逻辑模型、加入虚拟变量的多元回归和数据包络分析（DEA）模型对研究影响中国品牌跨国并购后的品牌选择类型及其对企业绩效作用机制的效果进行实证分析时，由于时间的因素、调研问卷的难度大和调研数据的信度、效度问题，本书一方面选择调研问卷的数据，另一方面运用传统的财务、会计和经济指标数据。传统数据（财务、会计和经济指标数据）与调研数据各有利弊，但可以反映其实证问题更加深入的内在机理。在今后的研究中需要更进一步进行数据调研，进一步地进行实证研究。

第三，本书在研究影响中国品牌跨国并购后的品牌选择联合类别的因素时，根据系统学的分析范式，将影响因素运用因子分析和聚类分析分为产品生产、市场和文化价值因素三个方面。但是由于现实中其影响因素很多，本书分析时，限于作者所学的专业知识和作者的研究时间和精力，因此，本书在选取因素时，只能做到选取主要的影响因素，不能面面俱到，分析其所有的影响中国品牌跨国并购后的国际化嵌入因素。

第四，由于本书研究的主体为中国品牌跨国并购后的品牌选择类型及其对企业绩效作用机制，研究的主体为企业跨国并购后的品牌问题，国际上对于各个自己国家的企业跨国并购后的品牌问题的研究和实践存在差别，而且对于不同的企业不同的行业也有不同的经验。因此，本书对跨国并购后的品牌问题的实证研究之一就是案例研究，但是，由于时间问题和精力有限，所以本书只能选取联想企业为主要的案例进行研究，对于其他的一些成功的跨国并购后的品牌建设成功的案例（例如吉利并购沃尔沃等）没有研究，这也是未来研究的方向之一，也是本书的研究不足之一。

9.4.2　本书的研究展望

通过以上研究，由此产生的跨国并购中企业的国际化品牌被嵌入，及其作用机制的相关研究成果，其中的部分研究有一定的创新性，同时也有一些研究潜力。此外，在研究过程中还有一些不足之处，以及在研究过程中所发现的有待进一步研究的内容，将在以后研究中再进行不断的完善和深入。

首先，选择较为典型的案例分析和定量模拟。我们建立理论框架尚处于探索阶段，在研究中，把中国的联想集团当作本书选取的典型案例。在这项研究中存在广泛适用性问题的考量，今后的研究工作将选择更为广泛的样本和案例来分析，尤其是以收集定量分析和经验模拟有价值的数据。

其次，从不同的角度对跨国并购的中国企业的品牌嵌入进行更详细的研究。在本书中，对中国企业跨国并购后的品牌国际化嵌入及其作用机制的条件、影响因素、品牌选择类型、阶段性特征、方向等相关理论问题进行了较为系统的研究。然而，本书没有深入地研究某一具体视角对其实际实施过程的影响。今后，将结合现实情况对中国企业跨国并购后的品牌类型选择及其影响作用的实际过程的相关问题进行更详细研究。

附件　调查问卷

中国企业跨国并购后的品牌选择
及其对企业绩效影响研究

您好！

我们是南开大学项目组，针对中国企业跨国并购后的品牌选择及其对企业绩效影响研究进行问卷调查，您的宝贵意见将会对我们提供极大的帮助，十分感谢。本问卷为匿名问卷，不会透露您的个人信息，请放心填写。

第一部分　基本情况

请在您认为合适的选项上划"√"。

1. 性别：（1）男　　（2）女

2. 年龄：（1）25 岁以下　（2）26～30　（3）31～35　（4）36～45（5）46 岁以上

3. 最高学历：（1）硕士　　（2）博士　　（3）博士后　　（4）本科（5）高中　（6）高中以下

4. 在目前单位工作的时间：（1）1 年　（2）2 年　（3）3 年　（4）4年　（5）5 年及以上

5. 您的职位：　　　（1）科员　　　　（2）副科　　　　（3）正科

（4）副处　　　（5）正处　　　　（6）副局

（7）正局　　　（8）其他

6. 技术职称：（1）副高级　　　（2）正高级

7. 所在单位类型：（1）高校　　　（2）科研机构　　　（3）企业

（4）其他（请注明）＿＿＿＿＿＿＿＿

第二部分　选择题

填写说明：本部分以陈述句形式呈现，请您在仔细阅读后根据自身情况做出对该陈述句同意与否的判断。

例如：企业的核心竞争力对企业发展新的品牌是重要的。

如果您非常看重企业的核心竞争力的作用，请选择"完全同意"；

如果看重企业的核心竞争力的作用，请选择"同意"；

如果一般看企业的核心竞争力的作用，请选择"不清楚"；

如果您不是十分看重企业的核心竞争力的作用，请选择"不同意"；

如果您完全不看重企业的核心竞争力的作用，请选择"完全不同意"。

本部分问卷每道题有五个选项，请您根据个人情况在括号里填写相应的数字：

	完全不同意	不同意	不清楚	同意	完全同意	您的选择
以下问项是针对中国企业跨国并购后的品牌选择类型为发展原有品牌的问题，请您作答						
1. 企业制度因素对企业跨国并购后发展并购之前企业品牌是重要的	1	2	3	4	5	[　]
2. 企业产品因素对企业跨国并购后发展并购之前企业品牌是重要的	1	2	3	4	5	[　]
3. 企业品牌因素对企业跨国并购后发展并购之前企业品牌是重要的	1	2	3	4	5	[　]

续表

	完全 不同意	不同意	不清楚	同意	完全 同意	您的 选择
4. 企业资源因素对企业跨国并购后发展并购之前企业品牌是重要的	1	2	3	4	5	[　]
5. 企业核心竞争力因素对企业跨国并购后发展并购之前企业品牌是重要的	1	2	3	4	5	[　]
6. 国际营销环境因素对企业跨国并购后发展并购之前企业品牌是重要	1	2	3	4	5	[　]
7. 国内外需求因素对企业跨国并购后发展并购之前企业品牌是重要的	1	2	3	4	5	[　]
8. 国内外市场竞争因素对企业跨国并购后发展并购之前企业品牌是重要的	1	2	3	4	5	[　]
9. 文化认同因素对企业跨国并购后发展并购之前企业品牌是重要的	1	2	3	4	5	[　]
10. 价值取向因素对企业跨国并购后发展并购之前企业品牌是重要的	1	2	3	4	5	[　]
11. 政策支持因素对企业跨国并购后发展并购之前企业品牌是重要的	1	2	3	4	5	[　]
以下问项是针对中国企业跨国并购后的品牌选择类型为发展并购企业的品牌的问题，请您作答						
1. 企业制度因素对企业跨国并购后发展被并购的企业品牌是重要的	1	2	3	4	5	[　]
2. 企业产品因素对企业跨国并购后发展被并购的企业品牌是重要的	1	2	3	4	5	[　]
3. 企业品牌因素对企业跨国并购后发展被并购的企业品牌是重要的	1	2	3	4	5	[　]
4. 企业资源因素对企业跨国并购后发展被并购的企业品牌是重要的	1	2	3	4	5	[　]
5. 企业核心竞争力因素对企业跨国并购后发展被并购的企业品牌是重要的	1	2	3	4	5	[　]
6. 国际营销环境因素对企业跨国并购后发展被并购的企业品牌是重要	1	2	3	4	5	[　]

	完全 不同意	不同意	不清楚	同意	完全 同意	您的 选择
7. 国内外需求因素对企业跨国并购后发展被并购的企 业品牌是重要的	1	2	3	4	5	[　]
8. 国内外市场竞争因素对企业跨国并购后发展被并购 的企业品牌是重要的	1	2	3	4	5	[　]
9. 文化认同因素对企业跨国并购后发展被并购的企业 品牌是重要的	1	2	3	4	5	[　]
10. 价值取向因素对企业跨国并购后发展被并购的企 业品牌是重要的	1	2	3	4	5	[　]
11. 政策支持因素对企业跨国并购后发展被并购的企 业品牌是重要的	1	2	3	4	5	[　]
以下问项是针对中国企业跨国并购后的品牌选择类型为发展新的品牌的问题，请您作答：						
1. 企业制度因素对企业跨国并购后发展新的企业品牌 是重要的	1	2	3	4	5	[　]
2. 企业产品因素对企业跨国并购后发展新的企业品牌 是重要的	1	2	3	4	5	[　]
3. 企业品牌因素对企业跨国并购后发展新的企业品牌 是重要的	1	2	3	4	5	[　]
4. 企业资源因素对企业跨国并购后发展新的企业品牌 是重要的	1	2	3	4	5	[　]
5. 企业核心竞争力因素对企业跨国并购后发展新的企 业品牌是重要的	1	2	3	4	5	[　]
6. 国际营销环境因素对企业跨国并购后发展新的企业 品牌是重要	1	2	3	4	5	[　]
7. 国内外需求因素对企业跨国并购后发展新的企业品 牌是重要的	1	2	3	4	5	[　]
8. 国内外市场竞争因素对企业跨国并购后发展新的企 业品牌是重要的	1	2	3	4	5	[　]
9. 文化认同因素对企业跨国并购后发展新的企业品牌 是重要的	1	2	3	4	5	[　]

续表

	完全不同意	不同意	不清楚	同意	完全同意	您的选择
10. 价值取向因素对企业跨国并购后发展新的企业品牌是重要的	1	2	3	4	5	[　]
11. 政策支持因素对企业跨国并购后发展新的企业品牌是重要的	1	2	3	4	5	[　]
以下问项是针对品牌契合度对企业绩效作用的问题，请您作答						
1. 品牌契合度对品牌选择类型为发展并购之前的品牌的企业绩效有正向作用	1	2	3	4	5	[　]
2. 品牌契合度对品牌选择类型为发展被并购企业的品牌的企业绩效有正向作用	1	2	3	4	5	[　]
3. 品牌契合度对品牌选择类型为发展新的品牌的企业绩效有正向作用	1	2	3	4	5	[　]
以下问项是针对制造来源国效应对企业绩效作用的问题，请您作答						
1. 制造来源国效应对品牌选择类型为发展并购之前的品牌的企业绩效有正向作用	1	2	3	4	5	[　]
2. 制造来源国效应对品牌选择类型为发展被并购企业的品牌的企业绩效有正向作用	1	2	3	4	5	[　]
3. 制造来源国效应对品牌选择类型为发展新的品牌的企业绩效有正向作用	1	2	3	4	5	[　]

再次感谢您的参与和配合！

参 考 文 献

［1］于亚丽. 工业品营销战略研究. 上海管理科学，2007，Vol.（5）：8-10.

［2］阎志军. B2B 品牌：推行意义与基本策略. 江苏商论，2008，Vol.（1）：62-63.

［3］刘鑫，姜含春. 中国 B2B 企业品牌化研究. 中国集体经济，2010，Vol.（5）：73-74.

［4］楼尊. 关心顾客的顾客：B2B 企业的成分品牌化战略. 黑龙江对外经贸，2009，Vol.（2）：107-108，113.

［5］李桂华，卢宏亮. 供应商品牌溢出价值、品牌关系质量与采购商重复购买意向：基于采购商视角. 南开管理评论，2010，Vol.13（4）：71-82.

［6］［荷］里克·莱兹博斯（Rik Riezebos），巴斯·齐斯特，格特·库兹特拉等著，李家强译. 品牌管理. 北京：机械工业出版社，2003.

［7］秦启文，周永康. 形象学导论. 北京：社会科学文献出版社，2004.

［8］罗长海. 关于形象五层含义的哲学思考. 社会科学辑刊，2002（3）：19-24.

［9］张春河，方芳. 产品形象形成线索理论的研究. 中国时代经济出版社，2007.

［10］龙成志. 消费品品牌形象的绩效路径研究：［博士学位论文］. 广州：华南理工大学，2009.

［11］罗子明. 品牌形象的构成及其测量. 北京工商大学学报（社会科学版），2001，Vol.16（4）：19-22.

[12] 卢泰宏，周志民．基于品牌关系的品牌理论：研究模型及展望．商业经济与管理，2003，Vol.（2）：4－9.

[13] 朱宝荣．心理哲学．上海：复旦大学出版社，2004.

[14] 李桂华，卢宏亮，刘峰．中国企业的购买决策"谁"说的算——对WIND-WEBSTER模型的修正及检验．中国软科学，2010，Vol.（7）：125－133.

[15] 王海忠，赵平．公司品牌形象对经销商关系导向的影响机制．中国工业经济，2008，Vol.（3）：93－100.

[16] 余明阳，刘春章．基于索洛模型的品牌声誉形成机制研究．工业工程与管理，2009，Vol. 14（4）：127－131.

[17] 王毅．基于顾客视角的B2B品牌成长影响因素及其作用机制研究：[博士学位论文]．济南：山东大学，2006.

[18] 卢荣，王宇露．工业品品牌资产培育的传导模型与策略．市场营销导刊，2008，Vol.（5）：26－29.

[19] 何佳讯，秦翕嫣．企业市场品牌资产理论与实证研究评析．外国经济与管理，2008，Vol. 30（3）：43－51.

[20] 赵文．工业品品牌资产的构建维度研究：[博士学位论文]．上海：华东师范大学，2007.

[21] 黄光国．儒家关系主义：文化反思与典范重建．北京：北京大学出版社，2006.

[22] 李桂华，卢宏亮，李剑文．中国式信任与企业购买决策——基于普遍信任与特殊信任的二维视角．软科学，2011，Vol. 25（1）：102－109.

[23] 周雪梅，柴俊武．品牌形象研究综述与工业品品牌形象动因模型构建．管理学家（学术版），2008，Vol.（4）：351－364.

[24] 何孝德．轿车品牌形象的因素结构研究：[博士学位论文]．上海：复旦大学，2006.

[25] 马宝龙，李飞，王高．产品伤害危机对品牌绩效的影响研究——基于随机模型方法的实证研究．2009年中国营销科学学术年会暨博士生论坛论

文集，天津：南开大学，850 – 857.

[26] 吴立云，杨玉中. 基于粗糖集——熵理论的绿色供应商选择模型研究 [J]. 工业工程与管理，2011（4）：34 – 39.

[27] 王宗军，李红侠，邓晓风. 基于粗糙集的企业财务困境预警 [J]. 统计与决策（理论版），2007（2）：137 – 140.

[28] 杜栋，庞庆华，吴炎. 现代综合评价方法与案例精选 [M]. 北京：清华大学出版，2008：1 – 5.

[29] 黄丁毅. 制药行业并购目标的选择研究 [D]. 南京：南京理工大学，2008.

[30] 祝金荣. 基于模糊综合评价的并购目标决策 [J]. 工业技术经济，2006（1）：23 – 24.

[31] 韩恩泽，朱颖超，张在旭. 基于 Fuzzy—AHP 的中国石油企业集团跨国并购风险评价 [J]. 河南科学，2010（2）：235 – 239.

[32] 陈晓梅. "走出去" 战略与我国企业跨国并购 [J]. 时代经贸，2006（4）：22 – 23.

[33] 万如荣. 企业集团并购财务战略问题初探 [J]. 当代财经，2006，（11）：122 – 125.

[34] 周元成. 试论并购企业的战略整合管理 [J]. 科学与管理，2006，（3）：37 – 39.

[35] 刘重. 中国企业海外并购及其风险分析 [J]. 时代金融，2008，（11）：100 – 102.

[36] 刘志高，尹贻梅. 演化经济学的理论知识体系分析 [J]. 外国经济与管理，2007（6）：21 – 25.

[37] 叶建木，王洪运. 跨国并购风险链及其风险控制 [J]. 管理科学，2004，（5）：64 – 68.

[38] 刘亮，万解秋. 国外跨国并购理论：从动因论到效应论 [J]. 国外社会科学，2011（6）：123 – 128.

[39] 保罗. 克鲁格曼. 克鲁格曼国际贸易新理论 [M]. 北京：中国社会

科学出版社，2001：69－71.

[40] 何志勇，陈伟. 基于技术获取目标的海外并购文化风险综合评价研究 [J]. 科技进步与对策，2010 (21)：119－123.

[41] 张桂玲，王林江. 并购中目标企业选择决策：基于 AHP 的分析 [J]. 财会月刊，2009，(2)：75－76.

[42] 顾凝白. 中国企业跨国并购的风险评估与防范 [D]. 苏州：苏州大学，2008.

[43] 杨春鹤. 我国企业跨国并购的风险问题分析 [D]. 哈尔滨：哈尔滨工程大学，2007.

[44] 武晓君，万红波，阁晓博. 跨国并购目标企业优选的决策模型 [J]. 统计与决策，2008 (18)：30－32.

[45] 周悼华，廖贤超. 基于国家风险的跨国并购决策分析 [J]. 软科学，2008 (11)：81－86.

[46] 孟凡臣，李颖. 模糊综合评价模型在企业跨国并购风险评价中的应用 [J]. 工业技术经济，2009 (10)：115－117.

[47] 王江，刘岩. 跨国并购风险分析——基于布鲁诺结构分析法 [J]. 中国市场，2011，(6)：23－25.

[48] 陈启明，陈华友. 基于层次分析和灰色模糊评价法的企业财务危机预警度研究 [J]. 工业技术经济，2011 (3)：142－148.

[49] 吴超鹏，吴世农，程静雅，等. 风险投资对上市公司投融资行为影响的实证研究 [J]. 经济研究，2012 (1)：105－119.

[50] 陈晚，陈治鸿. 企业财务困境研究的理论、方法及应用 [J]. 投资研究，2000 (6)：38－44.

[51] 陈菲琼，黄义良. 组织文化整合视角下海外并购风险生成与演化 [J]. 科研管理，2011，(11)：100－106.

[52] 虞旭丹. 企业跨国联盟关系风险生成机制与演化 [D]. 浙江：浙江大学，2009.

[53] 李励来，杜杰. 银行跨国并购风险及其影响因素研究综述 [J]. 生

产力研究，2010（1）：251 – 253.

[54] 叶勤. 跨国并购影响因素的理论解释与述评 [J]. 外国经济与管理，2003（1）：26 – 31.

[55] 李强. 中国企业战略资产寻求型跨国并购的动因及特征剖析 [J]. 北京工商大学学报（社会科学版），2011（2）：96 – 102.

[56] 刘亮，万解秋. 国外跨国并购理论：从动因论到效应论 [J]. 国外社会科学，2011（6）：123 – 128.

[57] 易明阳，易振华. 中资商业银行跨国并购现状、动因与效率影响——基于 DEA 测算及 TOBIT 模型的实证研究 [J]. 浙江金融，2011（6）：33 – 39.

[58] 杨洁，高丽红. 中国企业跨国并购动因及效应分析 [J]. 现代商贸工业，2011，（16）：91 – 92.

[59] 赵林. 中国企业跨国并购的现状、动因及策略分析 [J]. 商场现代化，2012（5）：3 – 4.

[60] 郑霖霖. 获取无形资产与跨国并购动因关系研究——以吉利并购 Volvo 为例 [J]. 现代商贸工业，2013（3）：67 – 69.

[61] 郑传均，兰勇. 基于 OLI 范式的跨国并购动因模型 [J]. 华中科技大学学报（社会科学版），2006（1）：61 – 65.

[62] 焦绘君，焦敬芬. 我国企业跨国并购的动因分析 [J]. 中国经贸导刊，2012（10）：49 – 50.

[63] 李晓红. 我国企业跨国并购的动因及风险对策研究 [J]. 北京工商大学学报（社会科学版），2010（5）：59 – 62.

[64] 阎大颖. 企业能力视角下跨国并购动因的前沿理论述评 [J]. 南开学报，2006（4）：106 – 112.

[65] 高伟刚，徐永辉. 中国企业跨国并购决定因素研究 [J]. 中国物价，2010（11）：9 – 10.

[66] 刘洋. 跨国并购的动因理论研究综述 [J]. 中国商贸，2011，（18）：197 – 198.

[67] 宋永高，水常青．国内消费者对本国品牌的态度及其改变的可能性研究 [J]．南开管理评论，2004（2）：41－45．

[68] 段爱群．跨国并购法律方略与财税金融政策问题探析 [M]．北京：法律出版社，2010：3－9．

[69] 卢福财．核心竞争力与企业创新 [M]．北京：经济管理出版社，2002．

[70] 宋永高．品牌战略和管理 [M]．杭州：浙江大学出版社，2003．

[71] 蓝海林，李铁瑛，王成．中国企业战略管理行为的情景嵌入式研究 [J]．管理学报，2009，6（1）：78－83．

[72] 王海．中国企业海外并购经济后果研究 [J]．管理世界，2007（2）：94－106．

[73] 李善民，毛雅娟，赵晶晶．高管持股、高管的私有收益与公司的并购行为 [J]．管理科学，2009（6）：2－12．

[74] 叶建木．跨国并购：驱动、风险与规制 [M]．经济管理出版社，2008．

[75] 陆铭，陈钊．分割市场的经济增长——为什么经济开放可能加剧地方保护？[J]．经济研究．2009（3）：42－52．

[76] 方军雄．市场分割与资源配置效率的损害：来自企业并购的证据 [J]．财经研究，2009，（9）：36－47．

[77] 刘寅龙．中国外资中国海外并购的基本特征及其面临的特殊障碍 [J]．中国外资，2012，20：6－8．

[78] 马建威，梁超，贺菊霞．企业海外并购战略问题探讨 [J]．财务与会计（理财版），2012，（01）：15－17．

[79] 张宇晴．我国企业跨国并购中的融资问题研究 [D]．山东师范大学，2011．

[80] 易丹丹．我国企业的跨国并购风险研究 [D]．云南财经大学，2011．

[81] 何龙斌．我国企业海外并购存在的主要问题与对策 [J]．改革与战

略，2006，(09)：96-98.

[82] 殷萌萌. 我国企业海外并购技术整合风险的生成与演化 [D]. 浙江大学，2011.

[83] 宋睿. 中国制造业跨国并购动因研究 [D]. 安徽大学，2012.

[84] 葛晓春. 中国企业跨国并购的动因研究 [D]. 江南大学，2010.

[85] 梁榕灵. 中国企业海外并购目标选择策略研究 [D]. 中国石油大学，2011.

[86] 陈本昌. 中国企业海外并购的动因——基于投资诱发要素组合理论的一种解释 [J]. 东北财经大学学报，2009，(02)：19-21.

[87] 胡彦宇，吴之雄. 中国企业海外并购影响因素研究——基于新制度经济学视角的经验分析 [J]. 财经研究，2011，(08)：91-102.

[88] 张鲁杭，王敬昌. 中国企业跨国并购的政府管制与应对策略 [J]. 科技与企业，2012，(18)：209-210.

[89] 王宗军，熊银平，邓晓风. 非财务信息与财务危机预警——来自我国上市公司的证据 [J]. 价值工程，2006 (8)：155-158.

[90] 国务院国资委财务监督与考核评价局. 企业绩效评价标准值 (2012) [M]. 北京：经济科学出版社，2012：407-409.

[91] 宋睿. 中国制造业跨国并购动因研究 [D]. 合肥：安徽大学，2012.

[92] 李桂芳，储贺军. 中国企业对外直接投资分析报告 [M]. 北京：中国经济出版社，2012：29-33.

[93] 全球并购研究中心. 中国并购报告 (2012) [M]. 北京：中国经济出版社，2012：45-47.

[94] 潭力文，毕飞. 美日欧跨国公司离岸服务外包模式的比较研究及启示 [J]. 中国软科学，2006 (5)：128-134.

[95] 付京燕，李丽莎. 环境规制、要素禀赋勾产业国际竞争力的实证研究基于中国制造业的面板数据 [J]. 管理世界，2010 (10)：87-98.

[96] 江静，路瑶. 要素价格与中国产业国际竞争力：基于 ISIC 的跨国

比较 [J]. 统计研究, 2010 (08): 56 – 65.

[97] 王谦. 中国企业跨国并购协同问题研究 [M]. 北京: 经济科学出版社, 2006: 186 – 190

[98] 张建红. 周朝鸿. 中国企业走出去的制度障碍研究——以海外收购为例 [J]. 经济研究, 2010, (06): 80 – 89.

[99] 王谦, 孙远, 黄钰淇. 决定企业跨国并购绩效的因素及影响机理研究 [J]. 经济论坛, 2012, (09): 152 – 155.

[100] 陈珍波. 中国上市公司跨国并购经营绩效研究——基于 EVA 模型 [J]. 经济论坛, 2012, (10): 79 – 84.

[101] 王洁. 中国企业的并购经验对跨国并购绩效影响的实证研究 [D]. 浙江工商大学, 2011.

[102] 刘晓艳. 京东方海外并购的绩效分析 [D]. 北京交通大学, 2011.

[103] 刘楠. 我国企业海外并购后的知识获取研究 [D]. 山东大学, 2009.

[104] 杨忠, 张骁. 企业国际化程度与绩的关系 [J]. 经济研究, 2009, (2): 32 – 42.

[105] 程惠芳, 张孔宇. 中国上市公司跨国并购的财富效应分析 [J]. 世界经济, 2006, (12): 74 – 86

[106] 于开乐, 王铁民. 基于并购的开放式创新对企业自主创新的影响——南汽并购罗孚经验及一般启示 [J]. 管理世界, 2008, (04): 150 – 166.

[107] 郭葆春, 跨国公司绩效评价研究 [J]. 商业研究, 2007: 70 – 72.

[108] 吕源. 制度理论为基础的企业战略管理实证研究方法简述 [J]. 战略管理, 2009, 1 (1): 66 – 84.

[109] 宋铁波, 钟槟. 制度距离与跨区域战略联盟绩效关系研究 [J]. 科学学与科学技术管理, 2012, 3: 32 – 38.

[110] Keller K L. Brand Synthesis: The Multi-Dimensionality of Brand Knowledge.

[111] Journal of Consumer Research, 2003, 29 (4): 595 – 600.

［112］ Keller K L, Lehmann D. How do brands create value? . Marketing Management, 2003, 12 (3): 26 –31.

［113］ Kotler P, Pfoertsch W. B2B Brand Management. Berlin: Springer, 2006. 1 – 10.

［114］ Farquhar P H. Managing Brand Equity. Marketing Research, 1989, 1 (3): 24 –33.

［115］ Webster F E Jr, Keller K L. Academic papers: a roadmap for branding in industrial markets. Journal of Brand Management, 2004, 11 (5): 388 –402.

［116］ Shipley D, Howard P. Brand-naming industrial products. Industrial Marketing Management, 1993, 22 (1): 59 –66.

［117］ Webster F E, Wind Y. Organizational buying behavior. Englewood Cliffs: Prentice Hall, 1972.

［118］ Bendixen M, Bukasa K A, and Abratt R. Brand equity in the business-to-business market. Industrial Marketing Management, 2004, 33 (5): 371 –380.

［119］ Mudambi S. Branding importance in business-to-business markets: three buyer clusters. Industrial Marketing Management, 2002, 31 (6): 525 –533.

［120］ Mudambi S M, Doyle P, Wong V. An exploration of branding in industrial markets.

［121］ Industrial Marketing Management, 1997, 26 (5): 433 –446.

［122］ Hague P, Jackson P. The power of industrial brands: an effective route to competitive advantage. London: McGraw-Hill, 1994.

［123］ Michell P, King J, Reast J. Brand values related to industrial products. Industrial Marketing Management, 2001, 30 (5), 415 –425.

［124］ Low J, Blois K. The evolution of generic brands in industrial markets: the challenges to owners of brand equity. Industrial Marketing Management, 2002, 31 (5): 385 –392.

［125］ McQuiston D H. Successful branding of a commodity product: the case of RAEX LASER steel. Industrial Marketing Management, 2004, 33 (4): 345 –354.

［126］Lynch J, de Chernatony L. The power of emotion: brand communication in business-to-business markets. Brand Management, 2004, (11) 5: 403 –419.

［127］Blombäck A. Supplier brand image: a catalyst for choice [dissertation]. Jonkoping: Jonkoping International Business School, 2005.

［128］van Riel A C R, Pahud de Mortanges C, Streukens S. Marketing antecedents of industrial brand equity: An empirical investigation in specialty chemicals. Industrial Marketing Management, 2005, 34 (8): 841 –847.

［129］Glynn M S, Motion J, Brodie R J. Sources of brand benefits in manufacturer-reseller B2B relationships. Journal of Business & Industrial Marketing, 2007, 22 (6): 400 –409.

［130］Baumgarth C. Integrated model of marketing quality (MARKET-Q) in the B-to-B sector. Journal of Business Market Management, 2008, 2 (1): 41 –57.

［131］Biehal G J, Shenin D L. Managing the brand in a corporate advertising environ-ment: A decision-making framework for brand managers. Journal of Advertising, 1998, 27 (2): 99 –110.

［132］Gordon G L, Calantone R J, di Benedetto C A. Brand equity in the business-to-business sector. Journal of Product & Brand Management, 1993, 2 (3): 4 –16.

［133］Balmer J M T. Corporate branding and connoisseurship. Journal of General Management, 1995, 21 (1): 22 –46.

［134］De Chernatony L, McDonald M. Creating powerful brands in consumer, service and industrial markets. Butterworth Heinemann, 1998.

［135］Dacin P A, Brown T J. Corporate identity and corporate associations: a framework of future research. Corporate Reputation Review, 2002, 5 (2/3): 254 –263.

［136］Brown T J. Corporate associations in marketing: antecedents and consequences. Corporate Reputation Review, 1998, 1 (3): 215 –233.

［137］Levitt T. Communications and industrial selling. Journal of Marketing,

1967, 31 (6): 15 –21.

[138] Easton A. Corporate style versus corporate image. Journal of Marketing Research, 1966, 3 (5): 168 –174.

[139] Enis B M. An analytical approach to the concept of image. California Management Review, 1967, 9 (summer): 51 –58.

[140] Martineau P. Sharper focus for the corporate image. Harvard Business Review, 1958, 36 (11, 12): 49 –58.

[141] Hardy K G. Whatever happened to image? . The Business Quarterly, 1970, 35 (Winter): 70 –76.

[142] Yoo B, Donthu N. Developing and validating a multidimensional consumer-based brand equity scale. Journal of Business Research, 2001, 52 (1): 1 –14.

[143] Han S L, Sung H S. Industrial brand value and relationship performance in busi-ness markets—A general structural equation model. Industrial Marketing Manage-ment, 2008, (37): 807 –818.

[144] Hall R. The strategic analysis of intangible resources. Strategic Management Journal, 1992, (13): 135 –144.

[145] Dowling G R. Creating corporate reputations: identity, images and performance. New York: Oxford University Press Inc, 2001.

[146] Shocker A, Rajendra S, Ruekert R. Challenges and opportunities facing brand management: an introduction to the special issue. Journal of Marketing Research, 1994, (31): 149 –158.

[147] Roberts J, Merrilees B. Multiple roles of brands in business-to-business services. Journal of Business & Industrial Marketing, 2007, 22 (6): 410 –417.

[148] Kuhn K S L, Albert F, Pope N K. An application of keller's brand equity model in a B2B context. Qualitative Market Research: An International Journal, 2008, 11 (1): 40 –58.

[149] Thompson K E, Knox S D, Mitchell H G. Business to business brand

attributes in a changing purchasing environment. Irish Marketing Review, 1998, 10 (3): 25 – 32.

[150] Patti C. H., Hartley S W, Kennedy S L. Business to business advertising-a marketing management approach. Chicago: NTC Business Books, 1991.

[151] Mitchell V W. Organizational risk perception and reduction: A literature review. British Journal of Management, 1995, 6 (2): 115 – 133.

[152] ai C S, Chiu C J, Yang C F, Pai D C. The effects of corporate social responsibility on brand performance: the mediating effect of industrial brand equity and corporate reputation. Journal of Business Ethics, 2010, (95): 457 – 469.

[153] Lamons B. The case for B2B branding: pull away from the business to business pack. Thomson Higher Education, 2005.

[154] Blombäck A, Axelsson B. The role of corporate brand image in the selection of new subcontractors. Journal of Business & Industrial Marketing, 2007, (22) 6: 418 – 430.

[155] Aspara J, Tikkanen H. Significance of corporate brand for business-to-business companies. The Marketing Review, 2008, 8 (1): 43 – 60.

[156] Chaudhuri A, Holbrook M B. The chain of effects from brand trust and brand affect to brand performance: the role of brand loyalty. Journal of Marketing, 2001, 65 (2): 81 – 93.

[157] Wiedmann K P. Measuring brand equity for organizing brand management in the energy sector: a research proposal and first empirical hint. Brand Management, 2004, (12): 124 – 139.

[158] Wang C L, Siu N Y M, Barnes B R, The significance of trust and Renqing in the long-term orientation of Chinese business-to-business relationships. Industrial Market-ing Management, 2008, 37 (7): 824 – 919.

[159] Conway T, Swift, J S. International relationship marketing: the importance of psychic distance. European Journal of Marketing, 2000, 34, 1391 – 1414.

[160] Davies H A, Leung T K P, Luk S T K and Wong Y H. The benefits of

'Guanxi': an exploration of the value of relationships in developing the Chinese market. Industrial Marketing Management, 1995, (24): 207 –214.

[161] Robinson P J, Faris C W, Wind Y. Industrial buying and creative marketing. Boston: Allyn and Bacon, 1967.

[162] Petty R E, Cacioppo J T. Communication and persuasion: central and peripheral routes to attitude change. New York: Springer-Verlag, 1986.

[163] Hagius L R, Charlotte H M. Characteristic, beneficial, and image attributes in consumer judgments of similarity and preference. Journal of Consumer Research, 1993, 20: 100 –110.

[164] Kaplan R S, Norton D P, The balanced scorecard-measures that drive perform-ance. Harvard Business Review, 1992, (1 –2): 71 –79.

[165] Williams R J, Barrett J D. Corporate philanthropy, criminal activity, and firm reputation: Is there a link. Journal of Business Ethics, 2000 (26): 341 –350.

[166] Hague P, Jackson P. The power of industrial brands: an effective route to competi-tive advantage. London: McGraw-Hill, 1994.

[167] Silverman S N, Sprott D E, Pascal V J. Relating consumer-based sources of brand equity to market outcomes. Advances in Consumer Research, 1999, 26 (1): 352 –358.

[168] Kapferer J N, Laurent G. Consumer brand sensitivity: a key to measuring and managing brand equity. In: Leuthesser L, ed. Defining, Measuring and Managing Brand Equity, MA: Marketing Science Institute, Cambridge. 1988.

[169] Rao V R, McLaughlin E W. Modeling the decision to add new products by channel intermediaries. Journal of Marketing, 1989, 53 (4): 80 –88.

[170] Wittmann, C. M. , Hunt, S. D. , Arnett, D. B. Explaining alliance success: competences, resources, relational factors, and resource-advantage theory [J]. Industrial Marketing Management, 2009, 38 (7): 743-756.

[171] Capron, L. , Dussauge:, Mitchell, W. Resource redeployment fol-

lowing horizontal acquisitions in Europe and North America, 1988-1992 [J]. Strategic Management Journal, 1998, 19: 631 – 662.

[172] Chen. Evolutionary Economic Dynamics: Persistent Business Cycles, Disruptive Technology, and the Trade-Off between Stability and Complexity, in Kurt Dopfered. The Evolutionary Foundations of Economics [M]. Cambridge University Press, Cambridge, 2005: 472 – 505.

[173] Luo, Y. Guanxi organizational dynamic: organizational networking in Chinese firms [J], Strategic Management Journal, 2001, 22: 455 – 477.

[174] Kusewitt, J. B. An exploratory study of strategic acquisition factors relating to performance [J]. Strategic Management Journal, 1985. 6 (2): 151 – 169.

[175] Dunning, J. H. Trade, location of economic activities, and the MNE: a search for an Eclectic Approach. In B. Ohlin [M]. International Allocation of Economic Activity. Holme and Meier, 1977: 145 – 167.

[176] Yiu, D., Lau, C. M., Bruton, G. D. International venturing by emerging economy firms: The mediating effects of networks and corporate entrepreneurship [J]. Journal of International Business Studies. 2007, 38: 519 – 540.

[177] Rugman, A. M., Verbeke, A. A note on the transnational solution and the transaction cost theory of multinational strategic management [J]. Journal of International Business Studies, 1992. (4): 761 – 772.

[178] Martinez J. I., Jarillo J. C. The evolution of research on coordination mechanisms in multinational corporations [J]. Journal of International Business Studies, 1989, 20 (3): 489 – 514.

[179] Anand, J., A. Delios. Absolute and relative resources as determinants of international acquisitions [J]. Strategic Management Journal, 2002, 23 (2): 1, 19 – 13.

[180] Walter, G. M. Culture collision in mergers and acquisitions [A]. In P. J. Frost, L. F. Moore, M. R. Louis, C. C. Lundberg., J. Martin (Eds.), Organizational culture [M]. Beverly Hills, CA: Sage, 1985: 301 – 314.

[181] Romanelli. E. , Khessina, O. M. Regional industrial identity: cluster and economic development [J]. Organization Science. 2005, 16 (4): 344 –358.

[182] Lubatkin, Achieving Acculturation in Mergers and Acquisition: an international case study [J]. Human Relation, 2001, 54 (12): 1573 –1607.

[183] Harzing, A. W. Acquisitions versus greenfield investment: international strategy and management of entry modes [J]. Strategic Management Journal, 2002, 23 (3): 211 –227.

[184] Fan J. , Wong T. J. , Zhang T. Politically connected CEOs, corporate governance, and Post-IPO performance of China's newly partially privatized firms [J]. Journal of Financial Economics, 2007, 84: 265 –590.

[185] Nunnally, J. C. Psychometric theory [M] . New York: McGraw-Hill, 1978.

[186] Johanson, Jan, Vahlne, Jan-Erik. The internationalization process of the firm-A modelof knowledge development and increasing foreign market commitments [J]. Journalof International Business Studies, 1977, 8: 23 –32.

[187] Sun, Q. , W. Tong. China Share Issue privatization: the Extent of Its Success [J]. Journalof Financial Economics, 2003 (70): 183 –222.

[188] Golden, B. R. SBU strategy and performance: the moderating effects of thecorporate-SBU relationship [J]. Strategic Management Journal, 1992, 13: 145 –158.

[189] Baliga B. R. , Jaeger A. M. Multnational corporations: control systems and dele-gation issues [J]. Journal of International Business Studies, 1984, 15 (2): 25 –39.

[190] Zaheer, S. Overcoming the liability of foreignness [J]. Academy of Management journal, 1995, 38 (2): 341 –363.

[191] Williams, S. , "A Characterization of Efficient, Bayesian Incentive Compatible Mechanisms," Economic Theory 14 (1999), 155 –180.

[192] Shleifer, A. , and R. Vishny, "Stock Market Driven Acquisitions," Journal of Financial Economics 72 (2003), 295 –311.

［193］Samuelson, W., "Auctions with Contingent Payments: Comment," American EconomicReview 77 (1987), 740 – 745.

［194］Roll, R., "The Hubris Hypothesis of Corporate Takeovers," The Journal of Business 59 (1986), 197 – 216.

［195］D. T. Robinson, and S. Viswanathan, "Valuation Waves and Merger Waves: The Empirical Evidence," Journal of Financial Economics 77 (2005), 561 – 603.

［196］S. Viswanathan, "Market Valuation and Merger Waves," Journal of Finance 59 (2004), 2685 – 2718.

［197］Rhodes-Kropf, M., and D. T. Robinson, "The Market for Mergers and the Boundaries ofthe Firm," Working paper, Duke University and Columbia University (2005).

［198］Officer, M., "Collars in Merger Negotations," Journal of Finance 59 (2004), 2719 – 2743.

［199］Myerson, R., and M. Satterthwaite, "Efficient Mechanisms for Bilateral Trading," Journalof Economic Theory 28 (1983), 265 – 281.

［200］S. Viswanathan, "Corporate Reorganizations and Non-Cash Auctions," Journal of Finance 55 (2000), 1807 – 1854.

［201］Myers, S., and N. Majluf, "Corporate Financing and Investment Decisions when Firms Have Information That Investors Do Not Have," Journal of Financial Economics 13 (1984), 187 – 221

［202］Mulherin, J. H., and A. L. Boone, "Comparing Acquisitions and Divestitures," The Journalof Corporate Finance 6 (2000), 117 – 139.

［203］Mitchell, M. L., and J. H. Mulherin, "The Impact of Industry Shocks on Takeoverand Restructuring Activity," The Journal of Financial Economics 41 (1996), 193 – 229.

［204］Mezzetti, C., "Mechanism Design with Interdependent Valuations: Efficiency," Econometrica 72 (2002), 1617 – 1626.

[205] Maksimovic, V. , and G. Phillips, "The Market for Corporate Assets: Who Engages inMergers and Asset Sales and Are There Efficiency Gains?" Journal of Finance. 2001 (56), 20: 19 –65.

[206] Makowski, L. , and C. Mezzetti, "The Possibility of Efficient Mechanisms for Trading anIndivisible Object," The Journal of Economic Theory. 1993, (59): 451 –465.

[207] P. Reny, "Correlated Information and Mechanism Design," Econometrica 60 (1992), 395 –421.

[208] Mcafee, R. P. , "Endogenous Availability, Cartels, and Merger in an Equilibrium PriceDispersion," Journal of Economic Theory 62 (1994), 24 –47.

[209] Gorton, G. , M. Kahl, and R. Rosen, "Eat or Be Eaten: A Theory of Mergers and MergerWaves," Unpublished working paper, The Wharton School (2000).

[210] Gort, M. , "An Economic Disturbance Theory of Mergers," Quarterly Journal of Economics 83 (1969), 624 –642.

[211] Gilson, R. J. , and B. S. Black, The Law and Finance of Corporate Acquisitions, 2nd edition (Westbury, NY: The Foundation Press, 1995) .

[212] Hansen, R. G. , "Auctions with Contingent Payments," American Economic Review 75 (1985), 862 –865.

[213] Jehiel, P. , and B. Moldovanu, "Efficient Design with Interdependent Values," Econometrica 69 (2001), 1237 –1259.

[214] Jovanovic, B. , and P. Rousseau, "The Q-Theory of Mergers," The American Economic Review (Papers and Proceedings) 92 (2002), 198 –204.

[215] Hietala, P. , S. Kaplan, and D. T. Robinson, "What Is the Price of Hubris? Using Takeover Battles to Infer Overpayments and Synergies," Financial Management 32 (2003), 1 –32.

[216] Harford, J. , "What Drives Merger Waves?" The Journal of Financial Economics 77 (2005), 529 –560.

［217］ Fieseler, K., T. Kittsteiner, and B. Moldovanu, "Partnerships, Lemons and EfficientTrade," Journal of Economic Theory 113 (2003), 223 – 234.

［218］ Eckbo, B. E., R. Giammarino, and R. Heinkel, "Asymmetric Information and the Mediumof Exchange in Takeovers: Theory and Tests," Review of Financial Studies 3 (1990), 651 – 675.

［219］ Demarzo, P., I. Kremer, and A. Skrzypacz, "Bidding with Securities: Auctions and Security Design," American Economic Review 95 (2005), 936 – 959.

［220］ Datar, S., R. Frankel, and M. Wolfson, "Earnouts: The Effects of Adverse Selectionand Agency Costs on Acquisition Techniques," The Journal of Law, Economics, and Organization 17 (2001), 201 – 237.

［221］ R. Mclean, "Full Extraction of the Surplus in Bayesian and Dominant Strategy Auctions," Econometrica 56 (1988), 1247 – 1257.

［222］ Cre Mer, J., "Auctions with Contingent Payments: Comment," American Economic Review77 (1987), 746.

［223］ Boone, A., and H. Mulherin, "How Are Firms Sold?" The Journal of Finance 62 (2007), 847 – 875.

［224］ Andrade, G., and E. Stafford, "Investigating the Economic Role of Mergers," The Journal of Corporate Finance 10 (2004), 1 – 36.

［225］ Ng, L. F. Y., Tuan, C. Fdi promotion policy in China: governance and effectiveness ［J］. The World Economy, 2001, 24 (8): 1051 – 1074.

［226］ Delios, A., Henisz, W. J. Japanese Firms' Investment Strategies in Emerging Economies ［J］. Academy of Management Review, 2000, 43 (3): 305 – 332.

［227］ King, A. A., Shaver, J. M. Are aliens green? Assessing foreign establishments' envir-onmental conduct in the United States ［J］. Strategic Management Journal, 2001, 22 (11): 1069 – 1085.

［228］ Chan, C. M., Isobe, T., Makino, S. Which country matters Institutional development and foreign affiliate performance [J]. Strategic Management Journal, 1990, 29: 1179 - 12 - 05.

[229] Kessler, D. P. , Geppert, J. J. The effects of competition on variation in the quality and cost of medical care [J]. Journal Economy Management Strategy, 2005, 14: 575 - 589.

[230] Xu, D. , Pan, Y. , Beamish, P. W. The effect of regulative and normative distances on MNE ownership and expatriate strategies [J]. Management International Review, 2004, 44 (3): 285 - 307.

[231] Mudambi, R. , Mudambi, S. M. D. Diversification and market entry choices in the context of foreign direct investment [J]. International Business Review, 2002, 11 (1): 35 - 55.

[232] Levchenko, A A. Institutional Quality and International Trade [J]. The Review of Economic Studies, 2007, (74) 3: 791 - 819.

[233] Parsley, D C. , Wei, S J. Explaining the border effect : the role of exchange ratevariability, shipping cost and geography [J]. Journal of International Economics, 2001, 55 (1): 87 - 105.

[234] Phillips, N. , Tracey, P. , Karra, N. Rethinking institutional distance: strengthening the tie between new institutional theory and international management [J]. Strategic Organization, 2009, 7 (3): 339 - 348.

[235] Kim, J. , Finkelstein, S. The effects of strategic and locational complementarity on acquisition performance: Evidence from the U. S Commercial Banking Industry, 1989 - 2001 [J]. Strategic Management Journal, 2009, 30 (6): 617 - 646.

[236] Lyles, M. A. , Salk, J. E. Knowledge acquisition from foreign parents in international joint venture: An empirical examination in the Hungarian context [J]. Journal of International Business Studies, 1996, 27: 143 - 165.

[237] Si, S. X. , Bruton, G. D.. Knowledge acquisition, cost savings, and strategic positioning: IJV in the People's Republic of China [J]. Journal of Business

Research, 2005, 58 (11): 1465 – 1473.

［238］Levinthal, D. A. , March, J. G. The myopia of learning ［J］. Strategic Management Journal, 1993, 14 (S2): 95 – 112.

［239］Grant, R. M. Toward a knowledge-based theory of the firm ［J］. Strategic Management Journal, 1997, 17 (7): 120 – 145.

［240］Nooteboom, B. Effects of trust and governanceon relation risk ［J］. Academy of Management Jounral, 1997, 40 (2): 308 – 338.

［241］Capon, N. , Farley, J. , Hoenig, S. Determinants of financial performance: a meta-analysisi ［J］. Strategic Management Journal, 1990, 36 (10): 1143 – 1159.

［242］Ghoshal, S. , Nohria, N. Internal differentiation within multinational corporations ［J］. Strategic Management Journal, 1989, 10 (4): 323 – 337.

［243］Doz, Y. L. , Prahalad, C. K. Managing MNCs: A search for a nw paradigm ［J］. Strategic Management Journal, 1991, Vol. 12: 145 – 164.

［244］Haspeslagh, P. C. , Jemison, D. B. Managing acquisitions: creating value through corporate renewal ［M］. New York: The Free Press, 1991. (7).

［245］Tomlinson, J. W. C. The joint venture process in international business: India and Pakistan ［M］. Cambridge, Mass: MIT Press, 1970.

［246］Fisher, R. , Ury, W. Getting to yes: Negotiating agreement without giving in Houghton Mifflin ［J］ Sociol Quartely, 1981: 43 – 56.

［247］Cook, K. , Exchange and power in networks of interorganizational relations ［J］. So-ciolQuartely, 1977, 18 (1): 62 – 82.

［248］Fagre, N. , Wells, L. T. Bargaining power of multinationals and host governments ［J］. Journal of International Business Studies, 1982, 3, 9 – 23.

［249］Schelling, T. An essay on bargaining ［J］. American Economy Review, 1956, 46: 281 – 306.

［250］Lax, Sebenius. The manager as negotiator: bargaining for cooperation and competitive gain ［M］. NY: Free Press, 1986.

[251] Bacharach, S. B. , Lawler, E. J. Bargaining: power, tactics, and outcomes [J]. Jossey Bass, San Francisco, CA, 1984: 120 – 143.

[252] Emerson, R. , Power-dependence relations [J]. American. Sociol. Review, 1962. 27, 31

[253] Keegan, A. The management of innovation in project-based firm [M]. Long Range Planning, 2002, 35 (4): 367 – 388.

[254] Dyer, J. H. Effective interfirm collaboration: how firms minimize transaction costsand maximize transaction value [J]. Strategic Management Journal, 1997, 18: 535 – 556.

[255] Nonaka, I. , Takeuchi, H. The knowledge creating company. London: Oxford University Press, 1995.

[256] Lu, W. J. , Hebert, L. Equity control and the survival of international joint ventures: acontingency approach [J]. Journal of Business Research, 2005, 58 (6): 736 – 745.

[257] Das, T. K. , Teng, B. S. Between trust and control: developing confidence in partner cooperation in alliances [J]. Academy Management Review, 1998, 23 (3): 491 – 512.

[258] Fryxell, G. , Dooley, R. S. , Vryza, M. After the ink dries: The interaction of trust and control in US-based international joint ventures [J]. Journal of Management Studies, 2002, 39 (6): 22 – 38.

[259] van Sluijs, E. , Schuler, R. S. As the IJV grows: lessons and progress at Davidson-MarleyBV [J]. European Management Journal, 1994, 12 (3): 315 – 321.

[260] Caves, R. E. Multinational Enterprise and Economic Analysis [M]. Cambridge: Cambridge University Press. 1982.

[261] Dierickx, I. Asset Stock accumulation and sustainability of competitive advantage [J]. Management Science archive. Volume 35 Issue 12, Dec. 1989: 12 – 45.

[262] Barney, J. B. Firm resources and sustained competitive advantage [J]. Journal of Management, 1991, 17: 99 - 1, 20.

[263] Witt, M. , Lewin, A. , Y. Outward foreign direct investment as escape response to home country institutional constrains [J]. Journal of International Business Studies, 2007, 38: 579 - 594.

[264] Khanna, T. , Palepu, K. Emerging giants: Building world-class companies in emerging markets [J]. Harvard Business Review. 2006, 84 (10): 60 - 69.

[265] Steinfeld, E. S. Forging reform in China: The fate of state-owned industry [M]. Cambridge: Cambridge University Press, 1998.

[266] Adhikari A. , Derashid, C. , Zhang H. Public policy, political connections and effective tax rates: longitudinal evidence from Malaysia [J]. Journal of Accounting and Public, 2006, 25 (5): 120 - 142.

[267] Ma, X. , Andrews-Speed P. The overseas activities of China's national oil companies: rationale and outlook [J]. Minerals Energy, 2006: 17 - 35.

[268] Erdener, C. , Shapiro, D. M. The internationalization of Chinese family enterprises and Dunning's eclectic MNE paradigm [J]. Management and Organization Review, 2005, 1 (3), 411 - 436.

[269] Liu, Z. The external returnsto education: evidence from Chinese cities [J]. Journal of Urban Economics, 2006, 61: 542 - 564.

[270] Antkiewicz, A. , Whalley, J. Recent Chinese buyout activity and the Implications for global architecture [R]. (NBERWorking Paper 1, 2072). National, 2006.

[271] Tsui, K. , Wang, Y.. Between separate stoves and a single menu: fiscal decent ralization in China [J]. The China Quarterly, 2004, 177 (3): 123 - 145.

[272] Deng, P. Outward investment by Chinese MNCS: motivations and implication [J]. Business Horizion, 2004, (47): 8 - 16.

[273] Aggarwal, R. , Agmon, T. The international success of developing

country firms: role of government-Direct comparative advantage [J]. Management International review, 2001, 30 (2): 163 – 180.

[274] Buckley, P. J., Clegg, J., Wang, C. The impact of inward FDI on the performance of Chinese manufacturing firms [J]. Journal of International Business Studies, 2006, 15 (1): 13 – 37.

[275] Kogut, B., Chang, S. J. Technological capabilities and Japanese foreign direct investment in the United States [J]. Review of Economics and Statistics, 1991, 73 (3): 401 – 413.

[276] Caves, R., Mehra, S. Entry of foreign multionals into U. S. manufacturing industerues [M]. Harvard Business School Press, Boston, 1986, May: 449 – 481.

[277] Chen, S. F., Hennart, J. F. Japanese investors'choice of joint ventures versus wholly-owned subsidiaries in the US: The role of market barriers and firm capabilities [J]. Journal of International Business Studies, 2002, Vol. 33, Iss. 1: 1.

[278] Wells, L. T. Third world multinational [M]. Boston: MIT Press, 1983.

[279] Warner, M., Hong. N. S., Xu X. Late development experience and the evolution of transnational firms in the Peoples Republic of China [J]. Asia Pacific Business Review, 2004, 10 (34): 324 – 345.

[280] R. S. Harris, D. Ravenscraft, The role of acquisitions in foreign direct investment: Evidence from the US stock market [J]. Journal of Finance, 1991, XLVI: 825 – 844.

[281] Markides, C., Oyon, D. International acquisitions: Do they create value for shareholders? [J]. European Management Journal, 1998, 16: 125 – 135.

[282] Jemison, D. B., Sitkin, S. B. Corporate acquisitions: a process perspective [J]. Academy of Management Review, 1986, 11 (1): 145 – 163.

[283] Covin, J. G., Slevin, D. P. The influence of organizational structure

on the utility of an entrepreneurial top Management style [J]. Journal of Management Studies, Vol, 1988. 25 (3): 105 – 180.

[284] David, k., Singh, H. Acquisition regimes: managing cuhural risk and relative deprivation in corporate acquisitions, international review of strategic management [J]. Journal of Management Studies, 1998: 227 – 276.

[285] Haleblian, J., Finkelstein, S. The influence of organizational acquisition experience [J]. Administrative Science Quarterly, 1998, 44: 29 – 56.

[286] Walsh, J. P. Doing a deal: merger and acquisition negotiations and their impact upontarget company top management turnover [J]. Strategic Management Journal, 1989, 10 (4): 307 – 322.

[287] Eckbo, B. E., Giammarino, R. M., Heinkel, R. L. Asymmetric information and the medium of exchange in takeovers: theory and tests [J]. Review of Financial Studies, 1990, 3: 651 – 675.

[288] Travlos, N. G. Corporate takeover bids, methods of payment, and bidding firms' stock returns [J]. Journal of Finance, 1987. 42: 943 – 963.

[289] Hamel, G., Prahalad, C. Strategic intent [J]. Harvard Business Review, May/Jun, 1989: 14 – 45.

[290] Zajac, E. J., Kraatz, M. S., Bresser, R. K. F. Modeling the dynamics of strategic fit: anormative approach to strategic change [J]. Strategic Management Journal, 2000, 21: 429 – 453.

[291] Rui, H., Yip, G. S. Foreign acquisitions by Chinese firms: a strategic intent perspective [J]. Journal of World Business, 2008, 43 (2): 213 – 226.

[292] Aulakh: S., Kotabe, M. Antecedents and performance implications of channel integration in foreign markets [J]. Journal of International Business Studies, 1997, 28 (1): 124 – 145.

[293] Harrigan, K. R. Managing for joint venture success. [M] Lexington Books, Lexing-ton, MA, 1986.

[294] Kogut, B., Zander, U. Knowledge of the firm, combinative capabilities

and there plication of technology [J]. Organization Science, 1992 (3): 383 –397.

[295] Andreff, W. The new multinational corporations from transition countries [J]. Economic Systems, 2002, 26 (4): 371 –379.

[296] Pressey, A. D. , Selassie, H. G. Are cultural differences overrated? Examining the influence of national culture on international buyer-seller relationship [J]. Journal of Consumer Behaviour, 2003, 2: 354 –368.

[297] Pan, Y. , Tse, D. The hierarchical model of market entry modes [J]. Journal of International Business Studies, 1978. 31 (4), 535 –554.

[298] Steensma, H. K. , Marino, L. , Weaver, K. M. The influence of national culture on the formation of technology alliances by entrepreneurial firms [J]. Academy of Manage-ment Journal, 2000, 43 (5): 951 –973.

[299] Chiles, T. H. , McMackin, J. F. Integrating variable risk preferences, trust, and transaction cost economics [J] . Academy of Management Review, 1996. 21 (1), 73 –99.

[300] Lee, J. , Chen, W. , Kao, C. Bargaining power and the trade-off between the ownership and control of international joint ventures in China [J]. Journal of International Management, 1998: 353 –385.

[301] Prasad, V. , Ramamurthy, K. , Naidu, G. M. The influence of internet-marketing integration on marketing competencies and export performance [J]. Journal of International Marketing, 2001, 9 (4): 82 –110.

[302] Brouthers, K. D. , Bamossy, G. J. Post-Formation processes in Eastern and Western European joint ventures [J] . Journal of Management Studies, 2006, 43 (2): 203 –229.

[303] North, D. C. Institutions, institutional change and economic performance [M]. NewYork: Cambridge University Press, 1990.

[304] Gomes-Casseres, B. Firm ownership preferences and host government restrictions: anintegrated approach [J]. Journal of International Business Studies, 1990, 21: 1 –22.

［305］ Arino, A., Torre, J. Learning from failure: toward an evolutionary model of collaborative ventures ［J］. Organiastion Science, 1998, 9: 306 – 325.

［306］ Madhok, A. Cost, value and foreign market entry mode: the transaction and the firm ［J］. Strategic Management Journal, 1997, 18: 39 – 61.

［307］ Madhok, A. The nature of multinational firm boundaries: Transaction costs, firm capabilities and foreign market entry mode ［J］. International Business Review, 1998, 7 (3): 259 – 290.

［308］ Zhao, H., Luo, Y., Suh, T. Transaction cost determinants and ownership-based entry mode choice: a meta-analytical review ［J］. Journal of International Business Studies, 2004. 35: 524 – 544.

［309］ Ghoshal, S., Gratton, L. Integrating the enterprise ［J］. MIT Sloan Management Review, 2002, 44 (1): 31 – 38.

［310］ Gatignon, H., Anderson, E. The multinational corporation's degree of control over foreign subsidiaries: an empirical test of a transaction cost explanation ［J］. Journal of Law, Economics, and Organization, 1988, 4: 305 – 336.

［311］ Dunning, J. H., Rugman, A. The influence of Hymer's dissertation on the theory of foreign direct investment ［J］. American Economic Association Papers and Proceedings 1985, 75 (2): 228 – 232.

［312］ Milliken, FJ. Three types of perceived uncertainty about the environment: state, effect, and response uncertainty ［J］. Academy of Management Review, 1987. 12 (1): 133 – 143.

［313］ Gugler, K. Corporate governance, dividend payout policy, and the interrelation between dividends, R&D and capital investment ［J］. Journal of Banking and Finance, 2003, 27: 1297 – 1321.

［314］ Palepu, K. G. Predicting takeover targets: a methodological and empirical analysis ［J］. Journal of Accounting and Economics, 1986.

［315］ Blair, D., Harrisan. J. Airline price wars: competition or predation ［J］. The Antitrust Bulletin, 1999, 44 (2): 489 – 518.

［316］De Vos, A. , Soens, N. Protean attitude and career success: The me-diating role of self-management ［J］. Journal of Vocational Behavior, 2008. 73 (3): 449 – 456.

［317］Christensen, L. R. , D. Cummings, and D. W. Jorgenson. 1981. "Relative Productivity Levels, 1947 – 73: An International Comparison. " Europe-an Economic Review16: 61 – 94.

［318］Dunne, T. , M. J. Roberts, and L. Samuelson. 1989. " The Growth and Failure of U. S. Manufacturing Plants. " Quarterly Journal of Economics 419: 671 – 698.

［319］Jensen, M. C. 1988. "Takeovers: Their Causes and Consequences. " Journal of Economic Perspectives 2 (1): 21 – 48.

［320］Jensen, M. C. , and R. S. Ruback. 1983. "The Market for Corporate Control: The Scientific Evidence. " Journal of Financial Economics 11: 5 – 50.

［321］Jarrel, G. A. , J. A. Brickley, and J. M. Netter. 1988. "The Market for Corporate Control: The Empirical Evidence Since 1980. " Journal of Economic Perspectives 2 (1): 49 – 68.

［322］MacDonald, J. M. , M. Ollinger, K. Nelson, and C. Handy. 1999. Con solidation in U. S. Meatpacking. U. S. Department of Agriculture: Economic Research Service, AER-785.

［323］McGuckin, R. H. and S. V. Nguyen. 1995. "On Productivity and Plant Ownership Change: NewEvidence from the LRD. " Rand Journal of Economics 26: 257 – 276.

［324］McGuckin, R. H. and G. Pascoe. 1988. "The Longitudinal Research Data-base: Status and Research Possibilities. " Survey of Current Business 68: 30 – 37.

［325］Manne, H. G. 1965. "Mergers and the Market forCorporate Control. " Journal of Political Economy 73: 110 – 120.

［326］Matsusaka, J. G. 1993. "Target Profits and Managerial Discipline during the Conglomerate Merger Wave. " Journal of Industrial Economics 41: 179 – 189.

[327] Mueller, D. C. and R. Burkhard. 1999 "Heterogeneities within Industries and Structure Performance Models." Review of Industrial Organization 15: 303 – 320.

[328] Nguyen, S. V. 1998. "The Manufacturing Plant Ownership Change Database: Its Construction and Usefulness." Journal of Economic and Social Measuremen 24: 209 – 302.

[329] Roll, R. 1986. "The Hubris Hypothesis of CorporateTakeovers." Journal of Business 59: 197 – 216.

[330] Shleiffer, A. and R. W. Vishney. 1989. "Management Entrenchment: The Case of Manager Specific Investments." Journal of Financial Economics 25: 123 – 139.

[331] Smith, C. W. , Jr. 1986. "Investment Banking and the Capital Acquisition Process." Journal of Financial Economics 15: 3 – 29.

[332] Rodermann, W. , Gabler, M. Strategisches synergie management [M]. Oxford Press, 1999.

[333] Ghosh, A. Does operating performance really improve following corporate acquisitions. [J]. Journal of Financial Economics, 2001, 31: 151 – 178

[334] Ravenscraft, D. J. , Scherer, F. M. . Mergers, sell-offs, and economic efficiency [M]. Washington, D. C. Brooking Institution, 1987.

[335] Singh H, Montgomery corporate acquisition strategies and economic performance [J]. Strategic Management Journal, 1987, (4): 377 – 386.

[336] Eckbo, B. E. Horizontal mergers, collusion and stockholder wealth [J]. Journal of Financial Economics, 1983. 11: 241 – 273.

[337] Chatterjee, S. , Lubatkin, M. H. , Schweiger, D. M. , Weber, Y. Cultural differences and shareholder value in related mergers linking equity and human capital [J]. Strategic Management Journal, 1992. 13, 319 – 334.

[338] Morck, R. , Shleifer, A. Management ownership and market value-an empirical analysis [J]. Journal of Financial Economics, 1988, 20: 156 – 201.

[339] Maksimovic, V. , Phillips, G. Do conglomerate firms allocate resources in efficiently across industries [J]. Journal of Finance , 2002, 57: 721 - 767.

[340] Kim, W. C. , Hwang, P. Global strategy and multinationals'entry mode choice [J]. Journalof International Business Studies, 1992. 23: 29 - 53.

[341] Johnson, H. G. The Efficiency and welfare implications of the international corporation [C]. Kindleberger, in C. P. ed. . The International Corporation, 1970: 35 - 56.

[342] Rossi, S. , P. Volpin. Cross-country determinants of mergers and acquisitions [J]. Journal of Financial Economics, 2004, 74: 277 - 304.

[343] Kolstad I, Villanger E. Determinants of foreign direct investment in services [J]. European Journal of Political Economy, 2007, 24 (2): 518 - 533.

[344] Globerman S, Shapiro DM. The impact of government policies on foreign direct investment: the Canadian experience [J]. Journal of International Business Studies, 1999, 30: 513 - 533.

[345] Rogowski, R. Commerce. Coalitions: How Trade Affects Domestic Political Alignments [M]. Princeton: Princeton University Press, 1989.

[346] Alexander, H. , Robert, H. International outsourcing and the skill structure of labor. Demand in the United Kingdom [J]. Economic Journal, 2005, 115: 860 - 878.

[347] Kang, N. H. , Johansson, S. Cross-border Mergers and Acquisitions: Their Role in Industrial Globalization [W] . STI Working Paper, Paris: OECD, 2000.

[348] Kerin, R. , Kalyanaram, G. , Howard, D. Product hierarchy and brand strategy influences on the order of entry effect for consumer packaged goods [J]. Journal of Product Innovation Management, 1996, 13 (1): 21 - 34.

[349] Knickerbocker, F. T. Oligopolistic reaction and multinational enterprise [M]. Cambridge: MIT Press, 1973.

[350] Vernon, R. The international aspect of state-owned enterprises [J].

Journal of International Business Studies, 1979, 10 (3): 7 – 15.

[351] Vernon, R. International investment and international trade in the product cycle [J]. Quarterly Journal of Economics, 1966. 80 (2): 190 – 207.

[352] Spyrou, S. and Siougle, G. (2007) Mergers and acquisitionsof non-financial firms in Europe: the case of the Athensstock exchange, Applied Economics Letters, 14, 523 – 527.

[353] Faccio, M. , McConnell, J. J. and Stolin, D. (2006) Returns to acquirers of listed and unlisted targets, Journal of Financial and Quantitative Analysis, 41, 197 – 220.

[354] Antoniou, A. , Jie, G. and Pentonios, D. (2008) Mergermomentum and market valuations: the UK evidence, Applied Financial Economics, 18, 1411 – 1423.

[355] Jiang, G. , Lee, C. M. C. and Zhang, Y. (2005) Information uncertainty and expected returns, Review of AccountingStudies, 10, 185 – 221.

[356] Callaghan J, Parkash M, Singhal R (2008) The impact of the multi-jurisdiction disclosure system on auditfees of cross-listed Canadian firms. Int J Acc43: 99 – 113.

[357] Hail L, Leuz C (2009) Cost of capital effects and changes in growth expectations around U. S. cross-listings. J Financ Econ 93: 428 – 454.

[358] John K, Freund S, Nguyen D, Vasudevan G (2010) Investor protection and crossborder acquisitions of private and public targets. J Corp Finance 16: 259 – 275.

[359] Kalcheva I, Lins K (2007) International evidence on cash holdings and expected managerial agencyproblems. Rev Financ Stud 20: 1087 – 1112.

[360] Cortés, L. M. , Agudelo, D. y Mongrut, S. (2012) . Olas y determinantes de la actividad de fusiones y adquisiciones: el caso latinoamericano. Centerfor Research in Economics and Finance (CIEF) . Working Papers, 12 – 23.

[361] Spamann H (2010) The "Antidirector Rights Index" revisited. Rev Financ Stud 23: 467 −486.

[362] Agostini, C. A. y Jalile, I. R. (2009) . Efectos de los impuestos corporativos en la inversión extranjera directa en América Latina. Latín American Research Review, 44, 84 −108.

[363] Breuer, W. y Salzmann, A. J. (2012) National culture and takeover activity Corporate Governance. Boubaker, S. , Nguyen, B. D. , 8 Nguyen, D. K. et al. (Eds.), Recent Developments and New Trends Springer pp. 269 − 397.

[364] Daniel, S. J. , Cieslewicz, J. K. y Pourjalali, H. (2012) . The impact of national economic culture and country-level institutional environment on corporate governance practices. Management International Review, 52, 365 −394.

[365] Hyun, H. J. y Kim, H. H. (2010) . The determinants of cross border MSjAs: The role of institutions and financial development in gravity model. The World Economy, 33, 292.

[366] Kim, E. H. y Lu, Y. (2013) . Corporate governance reforms around the world and cross-border acquisitions. Journal of Corporate Finance, 22, 236 −253.

[367] Tadesse, B. y White, R. (2010) . Does cultural distance hinder trade in goods? A comparative study of nine OECD member nations. Open Economies Review, 21 (2), 237 −261.

[368] Wang, J. (2008) . The macro determinants of M&A timing in China. International Journal of Business and Management, 3, 141 −146.

[369] Wang, C. y Xie, F. (2009) . Corporate governance transfer and synergistic gains frommergers and acquisitions. Review of Financial Studies, 22, 829 − 858.

[370] Doidge C, Karolyi G, Stulz R (2004) Why are foreign firms listed in the U. S. worth more? J Financ Econ71: 205 −238

[371] Burns N, Francis B, Hasan I (2007) Cross-listing and legal bond-

ing: evidence from mergers and acquisitions. J Bank Finance 31: 1003 – 1031.

[372] Chidambaran N, John K, Shangguan Z, Vasudevan G (2009) Hot and cold merger markets. Rev QuantFinanc Acc 34: 327 – 349.

[373] Amit, R., Schoemaker. P. J. H. Strategic assets and organizational rents [J]. Strategic Management Journal, 1993, 14 (1): 33 – 46.

[374] Ambady, Nalini, Koo, Jasook, Lee, Fiona and Rosenthal, Robert (1996), "Morethan Words: Universals of Linguistic and Nonlinguistic Communication of Politeness in Two Cultures", Journal of Personality and Social Psychology, 70, (5), 996 – 1101.

[375] Aaker, David, A. and Joachimsthaler, Erich (2000), Brand Leadership, NewYork, Free Press.

[376] Aaker, David, A. (1991), Managing Brand Equity, San Francisco, Free Press.

[377] Williamson, O. E. Market and hierarchies: analysis and antitrust implications [M]. The Free Press, New York, 1975.

[378] Cai, K. G. Outward foreign direct investment: a novel dimension of China's integr-ation into the regional and global economy [J]. China Quarterly, 1999, 160: 856 – 880.

[379] Daniels, J. D., Radebaugh, L. H. International business: environments and operations [R]. Addision-Weslay Pub. Mass, 1992.

[380] Hill, C. W., Hwang:, Kim, W. C. An eclectic theory of the choice of international entrymode [J]. Strategic Management Journal. 1990. 11: 117 – 128.

[381] Luo, Y., Tung, R. L. International expansion of emerging market enterprises: A spring board perspective [J]. Journal of International Business Studies. 2007, 38 (4): 12 – 28.

[382] Chung, W., Alcacer, J. Knowledge seeking and location choice of foreign direct investment in the United States [J]. Management Science, 2002, 48 (12): 1534 – 1554.

[383] Teece, D. J. , Pisano, G. , Shuen, A. Dynamic capabilities and strategic management [J]. Strategic Management Journal, 1997, 18 (7): 24 –51.

[384] Adrian (2000), "Modelling Intemal Communications in the Financial Services Sector", European Journal of Marketing, 34, No. 3 –4, 299 –317.

[385] Awamleh, Raed and Gardner, WiUiam, L. (1999), "Perceptions of Leader Charisma and Effectiveness: The Effects of Vision Content, Delivery and Or-ganizat-ional Performance", Leadership Quarterly, FaU10, No. 3, 345 –373.

[386] Baum, Robert, J. , Locke, Edwin A. and Kirkpatrick, Shelley (1998), "A Longitudinal Study of the Relations of Vision and Vision Communication to Venture Growth in Entrepreneurial Firms", Joumal of Applied Psychology, No. 83, 43 –54.

[387] Berson, Yair, Shamir, Boas, Avolio, Bruce, J. and Popper, Micha (2001), "The relationship between vision strength, leadership style, and context". Leadership Quarterly, Spring12, No. 1, 53 –73.

[388] Berry, Leonard, L. and Parasuraman, A. (1991), Marketing Services: Competing Virough Quality, New York, Free Press.

[389] Boal, Kimberly, B. and Hooijberg, Robert (2000), "Strategic leadership research: Moving on". Leadership Quarterly, Winter11, No. 4, 515 –549.

[390] Bruhn, Manfred (2001), "Die zunehmende Bedeutung von Dienstleistungsmarken", In: Erfolgsfaktor Marke-Neue Strategien desMarkenmanagements, (Ed.), Kohler, Richard, Majer, Wolfgang and Wiezorek, Heinz (Munchen), Verlag Vahlen, 213 –225.

[391] Chanoch, Jacobsen and House, R. J. (2001), "Dynamics of charismatic leader-ship: a process theory, simulation model, and tests". Leadership Quarterly, Spring12, No. 1, 75 –112.

[392] Clugston, Michael, Howell, Jon P. and Dorfman, Peter, W. (2000), "Does Cultural Socialization Predict Multiple Bases and Foci of Commitment?", Joumal of Management, 26, No. 1, 5 –30.

[393] Comer, Doyle Patricia, Kirucki, Angelo, J. and Keats, Barbara, W. (1994), "Integrating Organizational and Individual Information Processing Perspectives on Choice", Organization Science, 5, No. 3, 294 – 308.

[394] de Chematony, Leslie and Segal-Horn, Susan (2001), "Building on Services'Characteristics to Develop Successful Services Brands", Joumal of Marketing Management, 17, 645 – 669.

[395] de Chematony, Leslie, Drury, Susan and Segal-Hom, Susan (2003), "Buildinga Services Brand: Stages, People and Orientations", Vie Service IndustriesJoumal, 23, No. 3, 1 – 21.

[396] de Chematony, LesUe and DaU'Olmo Riley, Francesca (1997), "The chasm between managers'and consumers'views of brands: the experts' perspect-ives". Journal of Strategic Marketing, 5, No. 2, 89 – 104.

[497] Franco. M., Lang L-H. P. The Ultimate Ownership of Western European Corporations [J]. Journal of Financial Economics, 2002 (65): 365 – 395.

[498] Myoung-Jong Kim, Ingoo? Han. The Discovery of Experts'Decision Rules From Qualitative Bankruptcy Data Using Genetic Algorithms [J]. Expert Systems with Applications, 2003 (25): 169 – 189.

[499] Marks. M. L, Mirvis? P? H? Making Mergers and Acquisitions Work: Strategic and Psychological Preparation [J]. Academy of Management Excutive, 2001, (11): 80 – 92.

[400] Robert Brunner. Deals from Hell-M&A Lesson That Rise Above the Ashes [M]. New York Wiley, 2005: 151 – 152.

[401] Joseph Calandro Jr. Assessing the risk of M&A: Bruner's Disaster Framework Applied to Berkshire Hathaway's Gen Re Acquisition [J]. Strategy & Leadership, 2008 (6): 20 – 27.

[402] Healy. Does Coporate Performance Improve After Mergers [J]. Journal of financial economics, 1992 (2): 135 – 137.

[403] WittU. Evolutionary economics: An Interpretative Survey in Evolution-

ary Economics: Program and Scope [C]. Boston: Kluwer Academic Publisher, 2001: 145 – 148.

[404] Frederick-T, Knickerbocker. Oligopolitic Reaction and the Multinational Enterprises [C]. New York: Harvard University Press, 1973.

[405] Stephen Hymer. The Efficiency of Multinational Corporations [J]. The American Economic Review, 1970 (2): 441 – 448.

[406] Mukheijee Tarun K, Halil Kiymaz, H-Kent Baker. Merger Motives and Target Valuation: A Survey of Evidence from CFOs [J]. Journal of Applied Finance, 2004 (14): 7 – 24.

[407] Johnson-H. The Efficiency and Wellfare Implications of the International Cor-poration [M]. Cambridge: The International Corporation, 1973: 131 – 135.

[408] R-Vemon, The Product Cycle Hypothesis In a New International Environment [J]. Oxford Bulletin of Economics and Statics, 1979 (41): 255 – 267.

[409] Jan Bazan, Marcin Szczuka' Jakub Wroblewski. A New Version of Rough Set Exploration System [J]. Lecture Notes in Artificial Intelligence, 2010: 397 – 404.

[410] R. Mienko' J? Stefanowski, K. Tuomi, D-Vandeipooten. Discovery Oriented in duction of Decision Rules [J]. Univeriste de Paris Dauphine, 1996: 156 – 168.

[411] B redki, S Z Wilk. Rough Set Based Data Exploration Using ROSE System [J]. Lecture Notes in Artificial Intelligence, 1999: 132 – 141.

[412] D A Robertson. Agent-Based Models of a Banking Network as an Example of a Turbulent Environment: The Deliberate vs Emergent Strategy Debate Revisited Emergence [J]. A Journal of Complexity Issues in Organizations and Management 2003 (2): 56 – 71.

[413] B. McKelvey. What is Complexity Science: It is Really Order-Creation Science [J]. Emergence, 2001 (3); 137 – 157.

[414] Ross. Westerfieldi Jordan. Fundamentals of Corporate Finance [M].

NewYork: McGraw-Hill, 2000 (56): 53 - 82.

[415] Won Chan Jung, J? Bush Jones, Jianhua Chen. Optimization of the Decision Tree [C]. Proceedings of the 1991 IEEE International Conference on Tools for AI, 1991: 1412 - 1419.

[416] H Brunner, M Cali. Dynamics of Manufacturing Competitiveness in South Asia: Analysis Through Export Data [J]. Journal of Asian Economics, 2006 (4): 557 - 582.

[417] B. Predki, R. Slowinski, J. Stefanowski, et al. ROSE-Software Implementation of The Rough Set Theory [J]. Springer-Verlag, 1998: 234 - 241.

[418] A. Skowron. , Rauszer-C. The Discemibility Matrices and Functions information Systems [J]. Kluwer Academic Publishers, 1992: 92 - 101.

[419] Gora, Wojna. A New Classification System Combining Rule Induction and instance Based Learning [J]. Fundamenta Informaticae, 2002 (4): 251 - 254.

[420] Coase, RH, The Nature of the Firm: Origin [J]. Economica, 1937 (4): 386 - 405.

[421] Commno, Williams, Robert-H Smiley. Monopoly and Distribution of Weath [J]. Quarterly journal of Economics, 1975 (89): 177 - 194.

后　记

　　经过一年多艰苦地工作，我终于完成此书。这不仅是我个人努力的结果，还凝聚着多名教授及师兄师弟的指导和帮助，同时也饱含家人的理解和支持。

　　首先，我要感谢我的两位恩师，北京交通大学张立民教授和南开大学李桂华教授，是他们的殷殷关怀和谆谆教诲使我得以完成博士、博士后的求学生涯，学生铭记于心！

　　在南开大学攻读博士学位期间，李桂华教授对我的学习研究工作给予了无微不至的指导和关怀。从博士论文的选题、文献综述、每一次专题讨论、修改完善直至最终定稿，李桂华教授都倾其心血严格把关。特别让我钦佩的是李老师一丝不苟的治学态度、严谨的工作作风，潜移默化地影响着我今后的工作和生活，让我终身受用。

　　南开，是为人做事的标准。南开标准的底线，是诚信守法；南开标准的高线，就是"世界一流"。南开，是科学人文的素养。"美哉大仁，智勇真纯。以铸以陶，文质彬彬"——这是南开的气质，其中包含科学和人文精神。南开，是公能日新的修为。公是最高的道德；能具有能动的实践性，是学习之能、协作之能、创新之能。"允公允能，日新月异"南开校训铭记在心，时刻提醒自己要秉承南开人的优良传统。

　　在北京交通大学博士后进站科研工作期间，张立民教授对我的学术研究工作给予了充分全面的支持和指导。从博士后报告的选题、文献综述、专题讨论、反复斟酌修改直至最终定稿，张老师均会做详细研究并悉心指导，智慧在交流中迸发，师爱在理解中升华。老师甚至在身体抱恙赴美就医期间，都坚持对我的学术研究及博士后出站报告进行指导，真正践行了"身为示范，为人师表"，诠释了坚守初心的本真。

初心，源于追逐梦想的决心。心中有梦、不断奋进，这才是北京交大人的人生态度。初心，源于勤勉实干的恒心。始终保持积极进取的心态，用坚持不懈的奋斗与拼搏创造人生价值。踏实努力、知行合一，这是校训赋予我们的宝贵品质，做"知行"校训的践行者，把北京交大人的务实品质与奋斗精神代代传承下去。初心，源于敬畏规则的诚心。对规则的尊重与遵守，是一个人融入社会的基础。人，生而自由，但只有学会在规则中生存、在秩序中前行，才能真正走向成功。初心，源于忠于自我的真心。要永远保持独立思考、不懈奋斗的精神，把张扬的个性转变为人格的独立与健全，把纯真的情感转化为内心的丰盈与善良。坚守初心、追逐梦想，能带着自己最初的心，走最远的路，做最真的自己。

在交大博士后在站期间，我有幸分享了学校120周年华诞的荣光与喜悦，见证了历经三个世纪交大精神的传承与创新，希望这些能成为我今后职业生涯永恒的动力。

在张立民教授和李桂华教授的引领下，不仅使我的学术能力和专业水平得以提升，还学到了治学做人的道理，保持乐观和激情，用人文情怀去雕琢自己。

此外，要感谢国开证券郑文杰总裁、投资银行部廖邦政总经理、曹亮副总经理，胡敏执行总经理对我工作及学业的大力支持。感谢国信证券独立董事郑学定先生、投资银行部副总经理陈鸿原先生、南开大学韩德昌教授、北京交通大学马忠教授、渤海产业基金执行董事李新中先生、天津医药集团太平医药有限公司原CFO唐弘先生、天津财经大学王瑞教授、张元萍教授、王爱俭教授、张涌泉教授对我多年以来工作和学业的鼓励和支持。

感谢刘军辉、谭超、王丽娟、王媛、李志汉、张延冬、范华丽、罗镇财、仇健勇、姬茫茫、李闪闪、陈海龙、牛振邦以及博士后、博士、硕士的师兄师弟对我多年来在学业及工作的帮助和支持。

感谢天津澍泽律师事务所的鼎力支持，使本书得以顺利面世。

　　我要感谢我的家人，感谢父母对我求学生涯和繁重工作的一贯支持，他们对我无微不至的关怀从未改变，父母的伟大也在于此，感激之情溢于言表！感谢我的妻子和家人对我学业和事业的默默支持！也告慰爷爷、奶奶、外公的在天之灵！

沈　忱

2019 年 2 月于交大宜园